U0829809

儿童青少年体态评估与矫正训练

主　编　朱丽敏　卢　玮　肖品圆
副主编　王宇红　高　凯

天津大学出版社
TIANJIN UNIVERSITY PRESS

图书在版编目(CIP)数据

儿童青少年体态评估与矫正训练 / 朱丽敏, 卢玮, 肖品圆主编 ; 王宇红, 高凯副主编. -- 天津 : 天津大学出版社, 2023.9 （2025.8重印）
职业教育儿童青少年体育教练员系列教材 / 杨阳, 朱丽敏主编
ISBN 978-7-5618-7547-6

Ⅰ. ①儿… Ⅱ. ①朱… ②卢… ③肖… ④王… ⑤高… Ⅲ. ①儿童－身体形态－教材②青少年－身体形态－教材 Ⅳ. ①G804.4

中国国家版本馆CIP数据核字(2023)第129295号

ERTONG QINGSHAONIAN TITAI PINGGU YU JIAOZHENG XUNLIAN

出版发行	天津大学出版社
地　　址	天津市卫津路92号天津大学内（邮编:300072）
电　　话	发行部：022-27403647
网　　址	www.tjupress.com.cn
印　　刷	廊坊市瑞德印刷有限公司
经　　销	全国各地新华书店
开　　本	787mm×1092mm 1/16
印　　张	11.5
字　　数	316千
版　　次	2023年9月第1版
印　　次	2025年8月第2次
定　　价	52.00元

本书编委会

主　编　朱丽敏　卢　玮　肖品圆

副主编　王宇红　高　凯

编　委（按姓氏笔画排序）

于　成　王　鹏　王　娜　王姣姣

王奥蕾　许亚萍　李建亚　李　昂

张龙凤　汪　丹　倪铭泽　龚新勇

谢　丽　彭小南　臧　韦

前 言

随着生活方式的改变，儿童青少年的身体姿态问题日益突显，如高低肩、驼背、骨盆前倾、骨盆侧倾、O 型腿、X 型腿等不良体态的发生率日益加剧。青少年正处于生长发育的关键期，良好的体态能够为其各组织器官的正常生长发育提供稳定的支撑和保护。如果在少儿时期就出现严重的不良体态问题，容易因为肌肉的不平衡影响骨骼的发育，引起骨关节疼痛和运动损伤，甚至影响人体器官的正常生长和生理机能的正常运转。既然良好的体态如此重要，如何发现异常体态、综合评估分析异常体态的原因、制定系统的干预和矫正训练，就成为一个系统工作，这既需要教练理解人体的整体力学结构和各关节部位的力学结构，又要了解全身主要大肌肉的牵拉放松和肌力训练方法，并将相关知识有效组合，形成系统的干预方案。

本书根据职业教育教学规律与专业培训要求，共分为五大项目，15 个任务，每个任务又细分为若干个子任务，对儿童青少年的体态评估与矫正训练方法进行详细解析。项目一重点介绍儿童青少年体态相关知识；项目二介绍了儿童青少年体态及动作评估方法，包括静态、动态评估；项目三到项目五则分别介绍了下肢、骨盆、脊柱及肩部的相关知识、测评方法及矫正训练方法。每一个项目都对不同部位出现的体感问题进行了系统梳理，并配有图示及相关视频，有助于学生能更加直观地进行学习和操作训练。

本书结构清晰、特点鲜明，遵循前沿的教学理念，同时紧密结合训练实践，是多名长期从事体态评估矫正训练的专业人士和院校老师共同合作的心血结晶，可为从事儿童体质健康工作的相关人员提供专业支持。本教材编写中如有疏漏和不妥之处，诚望广大同行和读者提出宝贵意见，以进一步提升教材质量。

编者
2024 年 4 月

目　　录

项目一　儿童青少年身体异常姿态分析

思政园地

随着社会经济的发展，人们的生活水平得到了大幅度提升。生活方式更加便捷，饮食也更加丰富。然而，不合理的膳食结构以及长期使用电子产品，导致儿童青少年每天的户外活动时间减少，并且缺乏足够的体育锻炼。这种情况进而引发了儿童青少年的身体素质下降、肥胖率和近视率不断攀升、身体姿态异常等一系列不良后果。我们必须认识到，儿童青少年的体质健康对于中华民族的复兴至关重要。少年强则中国强，体育强则中国强。体育不仅承载着国家强盛和民族振兴的梦想，更是提高全民健康素质，特别是儿童青少年健康素质的重要途径。只有不断提升中国人的健康素质，尤其是儿童青少年的健康素质，中国梦才能实现。

体育锻炼在儿童青少年的成长过程中占据着举足轻重的地位，对他们的身心健康产生着深远的影响。有效的体育锻炼不仅能够强身健体，塑造健壮的体魄，还可以帮助他们习得各种体育技能，并培养起终身锻炼的良好习惯。同时，通过有效的体育锻炼，可以引导他们形成正确的安全意识，加强自我保护能力。此外，体育锻炼还有助于他们释放精神压力，维护良好的心理健康状态。更重要的是，有效的体育锻炼能够锤炼他们顽强拼搏、坚持不懈的意志品质，并进一步促进团队意识和合作精神的培养，从而提升协作与沟通的能力。

教育部、国家卫生健康委员会以及国家体育总局已联合发布了一系列措施和政策文件，旨在从多个层面、全方位地加强儿童青少年的体育锻炼，以期全面提高他们的体质健康水平。

根据 1987 年建立的全国学生体质与健康调研制度，教育部、国家体育总局、国家卫生健康委、国家民族事务委员会、科技部、财政部共同负责开展全国学生体质与健康调研工作。该工作每五年进行一次，至今已在 1987 年、1991 年、1995 年、2000 年、2005 年、2010 年、2014 年和 2019 年完成了 8 次全国学生体质与健康调研。经过对这八次调研结果的分析，发现近 32 年来，从身体形态方面看，我国学生的身高持续上升。随着生活条件的改善和营养的充足摄入，骨骼发育不断增长，身高也在不断突破新的高点。然而，身高增长的同时，体重也在逐年增加，导致 BMI 指数逐年上升，超重和肥胖的学生普遍存在。这与营养摄入充足、缺乏体育锻炼以及活动量不足等因素有关。近几年的调查还发现，学生出现了不同的体态问题，主要表现为圆肩驼背、颈前伸、脊柱侧弯、骨盆前倾/后倾、X 型腿、O 型腿等。超重、肥胖以及体态不良的问题持续上升，这严重影响了学生的身体形态以及心理发展，为学生的健康可持续发展带来了隐患。因此，我们应该从小关注儿童体态问题，为其健康成长打下良好基础。

项目导入

良好的体态不仅关系到身体形态的美观与否，也关系到人体的健康。从理论上来说，体态的教育和学习应该融入儿童青少年的日常生活中，无需进行额外的训练。如果家长和老师能够意识到儿童青少年在日常生活中应该养成正确的体态习惯，对儿童青少年的身体健康，特别是对保持骨骼关节、避免运动损伤十分重要，就会采取一系列应对措施，及时纠正错误的体态习惯，这对处于生长发育阶段的儿童青少年健康十分有益。

尽管如此，在日常的健康教育体系中，体态教育和训练仍然是必要的。家长和老师需要密切关注儿童青少年日常生活中一些显而易见的错误体态习惯。在进行体态教育时，需要把握两个准则——简单、正确。虽然儿童青少年的体态问题不容忽视，但也不应过分强调。体态教育和训练应该采用一种能够吸引儿童青少年且使他们能够主动配合的方式进行。

任务　儿童青少年体态相关知识认知

学习任务

（1）详细了解儿童青少年体态现状及影响因素。
（2）理解体态矫正训练的基本原理。

学习目标

知识目标

（1）了解儿童青少年体态现状。
（2）熟悉影响儿童青少年体态的因素。
（3）掌握体态矫正训练的基本原理。

能力目标

（1）能准确说出影响儿童青少年体态的因素，并能找到具体问题所在。
（2）能理解并正确应用体态矫正训练的原理、方法。

素养目标

（1）培养学生严谨认真的学习态度。
（2）培养学生科学求实的精神。
（3）培养学生关注儿童青少年体态、关爱儿童青少年的职业素养。

子任务一　儿童青少年体态现状和影响因素认知

古语有云："站如松、坐如钟、行如风、卧如弓。"这简短的12个字，道出了古人对体态美的基本要求。体态不仅是外在美的一种体现，更与身体健康紧密相连。儿童青少年时期是体态塑造的关键阶段。但据统计数据显示，中国儿童青少年的体质健康水平已连续 20 多年呈现下滑趋势，其中，有 33%的儿童青少年存在不同程度的健康问题，而体态异常的儿童青少年比例更是高达 80%。

一、儿童青少年体态现状

早在 2007 年，北京市国民体质监测中心就对儿童青少年的形体进行了测量，结果发现 80.00%的儿童青少年存在不良体态问题。在对北京市某地区 631 名学生进行的抽样测试中，学生中颈部前伸的发生率为 95.90%，高低肩发生率为 35.00%，长短腿发生率为 26.00%。目前，中国脊柱侧弯病人超过 300 万人，并以每年 30 万的速度递增，其中超过半数为青少年。脊柱侧弯已成为继肥胖症、近视之后，威胁中国儿童青少年健康的第三大“杀手”。儿童青少年时期出现脊柱相关问题的孩子，不仅在整个儿童青少年时期会反复罹患类似疾病，而且在成年后比没有出现过脊柱相关问题的孩子发生脊柱疾病的概率可能增加 4~6 倍。

既然如此，为什么儿童青少年的体态问题没有达到像近视、肥胖等常见问题那样的关注度？家长、学校对体态概念缺乏认知和重视，缺乏统一的体态测评指标，以及缺乏稳定可靠且适用于规模人群测试的方法和人才，是造成这一现状的重要原因。

目前，国内外研究者已经对儿童青少年的体态问题进行了一些调查评估，有限的研究结果显示，儿童青少年的体态问题的确不容乐观。有学者对北方某省会城市 3 所小学的 703 名学生进行了体态评估，其中男生 364 名，女生 339 名。结果显示，男生的体态异常率高达 89.29%，女生的体态异常率达到了 81.12%。不良体态主要表现在骨盆前倾、圆肩、高低肩和 O 型腿等方面，其中 1/3 的学生的体态异常达到了中度或重度水平。由此可见，大量儿童青少年存在不同程度的体态问题，且这些问题出现后并没有得到及时的纠正或正确的指导。

一项对深圳市小学和初中在校的 23 596 位儿童青少年的体态评估调查显示，被测学生的不良体态率达到了 47.20%，其中脊柱侧弯和低足弓是多发的不良体态，且这些问题已经影响了儿童青少年的日常生活。此次调查还显示，女生的不良体态率高于男生，表明家长对于不良体态的认知存在不足。

一项对上海市 308 名小学生的体态评估调查显示，其中男生 158 名，女生 150 名。研究人员分别对受测学生的站姿、走姿和坐姿进行了体态评估。结果显示，在站姿情况下，不良体态主要集中在 O 型腿、X 型腿、高低肩和头部前伸等方面，极少数一年级的小学生出现了脊柱侧弯；在走姿中，呈现出的体态问题并不明显，只有少数儿童有躯干晃动、双肩不平的状况；但在坐姿的评估中，则出现了大量的驼背、塌腰等体态问题。虽然这些问题尚未引起疼痛或不适的症状，但也是值得注意的。

国外的体态评估调查结果，同样显示出大量儿童青少年存在体态问题。研究人员曾对 393 名儿童进行体态评估，结果显示 389 名儿童存在体态问题，主要表现为体态偏移。在对这些儿童进行肌肉测试时，研究人员发现不良体态同时伴随着部分肌力薄弱的情况。因此，他们希望提高儿童青少年的身体活动强度，并在体育课上为儿童青少年提供相关的预防措施。

根据世界卫生组织（WHO）的数据，超重和肥胖是 21 世纪的主要健康问题之一，其中儿童青少年的肥胖率也在不断上升。研究人员曾对 464 名 6~16 岁的学龄儿童和青少年进行研究，发现体态异常与肥胖程度有关。脂肪含量越高的儿童青少年，肩胛骨不对称的程度越高，骨盆倾斜的程度也相应增高。同时，这些孩子在日常生活中表现出较低的运动能力，骨骼肌含量也较少。因此，超重和肥胖很可能是导致体态问题的重要原因。

随着国家的发展和人们生活水平的提高，人们对儿童青少年的关注也越来越多，尤其是对儿童青少年的身心健康的关注。同时，由于生活方式的改变以及不良习惯等因素的影响，越来越多的儿童青少年出现了不良体态。这不仅影响儿童青少年的外在形象，同时也影响其身心健康。2022 年 7 月，国家体育总局发布了《儿童青少年身体姿态测试指标与方法》（TY/T 501-2022），该文件适用于 6~18 岁儿童青少年的体态测试与评估。这一标准的发布为降低儿童青少年严重脊柱问题或其他骨骼肌肉系统疾病的潜在风险提供了依据，并为体态异常问题的筛查和运动干预工作提供了规范和指导。

二、影响儿童青少年体态的因素

儿童青少年的体态是身体健康的重要组成部分，受到多方面因素的影响，这其中既有儿童青少年自身的问题，也有家庭和社会环境的影响。

（一）营养因素

儿童青少年正处于生长发育的重要时期，对各种营养物质的需求较高，因此需要保证均衡的营养摄入。正确的体态建立在良好的身体结构和功能的基础之上，而这些都与足够的营养摄入和吸收密不可分。特别是骨骼和肌肉系统，其发育受到营养物质，如多种维生素、矿物质和蛋白质的显著影响。例如，佝偻病，一种导致儿童骨骼严重畸形的疾病，就是由维生素 D 缺乏引发的。

导致儿童青少年营养不良的原因众多，包括膳食摄入量不足、营养质量低下、膳食结构不合理、家长缺乏营养知识，以及孩子存在挑食、偏食等不良饮食习惯。随着经济社会发展、医疗技术进步及居民生活条件的提升，我国儿童青少年面临的新健康问题日益凸显，主要表现为微量营养素缺乏与宏量营养素过剩并存的问题。营养不良的儿童青少年往往身体消瘦、肌肉力量弱、关节稳定性差，容易出现脊柱侧弯等问题。生长发育完成后，虽然因营养物质不足导致的身体结构缺陷和姿势异常的可能性大幅降低，但此阶段营养不足的影响将更多体现在身体生理功能方面，如免疫力下降、骨质疏松、心血管疾病等。

由于营养过剩和体力活动减少，儿童青少年肥胖率持续上升，而力量、耐力等身体素质持续下降。这导致肥胖的儿童青少年容易出现驼背、X 型腿、低足弓等问题。

除了对生长发育至关重要外，食物还是人体的能量来源，为身体提供必要的热量和能量。如果能源物质摄入不足，势必会减少能量输出，从而影响机体的生理功能。

（二）遗传因素

人体许多特征都与父母的遗传基因密不可分，如身高、体形、五官、毛发等。在体态相关的骨关节系统方面，也具有一定的遗传性。

与遗传有明显相关性的体态问题包括脊柱侧弯、全身性韧带松弛症、高足弓或低足弓、结构性长短腿等。除此之外，可能与遗传相关的体态问题还包括骨盆前倾、膝关节内翻或外翻等。

由遗传因素引发的体态问题，通常在儿童青少年成长的早期就有所表现，并随着年龄的增长而缓慢加重。这些问题可能会从功能性异常逐渐变成结构性异常，并在全身多关节部位产生一系列代偿表现。因此，在进行体态评估时，教练需要详细了解儿童青少年的成长过程、体态问题出现的时间、变化及进展情况，以及父母是否有同样的问题，这样便于教练进行整体的分析和判断，并预测干预效果及时长。由先天遗传因素引起的体态问题，其干预效果往往比后天生活习惯引起的体态问题要差。

（三）体育锻炼

体力活动不足对儿童青少年和成年人的健康都会产生负面影响。许多成年人的慢性疾病，如肥胖、心脑血管疾病、癌症、骨关节系统疾病等，都可能起源于儿童青少年时期。因此，促进儿童青少年身体活动是当今重要的研究课题之一。

体育锻炼是促进儿童青少年身体发育和增强体质的重要因素之一。运动时，儿童青少年的新陈代谢会显著增强，体力消耗增加，产热增加，分解代谢加速，这可以提高呼吸、运动和心血管系统的功能。具体表现为肺通气量、最大氧消耗量增加，心脏收缩力增强，心搏出量增加，心率变慢。

体育锻炼能促进骨骼和肌肉的发育。因此，经常参加锻炼的儿童青少年，不仅肌纤维会变粗，肌肉重量会增加，而且还能促进骨骼的生长发育，加速骨的钙化，使骨质更加粗壮坚实。同时，这也促进了韧带的发育，增加了关节的牢固性和灵活性。总之，经常参加锻炼的儿童青少年，在身高、体重、胸围等方面的发育都会比较理想。

长期坚持体育锻炼是控制体重、调节身体成分的重要手段。青春期的女孩如果坚持数月锻炼，瘦体重可能会显著增加，而体重变化却不大，这是因为体脂总量相应减少了。体育锻炼还可以使人精神饱满、心情愉快、食欲增加，并促进营养物质的消化吸收，有助于减少疾病，增强体质。反之，缺乏必要的身体活动会对儿童青少年的身心健康产生全面的负面影响，如肌肉不强壮、不平衡，关节不稳定、不灵活等，这也是引起体态异常的重要原因。2018 年 1 月 30 日，国内首部《中国儿童青少年身体活动指南》在上海发布。该《指南》的主要目标人群为健康的 6~17 岁儿童青少年。它推荐儿童青少年每日应进行至少累计 60 分钟的中高强度身体活动，包括每周至少 3 天的高强度身体活动和旨在增强肌肉力量、促进骨骼健康的抗阻活动。据专家调查发现，运动不仅能让孩子们更健康，还能提高学习成绩。希望这能引起社会各界对儿童青少年身体活动的更多关注。

（四）环境因素

很多环境因素对良好体态的形成和保护产生影响。环境因素既包括生活中的物理环境、自然环境，也包括家庭和社会环境。

1. 物理环境

在日常生活中，应使环境因素成为促进良好体态的有利条件。虽然改变整个大环境的可能性较小，但即使小的改变也会带来显著的效果。例如，生活中常见的椅子、桌子和床，就是影响坐姿和卧姿的环境因素。儿童青少年自上学开始，坐在座位上的时间会逐渐增加，因此学校的座椅对体态的形成有十分重要的影响。

桌子和座椅都必须适合儿童青少年的身体特点。理想状态下，儿童青少年坐下后双脚能够平放于地面，并保持膝关节呈 90° 屈曲。如果座椅过高，双脚就会失去地面的支撑；如果座椅过矮，则髋关节和膝关节需要过度屈曲。座椅的深度应确保儿童青少年的大腿得到完全平放支撑，但不能过深，以免影响膝关节的屈曲。座椅必须有靠背，能够支撑儿童青少年的背部。靠背应轻微向后倾斜，以便儿童青少年可以轻松地倚靠。

桌子的高度应调节到与儿童青少年以舒适、良好姿态坐好后肘关节平齐的位置。桌子与身体的距离越近越好，因为这样胳膊可以直接放在上面，不需要身体前倾或坐得太靠前。如图 1-1 所示。

（a）

（b）

图 1-1　正确的坐姿和错误的坐姿

（a）正确的坐姿　（b）错误的坐姿

2. 自然环境

地理气候因素对生长发育的影响作用尚难得到肯定结论，因为无法排除其他影响因素的干扰。我国儿童青少年生长发育水平存在显著的南北差异。北方地区男女儿童青少年的身高、体重均值均大于南方。从世界范围来看，多数国家和地区的身高呈现北高南低的趋势。

季节对生长发育（尤其是身高、体重）有明显影响。春季身高增长最快，秋季体重增长最快。体重增加的季节差异最显著，9~11 月体重增加最快，而在炎热的夏季，有些儿童青少年的体重不但不增加，甚至还有减轻的趋势。身高增加的季节差异与体重正好相反，3~5 月身高增加较快，其增加值约为 9~11 月增长值的 2~2.5 倍。

工业生产及日常生活中排出的废气、废水、废渣等，均可造成严重的环境污染，这不仅给人类健康带来威胁，引起各种疾病，而且会阻碍儿童青少年的身心发育。

3. 家庭和社会环境

家庭环境和社会环境对一个人的影响是巨大的，这种影响对处于生长发育期的儿童青少年来说远远大于对成年人的影响。

父母是孩子的第一任老师，是孩子第一个学习和模仿的对象。家长的教育理念、受教育程度、经济条件、生活方式也会直接影响儿童青少年的身心健康。父母的言行举止、待人接物、生活方式甚至是身体姿态，都会对孩子的思想作风和生活习惯产生很大的影响。在平等、融洽的家庭环境中长大的孩子，往往更加乐观、积极、自信，身姿挺拔，不容易出现含胸驼背等不良姿态。而在父母教养方式不当的家庭中长大的孩子，往往缺乏自信，容易出现不良的体态。

社会因素主要包括社会经济状况、学校教育、媒体影响、伙伴关系等。这些因素相互交织，错综复杂，对儿童青少年生长发育的影响具有多层次、多方面的综合作用。社会因素不仅影响儿童青少年的身体发育，同时也影响其心理、智力和行为发展，帮助个体逐步形成自身的社会特点。

（五）发育因素

儿童青少年并不是成年人的缩小版，他们在身体的结构和功能方面与成年人有较大差异。其灵活性和柔韧性均优于成年人，但肌肉力量和关节稳定性较成人差。在骨骺完全闭合前，他们的长骨和脊柱的长度都在不断增加，肌肉、韧带、关节囊等软组织结构逐渐接近成年人的结构特点。

因此，对于处于生长发育阶段的儿童青少年来说，发现其身体显著的或者已经存在的体态异常固然重要，但更重要的是，家长和老师要清楚地认识到，儿童青少年不会完全按照成年人的标准来完成动作。

在成长过程中出现的体态差异大多数可归为发育差异，一旦异常模式成为习惯，则很可能导致长期的错误体态。儿童青少年的发育差异存在于同龄的多数孩子中，而且有时即使在极为不利的环境下，没有任何纠正性训练，发育差异仍能自行改善或是消失。无论孩子身上的差异性是否发展成为体态性问题，都必须进行反复或持续的观察，而不单单是一次检查而已。如果情况持续存在或差异增大，那么应该采取纠正性训练等措施。无论是处于哪个年龄段的儿童青少年，一旦发生严重的错误体态，就必须尽早纠正。

（六）情绪因素

当我们观察那些自信、积极乐观的人，会发现他们站得笔直、挺胸抬头，面带微笑。与之相反，当我们观察那些存在负面情绪的人，往往他们习惯将躯干蜷缩，含胸驼背，呈现出一种萎靡不振的状态。当负面情绪在生活中反复出现时，将会使身体形成习惯性不良体态。

无论是在家庭还是在学校，使儿童青少年保持积极、乐观的情绪，有助于减少不良体态发生的时间和频率，预防不良体态的形成。

综上所述，影响儿童青少年体态的因素是多方面的。在纠正和干预的过程中，教师需要综合考虑，找到问题的根源，进而进行全方位的针对性干预，以取得良好的干预效果。

子任务二　儿童青少年生长发育特点及训练注意事项

儿童青少年正处于身体的生长发育期，其组织、器官的结构与功能与成年人有较大的区别。在安排训练时，教练必须了解他们的生长发育特点，合理安排训练。

一、儿童青少年生长发育特点

1. 骨骼

儿童青少年软骨成分较多，含有较多水分和有机物质（骨胶原）、较少无机盐类（如磷酸钙、碳酸钙），因此骨密度较差。骨骼富有弹性，但坚固度不足，不易完全骨折，却容易发生弯曲和变形。随着年龄增长，骨质中的无机盐增多、水分和骨胶原减少，骨骼坚固性增强而韧性减低，直到 20~25 岁骨化完成后，骨骼不再生长，身高也不再增长，但其内部构造仍在变化。下肢骨在 16~17 岁以后骨化迅速，而脊柱的椎体则要到 20~22 岁才完成骨化。

2. 关节

儿童青少年关节面软骨相对较厚，关节囊及韧带的伸展性大，关节周围的肌肉较为细长，因此关节活动范围大于成人，但其牢固性相对较差，在外力作用下容易发生脱位。在体育教学与训练中，应特别注意儿童青少年的这些特点。

3. 肌肉

儿童青少年的肌肉中水分含量较多，而蛋白质、脂肪和无机盐类相对较少，因此其收缩功能较弱，耐力差，易疲劳。随着年龄增长，肌肉中的有机物如蛋白质等逐渐增多、水分逐渐减少，肌肉重量不断增加，肌力也相应增强。

儿童青少年肌肉的生长发育不均衡，通常躯干肌肉优先于四肢肌肉发育，屈肌优先于伸肌，上肢肌优先于下肢肌，大块肌肉优先于小块肌肉。此外，肌力的逐年增长也不均衡。在生长快速期，肌力主要向纵向发展，长度增加较快，但仍落后于骨骼的增长。因此，肌肉收缩力量和耐力都较差，难以提供足够的保护给关节，这可能导致关节变形和损伤的风险增加。当生长快速期结束后，身高的增长变得缓慢，而肌肉则开始横向发展，这时肌纤维明显增粗，肌肉体积显著增加。

4. 血液循环系统

儿童青少年的血液总量相较成人更少，但其血量占体重的百分比却高于成人，大约占体重的 11%。他们的血红蛋白含量也较低，且血液中有形成分与成人存在差异。此外，他们的心脏容积和体积小，心脏的收缩力相对较弱，心率较快，血压较低（主要因为外周阻力小），导致心输出量的绝对值较小；但相对于其体重来说（即每千克体重的心输出量），该值却较大。运动时，他们主要靠增加心率来提高心输出量。

在青春期期间，有些青少年可能会出现青春期高血压的现象。这种高血压通常表现为收缩压上升，但一般不超过 150 mmHg，而舒张压则保持正常。患者通常没有自觉症状，且这种情况多发于体格生长迅速的青少年。

5. 呼吸系统

儿童青少年的胸廓相对较小，其呼吸肌的力量也相对较弱。这导致他们的呼吸较为表浅且频率较快，同时肺活量也较小。此外，他们的肺通气量虽然小，但如果按照体重来计算（即每千克体重的通气量），其相对值却是较大的。在运动时，他们主要依赖加快呼吸频率来增加肺通气量。值得注意的是，在剧烈运动时，他们的最大摄氧量相对较小，且负氧债的能力也较低。

6. 神经系统

儿童青少年的神经系统发育是各个系统中最早且最快的。然而，他们的神经活动过程相对不稳定，且第二信号系统的发育尚未完善。这导致他们的抽象思维能力相对较差。与此同时，大脑皮质神经细胞的工作能力较低，容易疲劳；但值得一提的是，他们的神经过程具有较高的灵活性。

二、儿童青少年运动训练时的注意事项

根据儿童青少年身体发育特点，在体育教学和训练中应注意以下 7 个问题。

1. 养成正确的体态

儿童青少年的骨骼承受力和肌肉拉力功能相比成年人较差。如果长期保持不良体态，骨骼容易弯曲、变形，其中常见的是脊柱的变形。据调查，小学生中脊柱变形者占受检人数的 20.0%，而脊柱侧弯又占脊柱变形的 80.8%。因此，在体育教学中，必须教育儿童青少年养成正确的坐、立、走等身体姿态，并注意不同体态的轮换。对于一些单侧活动较多的肢体，应加强对侧肢体的锻炼，以防脊柱侧弯变形或肢体发育不均衡。

2. 根据年龄特点和肌力发展规律安排运动负荷

由于儿童青少年肌肉的生长发育不均衡，在运动练习中，应注意全面身体训练。在注重发展大肌群的同时，也要关注小肌肉群的力量和耐力。

儿童青少年在 10 岁以前，肌肉体积和力量的增长速度较慢，不宜进行负重练习，可采用抗自身体重练习。在身高增长加速时，肌肉的长度增加较快，肌肉收缩力量和耐力都较差，适宜采用伸长肢体练习、弹跳和支撑自重的力量练习，大负荷力量练习宜少采用。生长加速期结束后，身高的增长缓慢、肌纤维增粗速度较快，肌力显著增加，可以适当增加负重抗阻练习，以有效地发展肌肉力量。在力量练习中，应以动力性力量练习为主，辅助以适宜的静力性练习。

3. 力量训练时注意负荷的重量

儿童青少年的骨化闭合完成较晚，骺软骨承受压力的功能相较于正常骨组织更差。若负重过大、静力性动作过多或遭遇剧烈震动，容易造成脊柱弯曲、骨盆和腿型畸形，同时也可能导致骨化过程过早完成或骺软骨受损，从而影响骨骼的生长发育。因此，建议 15 岁以后再进行较大重量的力量练习，并且练习应以动力性为主。在进行必要的静力性练习时，应控制时间，实现动静结合，同时，不宜在过硬的场地上频繁进行用力踏跳等活动。

4. 应预防关节损伤的发生

儿童青少年可以充分发展关节柔韧性，但也要重视发展关节的稳定性，以防关节损伤。在运动中，如果发现儿童青少年有腰、膝、踝、肩部等疼痛，应引起重视，并及早进行诊断，做出适当处理。

注意选择适当的训练场地，塑胶地面、运动地板是不错的选择。水泥地等硬质地面会增加膝关节损伤的风险，使骺软骨病、髌骨疼痛的发生率大大增加。

5. 注意呼吸和心血管问题

儿童青少年在运动时需要注意呼吸卫生，应使呼吸与运动相配合，有意识地加大呼吸深度，不宜过多和过长时间地“憋气”。正确对待“青春期高血压”，运动量不宜过大，不要进行举重练习，并定期复查血压。

6. 注意教学方法

教学内容要生动活泼、多样化。训练时间不宜过长，要注意安排短暂休息。应采用直观形象的教学方式。在技术技能教育的同时，还要加强意志品质的培养和组织纪律的思想教育。此外，青春期神经系统受内分泌活动的影响，稳定性暂时下降，会表现出动作不协调的现象。

7. 合理饮食和营养

合理营养是儿童青少年健康的前提条件，科学膳食又是获得合理营养的必要条件。儿童青少年时期无论身体还是智力的发展都极为迅速，且运动量逐步增大，因此对蛋白质、碳水化合物等供能物质的需求特别大，对维生素、矿物质等也有较大需求。因此，营养饮食对他们的身体健康与发育十分重要。

虽然现在的儿童青少年营养水平比以往好多了，但是食物结构依旧不够科学，烹饪食物的方式也存在诸多问题，这样会对营养的摄取带来不利影响。若无法通过合理膳食确保充足和均衡的营养供应，可能会导致营养不良的情况出现，如佝偻病、贫血、免疫力下降、智力发展受限等问题；反之，则可能造成营养过剩，表现为高血糖、超重或肥胖等健康问题。

子任务三　体态矫正性训练的基本原理认知

体态纠正性训练是一个系统性的方法，它用于描述、辨识神经肌肉功能障碍，并设计和实施相应的整合纠正策略。这一过程紧密围绕整合评估、纠正性训练计划的制定以及相关训练技术的应用。其整体框架主要包括以下 3 个步骤。

1. 整合评估

通过体态观察和动作模式筛查，发现异常问题，并探寻问题的根源。通常，异常姿态与不良的体态习惯紧密相连，同时也可能伴随不易察觉的先天发育异常，特别是骨性结构和关节功能的异常。在观察到外在表现的基础上，教练需深入分析问题产生的原因，并针对这些原因制定具有针对性的训练计划。

如果姿态异常与日常不良的体态习惯有关，应进行专门的训练，并教育孩子了解保持正确体态的重要性和方法。

若存在先天发育或结构的问题，则需寻求骨科医生的协助，进行必要的医学检查，以诊断问题的根源，并进行全面的治疗。

2. 纠正性训练计划制定

日常不良体态导致的姿态问题往往源于肌肉的错误使用，从而引发肌肉长度变化和肌力不平衡。一侧的肌肉由于过度使用而力量增大，同时变得短而硬；而对侧的拮抗肌则因被动拉长而变得软弱无力。这种肌肉的不平衡会导致关节压力不均衡，进而引发体态及疼痛问题。因此，设计纠正性训练计划、确定需要重点干预的部位和肌肉，以及规划训练进度，是解决问题的关键。如图 1-2 所示。

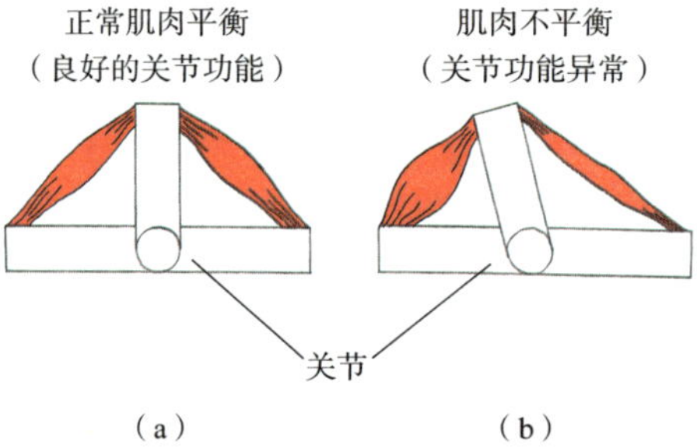

图 1-2　肌肉长度与肌力不平衡

（a）正常肌肉平衡　（b）肌肉不平衡

（1）训练计划要具备个性化特点。体态训练的目标是使错误的、异常的体态通过训练恢复到正常状态，从而降低运动风险和疼痛风险。然而，每个人现有的问题、问题产生的原因、发育状况和运动水平各不相同，因此训练计划应全面考虑并因人而异。教练应通过系统的评估、持续的观察与指导，根据儿童青少年的能力和问题，设计出个性化、有针对性的训练计划。这个训练计划必须符合基本的训练原则，同时也要考虑到儿童青少年的特殊需求。优质的个性化训练会依据训练生理学与生物力学的原则来纠正儿童青少年的体态和提升运动表现，并为儿童青少年量身定制符合其需求的训练计划。

（2）训练计划要具备纠正性功能。当身体出现功能障碍、动作受限或姿态不对称时，纠正性训练能够帮助身体恢复基本功能状态。其目的在于改善当前不良的动作质量，通过激发身体的自然反应来纠正体态和力学上的不平衡。需要强调的是，纠正性训练更注重质量而非数量。我们要求个体在完成动作的过程中始终保持动作的稳定，控制身体的姿势。整个过程都应在保持平衡和关节对齐的基础上进行，以便身体能够接收到积极的反馈。

3. 训练技术的应用

解决已识别的神经肌肉问题需要一个系统计划。这个计划就是纠正性训练连续体，如图 1-3 所示。纠正性训练连续体包括 4 个主要阶段。

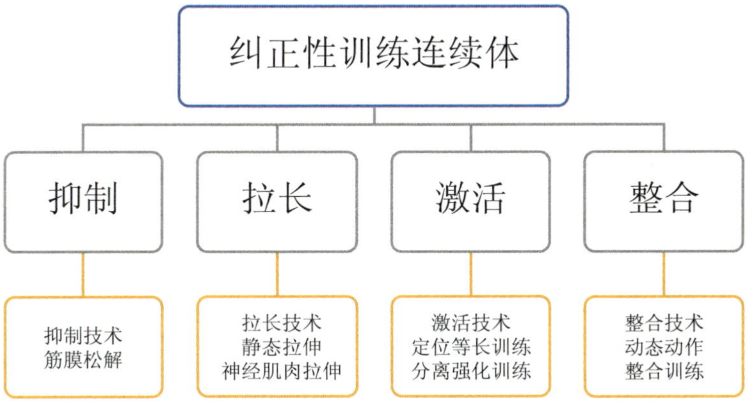

图 1-3　纠正性训练连续体

（1）使用抑制技术的抑制阶段。抑制技术用于对身体中过度活跃的神经筋膜组织进行张力松解或降低其活性，这可以通过筋膜松解技术来实现。

（2）使用拉伸技术的拉长阶段。拉长技术旨在增加身体肌肉、筋膜等软组织的延展性和长度，并改善关节活动度，可以通过静态拉伸和神经肌肉拉伸来实现。

（3）使用激活技术的激活阶段。需要注意的是，儿童青少年的力量相对不足，关节稳定性不够，但灵活性较好。通常他们的软组织较为松弛，因此在进行针对性纠正训练时，应重点缩短已伸长的组织。在某些情况下，可以针对局部区域的张力进行治疗。激活技术则用于对不够活跃的组织进行再训练或激活，这可以通过分离强化训练和特定肌肉的等长训练来实现。

（4）使用整合技术的整合阶段。整合技术通过使用动态动作整合训练的功能性进阶动作，对所有肌肉的共同协作功能进行再训练。

思考与实践

（1）影响儿童青少年体态的因素有哪些？
（2）儿童青少年运动训练时的注意事项有哪些？
（3）儿童青少年体态矫正训练的原理是什么？

项目二　儿童青少年体态及动作评估方法

思政园地

职业教育越来越受到社会各界的重视。提到工匠精神，很多人脑中浮现的是《大国工匠》中技术精湛的国手，他们对技能技术精益求精，因对一个事情日积月累的专注而成为行业能手。在体育领域，同样也需要工匠精神。党的十九届五中全会提出，到 2035 年建成体育强国，进一步明确了建设体育强国、健康中国的远景目标。“十四五”发展规划也明确提出体育事业发展的宏伟蓝图。未来体育行业必定对从业人员的素质和数量提出更多的要求。体育职业教育作为体育技能型人才培养输送的重要组成部分，必将肩负起建设体育强国、健康中国的责任，更要顺应新时代发展要求，着力培养卓越体育工匠。

中华体育精神以“为国争光、无私奉献、科学求实、遵纪守法、团结协作、顽强拼搏”为主要内容，是中国精神的重要组成部分。其中，科学求实最重要的就是要注重实验和观察，采用可靠的、科学的方法手段进行测评。尤其是儿童青少年处于生长发育期，如果体态出现异常，后期进行的评估与矫正更要建立在对儿童青少年身体全面测评和分析的基础之上。从儿童青少年实际生长发育的状态出发，才能制定出更符合儿童青少年的科学干预手段，这也是体育工匠精神的一种体现！

同时，教练作为儿童青少年运动测评和训练的指导者，更要树立良好的职业素养，让孩子充分意识到体育科学的魅力，建立正确的体育价值观，避免不良体态带来的负面影响，养成好的生活习惯，培养儿童青少年形成阳光开朗的性格、健硕的体格和积极向上的精神风貌。少年强则国强！

项目导入

评估是干预和纠正儿童青少年身体姿态的第一步。人体是一个自下而上的有机连续体，身体的不同部位和节段之间密切联系且相互影响。同时，人体始终处于运动和活动状态，而非静止不动。因此，检查者对儿童青少年的体态评估应该既放眼整体又关注局部，既包含坐、站的静态评估，又包含走、跑和特定功能性动作下的动态评估。

身体姿态的静态评估主要以观察为主，旨在发现儿童青少年体态的异常，这需要检查者具备较强的观察能力。通过系统化的检查方法，并随着时间和经验的积累，检查者的观察能力会不断提升。

动作是人体多个系统综合运转的表现，这些系统主要包括肌肉、骨关节、神经系统、循环系统和呼吸系统，它们相互依存、相互配合。当它们正常运转时，人体会获得最佳的身体结构排列和神经肌肉控制。每一个系统对于建立正常的长度-张力关系都至关重要，同时保证关节周围的每一块肌肉具有合适的长度和力量。骨骼作为肌肉收缩和肢体运动的杠杆，关节则充当支点，同时也是压力和负荷高度集中的部位，在姿态不良时极易出现疼痛。肌肉平衡对于最佳力偶募集、保持精确的关节运动，以及最终减少强加在身体上的过量负荷至关重要。神经系统是运动控制的中枢，对肌肉的协调收缩和精准控制起着重要作用。

任务　儿童青少年体态的静态与动态评估

学习任务

（1）能正确应用静态评估方法对儿童青少年体态进行评估；
（2）能正确应用动态评估方法对儿童青少年体态进行评估。

学习目标

知识目标

（1）熟悉静态评估解剖标志点。
（2）熟悉动态评估解剖标志点。
（3）掌握静态、动态评估方法。

能力目标

（1）能通过正面观察、侧面观察、背面观察的评估方法对儿童青少年体态进行静态评估。

（2）能通过过顶深蹲、单膝下蹲、俯卧撑和步态等评估方法对儿童青少年体态进行动态评估。

素养目标

（1）培养学生严谨认真的学习态度。
（2）培养学生科学求实的精神。
（3）培养学生关注儿童青少年体态、关爱儿童青少年体质健康的意识。

子任务一　静态与动态评估解剖标志点认知

身体姿态的评估是干预和纠正的第一步。在评估前，教练需要熟悉身体各部位重要的解剖标志点。

解剖标志点在体态评估中是重要的参考点。通过观察这些标志点的位置和关系，可以获得关于体态的关键信息。检查者应熟记以下解剖标志点，并能准确在身体上找到对应位置。这些解剖标志点将帮助检查者在静态和动态评估中观察儿童青少年的身体姿态和运动情况，以便发现异常、姿态缺陷或运动问题，并为合理的干预和训练提供根据。在评估过程中，通过综合分析静态和动态姿态，我们可以更全面地了解个体的身体状况，从而制定出个性化的改善方案和训练计划。

1. 脊柱及上肢的解剖标志点

（1）耳屏点（tragion）。耳屏上切迹（耳屏上缘与前缘相交的点），用以观察头部在矢状面的位置，如图 2-1 所示。

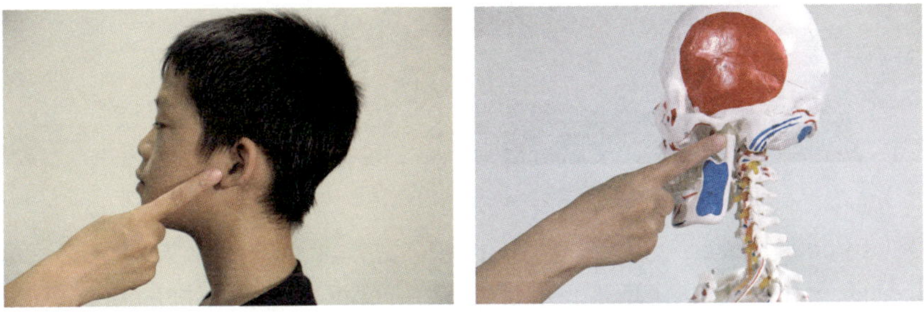

图 2-1　耳屏点

（2）肩峰点（acromion）。肩胛骨外缘的最外侧点上缘，用以观察肩部在矢状面的位置，如图 2-2 所示。

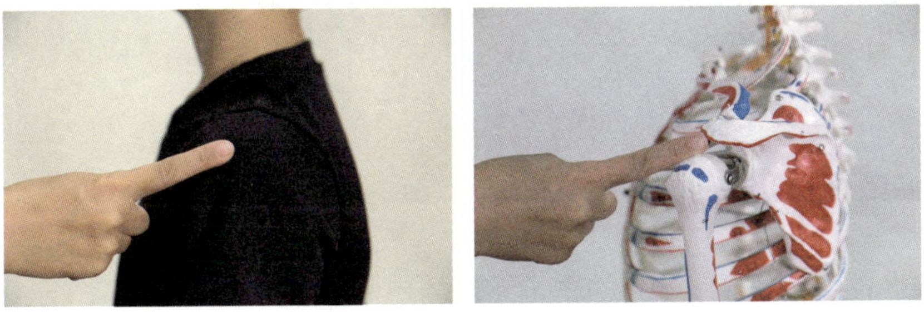

图 2-2　肩峰点

（3）第 7 颈椎（7th cervical vertebra，C7）。又称隆椎。从第一块颈椎向下的第七块颈椎，棘突较长且粗大，末端不分叉，呈结节状，近水平位，皮下易于触及，常作为计数椎骨的标志。如图 2-3 所示。

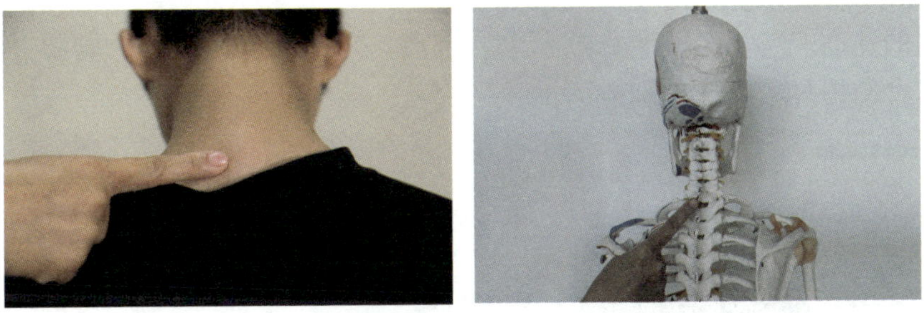

图 2-3　第 7 颈椎

（4）第 12 胸椎（12th thoracic vertebra，T12）。从第一块胸椎向下的第十二块胸椎，关节突的关节面几乎呈冠状位，棘突较长，向后下方倾斜，呈叠瓦状排列。如图 2-4 所示。

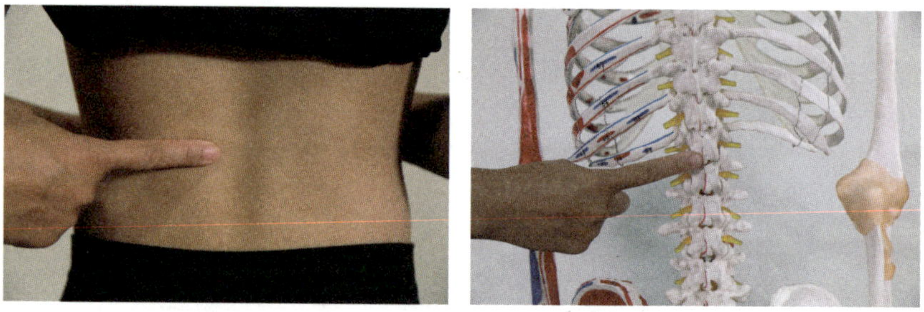

图 2-4　第 12 胸椎

（5）棘突（spinous process）。椎弓背面正中向后方伸出的一个矢状位的突起，其尖端可在体表扪到，是肌肉和韧带的附着部。正常情况下，颈椎、胸椎、腰椎的棘突自上而下排列在一条铅垂线上，如图 2-5 所示。

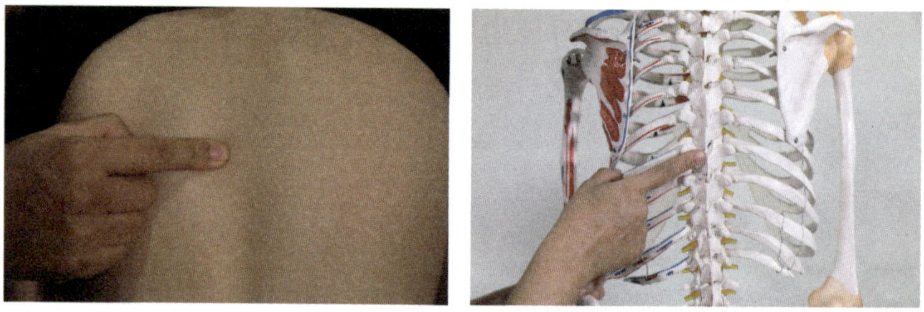

图 2-5　棘突

当人体直立且双上肢自然下垂时，双肩胛冈内侧端连线与 T3 棘突平齐。双侧肩胛骨下角的连线则与 T7 棘突平齐。由于 T7 的棘突能较准确定位，因此向下可确定 T12 棘突的位置。T12 棘突较长，向后下方倾斜，并呈叠瓦状排列。L4 棘突或 L4-5 棘间正好位于双侧髂嵴最高点的连线上。

（6）骨盆（pelvis）。骨盆是由左、右髋骨、骶骨、尾骨及耻骨联合连结而成的骨环。在功能上，骨盆除了可以容纳和保护盆腔脏器外，还连接了脊柱和下肢，作为脊柱的地基，并参与身体各方向的运动。当脊柱和髋关节活动时，都离不开骨盆上的三个关节，即双侧的骶髂关节和耻骨联合的相对运动，如图 2-6 所示。

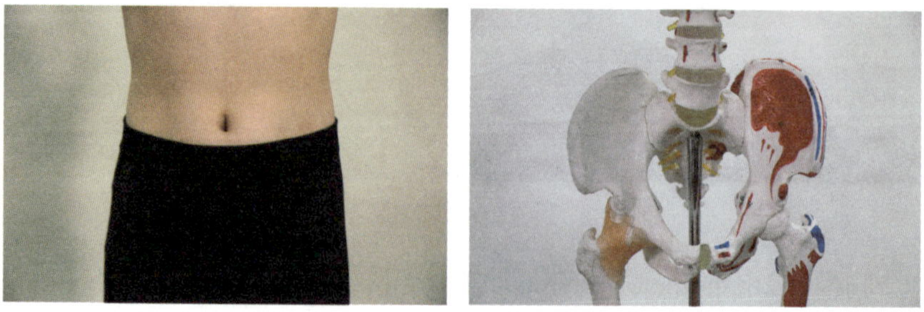

图 2-6　骨盆

（7）髂嵴（iliac crest，IC）。髂嵴是髂骨翼的上缘，其最高点连线平对第四腰椎棘突，或在第四和第五腰椎之间，这有助于确定椎体的节段。此外，通过比较两侧髂嵴的高度，可以判断骨盆是否存在倾斜。

（8）髂前上棘（anterior superior iliac spine，ASIS）。髂前上棘与髂后上棘相对应。沿髂嵴向前触摸，可触及的最前方的突出骨性结构即为髂前上棘。结合髂后上棘，可以判断骨盆位置。正常情况下，双侧髂前上棘应等高并在同一冠状面上（若一前一后则代表骨盆有旋转），如图 2-7 所示。

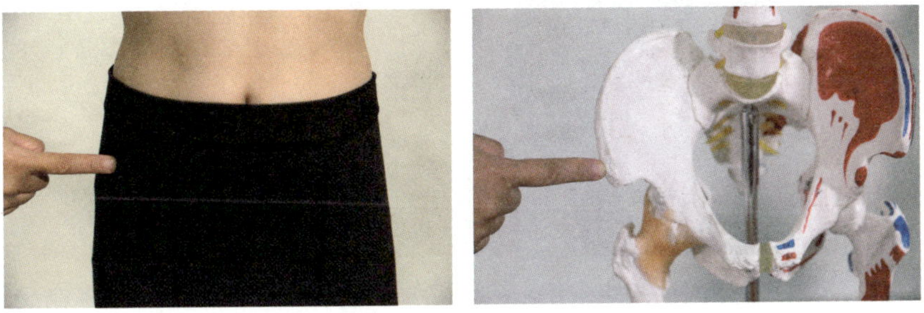

图 2-7　髂前上棘点

（9）髂后上棘（posterior superior iliac spine，PSIS）。髂后上棘是骨盆上的标志性结构，与髂前上棘相对应。沿髂嵴向骶骨方向触摸，在靠近中间的部位能触及的突出且坚硬的骨性结构即为髂后上棘。它是判断骨盆位置的重要骨性标志点，可反映三维方向的变化。正常情况下，双侧髂后上棘应等高并在同一冠状面上（若一前一后则代表骨盆有旋转），如图 2-8 所示。

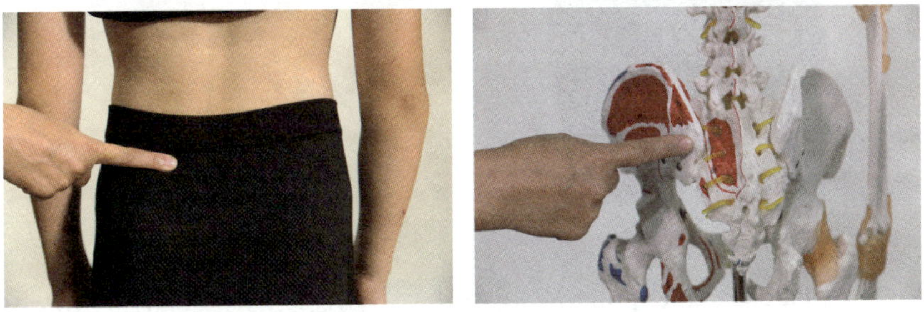

图 2-8　髂后上棘点

（10）坐骨结节（ischial tuberosity，IT）。坐骨结节是坐骨上的解剖部位，位于骨盆的最下端。坐骨分为上下两部分，在上下分支的汇合处有向后下凸起的粗隆，即坐骨结节。正常坐姿时，坐骨结节应垂直于椅面，以保持骨盆和腰椎的中立位，如图 2-9 所示。

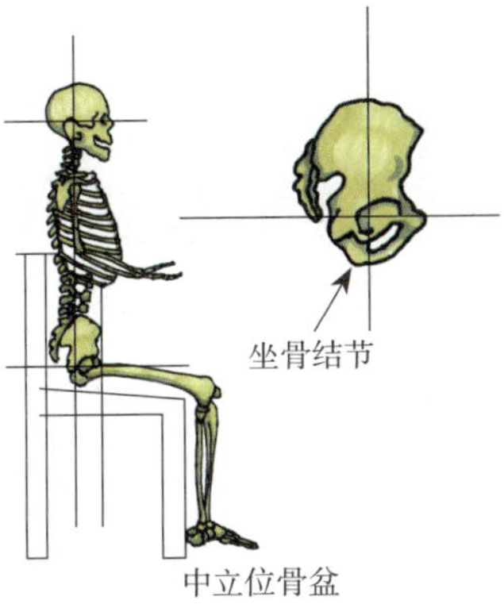

图 2-9　中立位坐姿（负重点位于坐骨结节）

2. 下肢的解剖标志点

（1）股骨大转子点（trochanterion）。股骨大转子的最高点。常作为测量股骨和下肢长度的上端起点。如图 2-10 所示。

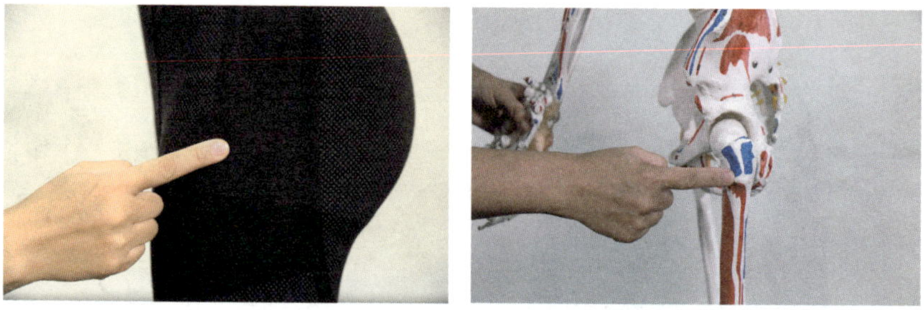

图 2-10　股骨大转子点

（2）臀横纹（gluteus transversae sulcus）。位于臀部后侧，是臀部与大腿连接部位的横形凹陷。正常情况下应该是形态对称、左右等高的，常用于筛查下肢长度。如图 2-11 所示。

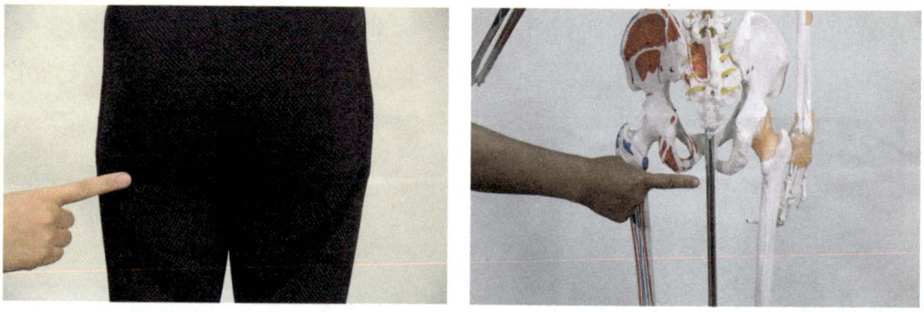

图 2-11　臀横纹

（3）髌骨中点（patella center point）。指髌骨上下端连线的中点，正常情况下，双侧等高，位于膝关节正中间且向正前方。可用于判断小腿长度、有无膝内/外翻等。如图 2-12 所示。

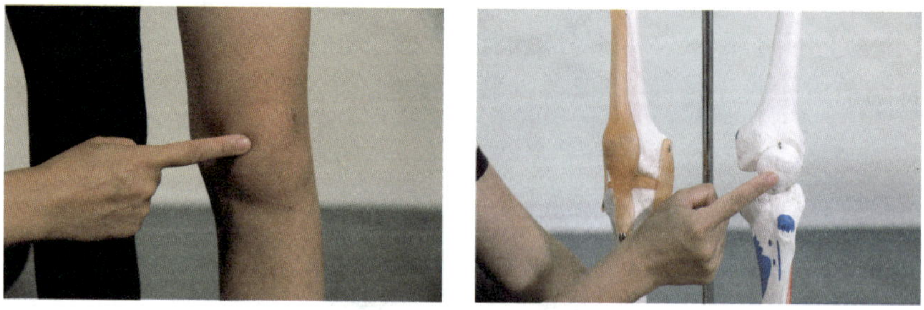

图 2-12　髌骨中点

（4）腘窝中心点（popliteal fossa center point）。指的是腘窝上下端连线的中点。如图 2-13 所示。

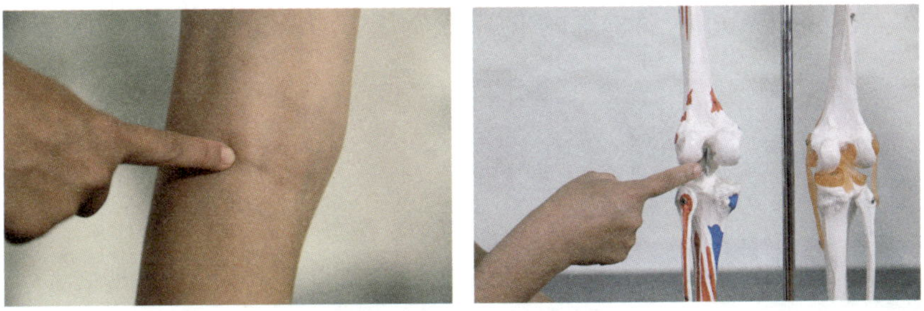

图 2-13 腘窝中心点

（5）膝横纹（knee transversae sulcus）。位于膝部后侧，是大腿与小腿连接部位的横形凹陷。正常时双侧等高，如双侧不等高，则可能怀疑下肢不等长。如图 2-14 所示。

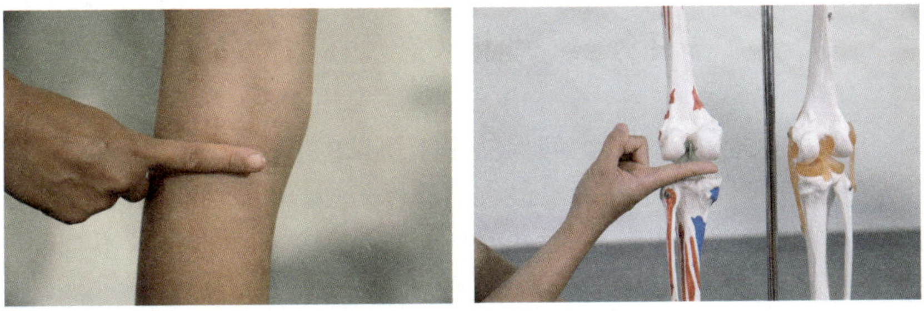

图 2-14 膝横纹

（6）胫骨点（tibiale）。指的是小腿胫骨内侧髁内上缘的最高点。常用以测量胫骨长度。如图 2-15 所示。

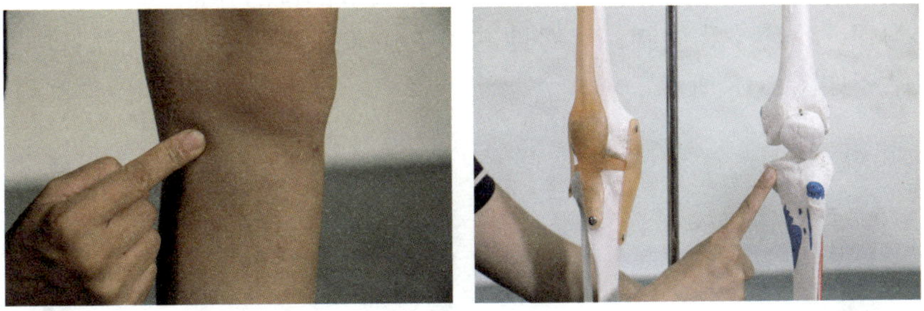

图 2-15 胫骨点

（7）外踝点（malleolus fibulae point）。腓骨外踝的下端点，常用以辅助测量胫骨长度。如图 2-16 所示。

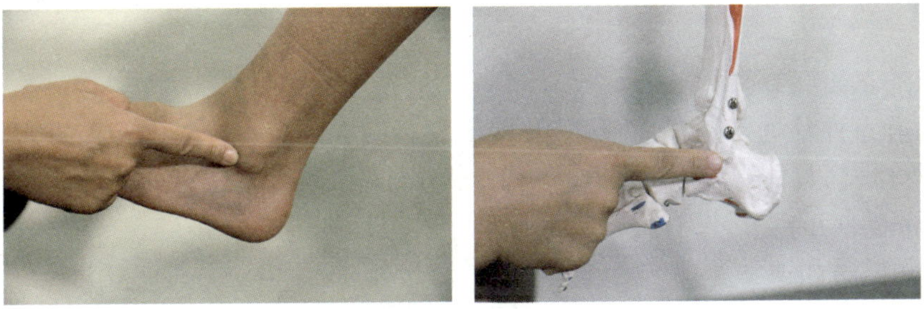

图 2-16 外踝点

（8）内踝点（sphyrion）。胫骨内踝的下端点，常用以测量胫骨长度。如图 2-17 所示。

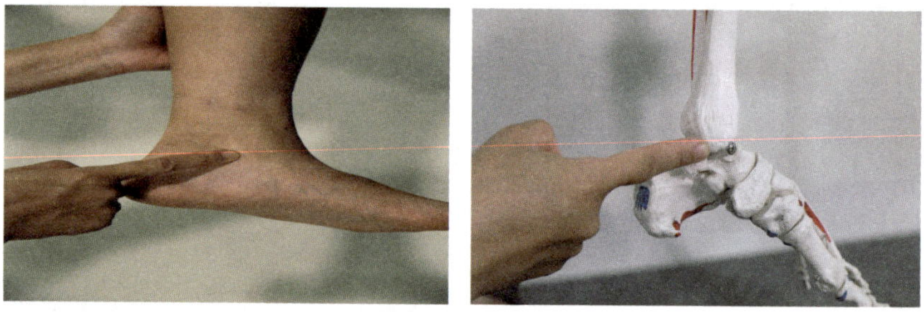

图 2-17　内踝点

子任务二　理想体态及评估标准

理想体态指的是身体各个部分之间保持平衡协调的状态，它能确保身体骨骼肌保持合适的长度-张力关系，从而让身体发挥出最大的动作效能。教练可以从身体的正面、侧面和背面进行观察，如果符合理想体态，则是正常的。如果身体的某些部位不符合理想体态，那么就表明身体姿态异常，此时需要进行详细的评估及干预。

一、静态评估

在站立姿势下评估身体处于静止状态时的姿态，是体态评估中最常用、最基本的评估方法。通过站立位的姿态评估，我们可以发现身体各关节部位的异常，并找出儿童青少年常见的错误姿势习惯。这便于我们制订针对性的纠正性训练计划，并帮助他们改正错误的姿势习惯。理想站姿如图 2-18 所示。

（a）　　（b）　　（c）

图 2-18　理想站姿

（a）正面观体态　（b）侧面观体态　（c）背面观体态

1. 理想的正面观体态

体态的静态评估通常从正面观开始，即检查者站在儿童青少年的正前方观察其身体左右两侧的对称性。具体观察以下 11 个方面。

（1）头部朝向正前方，没有旋转或侧弯。

（2）双侧肩膀和锁骨等高。

（3）双侧胸廓对称，双手臂距离躯干的距离一致。

（4）双侧腰部轮廓对称，肚脐位于腹部正中央，没有左右偏移。

（5）双侧髂前上棘等高。

（6）股骨直立（垂直于地面）没有外旋或内旋。

（7）双侧大腿的肌肉形状及体积差不多。

（8）膝关节没有内翻或外翻，双侧髌骨等高，且朝向正前方。

（9）胫骨直立（垂直于地面）。

（10）双侧内踝同高。

（11）脚掌稍微由中线往外旋，没有过度旋前或旋后，拇指向前，没有外翻。

2. 理想的侧面观体态

检查者站在儿童青少年的左右两侧进行观察，主要观察身体其在前后方向上的体态。具体观察以下 11 个方面。

（1）垂线穿过人体的耳屏点、肩峰中央、腰椎、股骨大转子，同时垂线位于膝关节转动轴及外踝稍前方。

（2）头部无前伸或缩回、仰头或低头。

（3）颈椎应该有正常弧度（前凸），但不会过分前凸或平坦。

（4）双侧肩膀无含胸。

（5）胸椎应该有正常的弧度（后凸），但不会过分后凸或平坦。

（6）胸部自然挺起。

（7）腰椎应该有自然的弧度（前凸），但不会过分前凸或平坦。

（8）骨盆应该位于自然的解剖位置，髂前上棘与耻骨位于同一垂直平面，髂前上棘与髂后上棘基本等高，骨盆没有前倾或后倾。

（9）双侧臀部及大腿的肌肉形状及体积对称。

（10）膝盖应该自然伸直，没有屈曲或过伸。

（11）自然的足背屈。

3. 理想的背面观体态

检查者站在儿童青少年的背面进行观察，主要观察其身体背部的体态以及左右对称性。具体观察以下 8 个方面。

（1）头部直立，没有旋转或侧弯。

（2）双侧肩膀等高，肩胛骨的位置对称，没有外移，没有向后突起。

（3）脊柱直立，棘突在一条垂线上，脊柱两侧的肌肉对称，双手臂距离躯干的距离一致。

（4）背部的胸廓对称，胸椎和腰椎曲度适当。

（5）臀部、大腿后侧的腘绳肌、小腿后侧的小腿三头肌的形状和体积对称。

（6）膝关节没有内翻或外翻，膝横纹等高。

（7）双侧内踝同高。

（8）跟骨垂直压在地面上，没有足内翻或足外翻。

4. 理想的坐姿

坐姿不良是引起体态问题的重要原因。在坐姿下，通常在读书、写字、使用电子产品、看电视等活动中，受到椅子/沙发、桌子、时间长短的影响，可能每个人都有自己习惯的坐姿。

检查者需要判断儿童青少年习惯的坐姿与标准坐姿之间的差异，并结合站姿的结果进行综合分析，找到问题的原因。常见的错误坐姿如图 2-19 所示。

坐姿评估与站姿相比，排除了下肢对脊柱姿态的影响，可以更直接地找到脊柱姿态的问题，并发现不良的坐姿习惯，便于有针对性地进行纠正。如果坐姿优于站姿，说明下肢对脊柱的影响程度大于脊柱本身的问题。如果站姿优于坐姿，说明下肢对脊柱姿态的调整有帮助，坐姿下的脊柱问题需要单独调整。

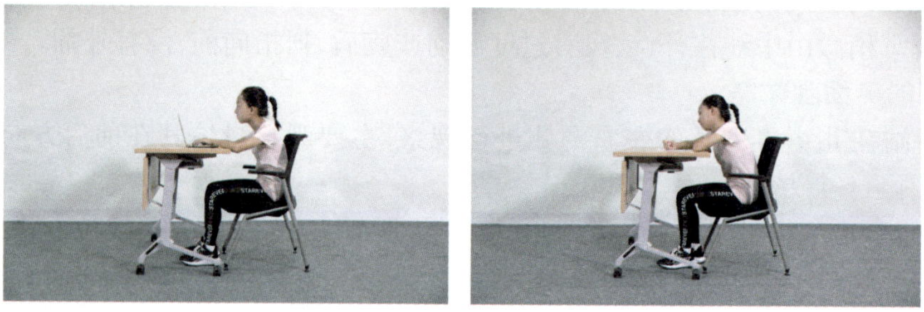

（a）　　（b）

图 2-19　常见的错误坐姿

（a）含胸驼背　（b）身体倾斜

理想的坐姿与站姿类似，通常要让儿童青少年坐在适当高度、没有靠背的硬质凳子上，保持自然坐位的状态。检查者分别从正面、侧面、背面进行观察。

正面观主要观察身体左右两侧的对称性，背面观除观察对称性外，还能观察到脊柱的形态。侧面观是检查的重点，主要观察身体在前后方向的姿态，重点观察头部、颈椎、胸椎、腰椎在矢状面的曲度。

5. 常见问题

人体是一个连续的受力体，由于站立体态下受重力的影响，身体必须维持稳定的状态。当身体的某个部位出现问题时，其临近的关节甚至远端的部位都可能出现代偿性的表现，从而引发一系列的异常症状，导致各关节部位的不适和疼痛。例如，膝痛常常与足弓异常和下肢力线异常有关，腰痛常常与骨盆位置不合理有关，颈痛常常与圆肩驼背有关。

（1）下肢常见的问题包括高足弓或低足弓、拇外翻、膝关节内翻（O 型腿）、膝关节外翻（X 型腿）、膝关节过伸、髋内旋或髋外旋步态。

（2）躯干常见问题包括骨盆前倾、后倾及侧倾（不等高），脊柱侧弯，胸椎后突（驼背）、颈前伸等。

（3）上肢常见问题包括圆肩、高低肩、肩胛功能异常（肩胛骨动力障碍）、肘过伸、提携角过大、韧带松弛等。由于上肢体态对整体姿态的影响较小，本书仅介绍肩部异常的体态纠正。

二、动态评估

动态评估能够检测出运动者在运动或进行身体活动时是否存在关节活动度不足、核心力量薄弱、肌力不对称、动作模式不正确等问题，然后可根据具体问题进行相应的运动调整以解决问题，这对预防运动损伤具有积极作用。基于功能性动作筛查（Functional Movement Screen，简称 FMS）中的七个动作，本节将选取其中三个常用的动作以及步行姿态进行详细介绍。如果对动态评估和运动风险筛查有浓厚兴趣，建议继续深入学习 FMS 的其他内容。

1. 过顶深蹲评估

蹲是身体中重要的功能性动作，与所有蹲下和坐下的动作有关。蹲的姿态和动作模式不正确，容易引起膝关节和腰部疼痛。此外，下肢损伤和疼痛也会影响蹲的动作模式。过顶深蹲是儿童青少年体态动态评估的重要动作之一。过顶深蹲评估动作如图 2-20 所示。过顶深蹲评估的观察要点及常见问题如表 2-1 所示。

图 2-20　过顶深蹲评估动作

视频　过顶深蹲动作评估

表 2-1　过顶深蹲观察要点及常见问题

观察面	检查点	代偿方式	可能过度活跃的肌肉	可能不活跃的肌肉	可能造成的损伤
前面观	足	外八字	比目鱼肌 腓肠肌外侧头 股二头肌短头 阔筋膜张肌	腓肠肌内侧头 半腱肌、半膜肌 臀大肌/臀中肌 股薄肌 腘肌 缝匠肌	足底筋膜炎 跟腱炎 髌腱炎
前面观	足	低足弓	腓骨肌群 腓肠肌外侧头 股二头肌 阔筋膜张肌	胫骨前肌 胫骨后肌 腓肠肌内侧头 臀中肌	足底筋膜炎 跟腱炎 髌腱炎
前面观	膝	膝外翻	髋内收肌 股二头肌短头 阔筋膜张肌 腓肠肌外侧头 股外侧肌	半腱肌、半膜肌 臀大肌/臀中肌 股内侧肌 胫骨前肌 胫骨后肌	髌腱炎 髌骨疼痛综合征 ACL 损伤 髂胫束综合征
前面观	膝	膝内翻	梨状肌 股二头肌 阔筋膜张肌/臀小肌	髋内收肌 半腱肌、半膜肌 臀大肌	髌腱炎 髌骨疼痛综合征 ACL 损伤 髂胫束综合征

续表

观察面	检查点	代偿方式	可能过度活跃的肌肉	可能不活跃的肌肉	可能造成的损伤
前面观	髋	过度屈曲	比目鱼肌 腓肠肌 屈髋肌群 梨状肌 腹肌	胫骨前肌 臀大肌 竖脊肌 核心稳定肌群	腘绳肌、股四头肌和腹股沟拉伤、下背痛
	腰部	塌腰	屈髋肌群 竖脊肌 背阔肌	臀大肌 腘绳肌 核心稳定肌群	
		弓腰	腘绳肌 大收肌 股直肌 腹外斜肌	臀大肌 竖脊肌 核心稳定肌群 屈髋肌群 背阔肌	
	肩	双肩内扣	背阔肌 胸大肌/胸小肌 喙肱肌 大圆肌	斜方肌中下束、菱形肌、三角肌后束、肩袖肌群	头痛、肱二头肌肌腱炎、肩关节损伤
后面观	足	低足弓	腓骨肌群 腓肠肌外侧头 股二头肌短头 阔筋膜张肌	胫骨前肌 胫骨后肌 腓肠肌内侧头 臀中肌	下肢关节炎症、疼痛、影响脊椎发育、易疲劳等
		足跟抬起	比目鱼肌	胫骨前肌	
	髋	骨盆偏移	髋内收肌 阔筋膜张肌（偏移方向同侧） 小腿三头肌 梨状肌 股二头肌 臀中肌（偏移方向对侧）	臀中肌（偏移方向同侧） 胫骨前肌 髋内收肌（偏移方向对侧）	脊柱弯曲、下肢关节损伤、腰背痛等

【评估目的】用于评估动态柔韧性（包括髋、膝、踝、肩关节）、核心力量和平衡，还可反映跳跃落地时的下肢动作模式。

【评估步骤】被测试者最好光脚，以便于更好地观察足踝。自然直立站立，双脚分开与肩同宽，脚尖向前。踝关节处于中立位。评估时被测试者高举上臂直至过头，肘部完全伸直。缓慢做下蹲的动作，直至蹲至最大角度或出现疼痛。

【评估标准】①从前面观察。身体重心沿正中线下降，没有左右移动。足和膝的运动轨迹要保持在一条垂线上，双侧基本对称。②从侧面观察。胫骨和躯干平行，膝盖不超过脚尖。腰背部挺直，手臂上举与躯干呈一条直线，头部中立位，没有低头或仰头。③从后面观察。足部轻度旋前，足弓始终可见。脚尖一直朝前，并且足跟始终与地面接触。骨盆沿正中线向下，没有向一侧偏斜。

【常见错误动作】足部呈外八字或低足弓，足跟无法放在中立位内翻，脚跟抬起。膝关节内翻或外翻，下蹲时膝盖超过脚尖。过度屈髋，腰部下塌或向上隆起。骨盆偏移，重心不能延身体正中线下降。低头或抬头。双臂上举角度不足，双肩内扣。

2. 单腿下蹲评估

单腿下蹲是用于评估下肢整体功能的一种重要动作。它涵盖了股四头肌和臀肌的离心和向心收缩能力、神经肌肉协调性、核心控制能力、足部与膝关节稳定性、平衡性，以及踝与髋关节的灵活性等方面。此动作与运动中的起跳和落地动作密切相关。单腿下蹲是儿童青少年体态动态评估的重要动作之一。单腿下蹲评估动作如图 2-21 所示。单腿下蹲观察要点及常见问题如表 2-2 所示。

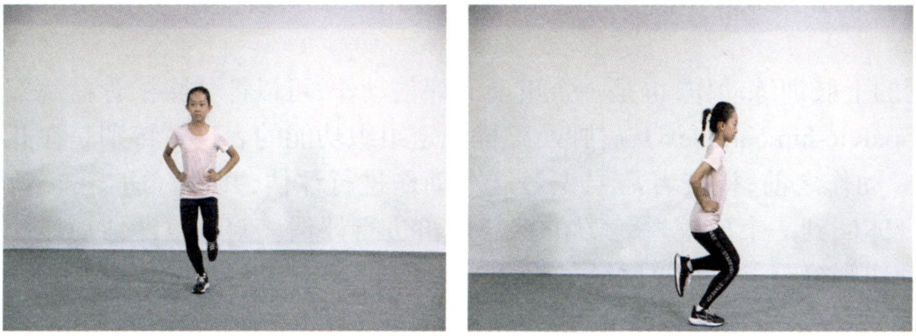

图 2-21　单腿下蹲评估动作

视频　单腿蹲起评估

表 2-2　单腿下蹲观察要点及常见问题分析

观察面	检查点	代偿方式	可能过度活跃的肌肉	可能不活跃的肌肉
前面观	膝	膝内扣	髋内收肌 股二头肌短头 阔筋膜张肌 腓肠肌外侧头 股外侧肌	半腱肌、半膜肌 腓肠肌内侧头 臀大肌/臀中肌 股内侧肌
	髋	髋上提	腰方肌（非支撑侧） 阔筋膜张肌/臀小肌（支撑侧）	髋内收肌（支撑侧） 臀中肌（支撑侧）
		髋下降	髋内收肌（支撑侧）	臀中肌（支撑侧） 腰方肌（支撑侧）
	躯干	躯干旋转（支撑侧）	腹内斜肌 腹外斜肌（非支撑侧） 阔筋膜张肌 髋内收肌	腹内斜肌（非支撑侧） 腹外斜肌 臀中肌/臀大肌
		躯干旋转（非支撑侧）	腹内斜肌 腹外斜肌（支撑侧） 梨状肌（支撑侧）	腹内斜肌（支撑侧） 腹外斜肌 髋内收肌 臀中肌/臀大肌
侧面观	同表 2-1 过顶深蹲观察要点及常见问题侧面观部分			
后面观	同表 2-1 过顶深蹲观察要点及常见问题后面观部分			

【评估目的】单腿蹲评估用于评估动态柔韧性、核心力量和平衡能力，发现单腿模式下

存在的关节运动、肌肉动员和神经肌肉控制的动作缺陷。

【评估步骤】受试者双手叉腰，双眼目视前方。一只脚轻轻抬起，与支撑腿平行。然后下蹲至一个舒适的位置，再还原至站立位置。整个过程要保持动作平稳，支撑脚跟不离地，抬起腿不碰触地面。每侧重复 5 次。

【评估标准】①从前面观察。髋、膝、踝处于一条直线上，膝关节与第二趾呈一条直线。髋部和肩部应保持水平且面向前方。②从侧面观察。膝盖不应超过脚尖，躯干保持挺直，不弯腰。③动作质量要求。动作平稳，身体不晃动，动作完成较为顺利。

【常见错误动作】支撑侧膝关节内扣，非支撑侧髋上提或下降，躯干旋转等。

3. 俯卧撑

俯卧撑是一个常用的上肢训练动作，也是一个重要的评估动作，可以评估腰椎骨盆髋部复合体（LPHC，lumbo-pelvic-hip complex）、肩胛及颈椎稳定组织功能的表现。特别是在儿童青少年需要完成“推”动作之前，检查者需要先对这个动作进行评估，并进行适当的“矫正”，使儿童青少年的身体回到一个比较“平衡”的状态后再进行评估。俯卧撑评估动作如图 2-22 所示。俯卧撑动作观察要点及常见问题如表 2-3 所示。

图 2-22 俯卧撑动作评估

视频 俯卧撑动作评估

表 2-3 俯卧撑动作观察要点及常见问题

检查点	代偿	可能过度活跃的肌肉	可能不活跃的肌肉
髋	腰下沉	竖脊肌 屈髋肌群	核心深层稳定肌 臀大肌
	腰拱起	腹直肌 腹外斜肌	核心深层稳定肌
肩	耸肩	斜方肌上束 肩胛提肌 胸锁乳突肌	斜方肌中下束
	翼状肩	胸小肌	前锯肌 斜方肌中下束
颈椎	颈椎过伸	斜方肌上束 胸锁乳突肌 肩胛提肌	颈深屈肌

【评估目的】俯卧撑评估与推的运动表现有关，可以评估肩胛、核心等区域的稳定功能。

【评估步骤】受试者俯卧在地上，双手置于肩关节前方。肱三头肌和胸大肌发力，使肘关节伸直、肩关节屈曲，双手和双脚支撑地面，整个身体呈一条直线向上抬起。如果受试者没有足够的上肢力量，可以改用膝关节支撑地面。

【评估标准】整个动作的完成过程是缓慢而持续的，每次进行的速度为“2-0-2”（往上 2 s，不保持，往下 2 s）。需要注意的是，从侧边看，膝盖、LPHC、肩膀及颈椎在上推时应该是一个整体单元，而不是片段的起伏。重复进行 10 次，因为大多数问题要在身体出现疲劳之后才会显露出来。

【常见错误动作】腰下沉或拱起，耸肩及翼状肩，颈椎过伸等。

4. 步行体态观察

步行指通过双脚的交互动作移动身体，是人类的基本功能，也是人类区别于其他动物的特征性活动之一。步行的基本功能是从某一地方安全、有效的移动到另一地方。

步态是指人行走时的姿态，即步行的行为特征。步态是人体结构与功能、运动调节系统、行为及心理活动在行走时的外在表现。自然步态是指一个健康成人用自我感觉最自然、最舒坦的姿态行进时的步态，具有三个特点，一是合理的步长、步宽、步频，二是上身姿势稳定，三是最佳能量消耗。

【评估目的】身体姿态的异常会引起步态异常，而步态异常又反过来会加重身体姿态的异常。通过步态分析，教练可以发现步行过程的不良姿态和异常习惯，并分析其可能的原因有哪些，包括下肢及脊柱力线的偏移、关节活动范围过大或受限、步行相关肌肉无力或肌肉紧张等，并针对问题制定干预方案。

【评估步骤】使受试者在明亮、平整的地面上，以自然的状态来回走，教练分别从前、后、左、右 4 个方向进行观察以下 2 个方面。

①步态的总体情况。包括步行节奏、对称性、流畅性、身体重心的偏移、躯干在行走中的趋向性、上肢摆动、行走中的神态表情等。

②观察身体各部位情况。大致了解踝关节及足趾、膝关节、髋关节、躯干、骨盆、肩及头颈部在步行过程中不同时期的变化是否正常。重点观察踝关节有否跖屈、背屈以及内、外翻情况，有无内/外八字脚；足蹬离动作是否充分；膝关节在步行周期的不同时期的伸、屈度及其稳定性；髋关节是否过度伸展、过度屈曲、旋转、外展并外旋（画圈），或呈现出内收或外展体位；骨盆抬高、下降或固定；躯干是否前倾或后倾，或向左、向右侧弯；上肢摆动幅度正常、增加还是减小；肩部是否下沉、上抬、前突或回缩；头的位置。

【评估标准】步行周期指行走过程中，一侧足跟着地至该侧足跟再次着地时所经过的时间。每一个步行周期分为支撑期（亦称站立相）和迈步期（亦称摆动相）两个阶段。摆动相是指从足尖离地到足跟着地，足部离开支撑面的时间，约占步态周期的 40%；站立相是指从足跟着地到足尖离地，即足部支撑面与地板接触的时间，约占步态周期的 60%。其中，重心从一侧下肢向另一侧下肢转移，双侧下肢同时与地面接触的时间称之为双支撑相，一个正常步态周期中会出现两次双支撑相，各占步态周期的 10%。

支撑期初期，当足跟触地时，同侧的骨盆会向前旋转，髋屈曲至 25°~30°，此时膝伸展，踝处于中立位。为了减缓足跟触地时的震动，踝背屈肌会进行离心性收缩，使前足部分落到地面，此时膝会屈曲至 15°~20°。到了支撑中期，髋、膝、踝都会运动到中立位。随着身体继续向前移动，髋会伸展至 20°~30°，同时伴有骨盆向后旋转。在支撑末期和摆动前期，髋和膝会屈曲以准备进行摆动，同时踝会从足跟离地时的15°背屈运动转变为足趾离地时的20°趾屈。

在摆动中期之前，膝会达到最大的65°屈曲，髋屈曲至20°。而在摆动末期减速期间，骨盆会旋转向前并下降，髋会屈曲至25°，此时膝会完全伸直，踝则保持中立位。

步行评估主要有以下6个参数。

①步长。行走时左右足跟或足尖着地时两点间的纵向直线距离，以cm为单位。成人正常步长在50~80 cm之间，因年龄、身高等因素有所不同。儿童步长短于成人。

②跨步长。同一腿足跟着地处至再次足跟着地处之间的线性距离，以cm为单位，正常人跨步长是步长的两倍，约为100~160 cm。

③步宽。是足着地期间两足长轴中心的两点间的横向距离。一般为5~10 cm。步宽过大，通常是步行的稳定性和膝关节内翻引起的。

④步角。足跟中点至第二趾之间连线与行进线之间的夹角。该角与躯干和髋内旋或外旋的程度有关。平均值为8°，一般小于15°。过大则为髋过度外旋，过小则为髋过度内旋。

⑤步频。在单位时间内行走的步数，一般用平均每一分钟行走的步数表示，以步/min计，正常人平均自然步频约为95~125步/min。

⑥步速。即步行速度，在单位时间内行走的距离，用m/s或m/min计，正常人平均自然步速约为1.2 m/s。在临床上，一般是让测试对象以平常的速度步行10 m的距离，测量所需的时间，来计算其步行速度。

步态参数受诸多因素的影响，即使是正常人，由于年龄、性别、身体肥瘦、高矮、行走习惯等不同，个体差异较大，因此正常值比较难以确定。

【常见错误步态】

①骨盆左右摆动过大。表现为步行时骨盆左右摆动，伴随躯干左右晃动幅度增加。通常是由于平衡能力下降、臀中肌肌力不足、双下肢不等长导致。可以通过加强平衡能力和臀中肌肌力来加以纠正。长此以往，除了会引发腰痛外，还会增加骨盆前倾、骨盆侧倾、脊柱侧弯的风险。

②骨盆前后旋转过大。表现为步行时骨盆前后旋转，伴随躯干的反方向旋转。通常是由于髋关节后伸活动度不足、骶髂关节活动度不足引起的，可以通过牵拉髂腰肌增加伸髋角度来加以纠正。长此以往，容易出现骨盆前倾、股骨外旋（外八字脚）等异常体态。

③股骨内旋或外旋过度。表现为步行时步角过大或过小，通常是由于股骨过度外旋或内旋导致的。步角过大时，可以通过针对性地牵拉股骨外旋肌、加强股骨内旋肌来纠正。反之，步角过小时，可以通过针对性地牵拉股骨内旋肌、加强股骨外旋肌来纠正。

④腹部前突。表现为步行时腹部过度向前移动，髋关节伸展不足。通常是由于臀大肌肌力不足、腰背肌代偿性收缩推动身体重心向前导致的，需要增加臀大肌和腹肌肌力来进行纠正。

⑤步长不一致。表现为步行时左右步长不等，可以通过测量每侧迈步的步长并进行对比来确认。可能是由于髋、膝、踝关节的活动度不足引起，也可能是双下肢不等长引起，需要进行具体的评估才能找到原因，进行针对性的干预。

需要指出的是，错误步态可以是双侧同时存在的，也可以是单侧的。下肢和躯干的关节问题、肌力问题、平衡能力和关节功能，以及个人的习惯，均会影响步态。

思考与实践

（1）请指出儿童青少年体态的静态与动态评估解剖标志点。
（2）学生两人一组，互相进行体态的静态评估。
（3）学生两人一组，互相进行体态的动态评估。

项目三　儿童青少年下肢常见体态问题矫正训练

思政园地

2022年新修订的《中华人民共和国体育法》(以下简称《体育法》)在“总则”中增设了“国家优先发展青少年和学校体育,落实体教融合新要求,促进青少年全面发展”的条款。这是基于青少年和学校体育的重要性。为了实现青少年和学校体育的优先发展,国家制定了一系列政策措施,大力倡导青少年优先发展理念。新修订的《体育法》提出“坚持体育和教育融合,文化学习和体育锻炼相协调”,这是体教融合的核心,是有效应对青少年身体姿态异常的政策基石。对于青少年和学生而言,身体的健康是未来人生的根基,改善身体姿态异常问题是体教融合实现教育目的的应有之义。在未来,青少年身体姿态异常问题应被融入到体育事业发展的全局中,在党和国家对青少年全面发展的新期待、新要求中展现体育对青少年的身心促进和发展作用。

直立行走是从猿进化到人的重要的、具有决定意义的一步,它使人类的双手解放出来,这为人类的进一步制造和使用工具提供了重要的意义,也促进了大脑的发育和社会文明的发展。在直立行走中,下肢是人体重要的支撑部位,包括髋、膝、踝及足部,承担着负重、行走、跑跳等任务,这使下肢承担的负荷越来越大,而承受的负重会给膝关节和踝关节带来巨大的压力。儿童少年的身体正处于生长发育的过程中,由于先天发育和后天习惯等原因,容易出现姿态异常。在日常生活和体育运动过程中,姿态异常容易导致运动损伤和关节疼痛。因此,发现问题并及时纠正,对生长发育期的儿童青少年来说非常重要。

儿童青少年是祖国的未来、民族的希望,增强儿童青少年体质、促进青少年健康成长,是关系国家和民族未来的大事。下肢具有重要的支撑、运动等功能,良好的下肢体态与功能对于儿童青少年的体质健康有重要作用。家长、老师及教育工作者必须多加关注儿童青少年下肢的姿态,出现问题要及时进行评估与矫正训练,让儿童青少年健康成长。

项目导入

下肢是人体重要的支撑部位,包括髋、膝、踝及足部等,承担着负重、行走、跑跳等重要任务。儿童青少年的身体正处于生长发育的过程中,由于先天发育和后天习惯等原因,容易出现体态异常。在日常生活和体育运动中,体态异常往往容易导致运动损伤和关节疼痛。因此,及时发现体态问题并加以纠正,对生长发育期的儿童青少年而言至关重要。

任务一 足部姿态评估与矫正训练

人是唯一有足弓的脊椎动物，足弓的存在既是人类的特征，也是人类进化过程中的一个标志。足弓呈弓形结构，使足部具有坚固、轻巧和弹性的特点，可承受较大的压力，并能缓冲行走、跑、跳时对身体产生的震动。同时，它还可以保护足底的血管和神经免受压迫。足弓异常往往会引起足部和下肢的力学失衡，进而诱发足底疼痛、拇外翻、跟腱痛、膝痛等一系列问题。此外，双侧足弓高度不一致还会影响下肢长度，导致功能性双下肢不等长。

足弓分为外侧纵弓、内侧纵弓和横弓。维持足弓的形态，依赖于骨骼本身的形状、韧带以及肌肉的强健有力。构成足弓的骨骼与维持它们的韧带和肌肉之间关系密切，相互影响。

学习任务

（1）学习并应用正确的评估方法，对足部姿态进行评估。

（2）针对足部姿态出现的不同问题，进行针对性的矫正训练。

学习目标

知识目标

（1）了解足部姿态发生异常的原因。

（2）熟悉足部姿态的评定方法及注意事项。

（3）掌握足部异常姿态的矫正训练方法。

能力目标

（1）能够应用足印法和足弓舟骨下降距离测量法，对足弓进行评估。

（2）能够根据评估结果进行分析和解读，找出问题所在。

（3）能够对低足弓伴跟骨外翻和高足弓伴跟骨内翻进行针对性的矫正训练。

素养目标

（1）培养学生严谨认真的学习态度。

（2）培养学生科学求实的体育职业精神。

（3）培养学生关注儿童青少年的健康，培养关爱儿童青少年的职业意识。

子任务一 足弓的评估

足弓的评估方法是对人的足部弓形结构和功能状态进行评估的一系列检查和测试。足弓评估的目的是了解足部的解剖结构和功能状况，判断足弓的高度、稳定性以及是否存在异常或问题。根据足弓的高低，足弓可以分为 3 种类型，分别为正常足弓、低足弓和高足弓。足弓的评估主要包括以下 2 种方法，分别为足印法和足弓舟骨下降距离测量法。

一、足印法

儿童青少年的足弓评估通常采用足印法，这是一种简单、常用的方法，用于初步评估足部的弓形结构，即判断足部是高足弓、正常足弓还是低足弓（平足）。下面是足印法的操作步骤。足印形态如图 3-1 所示。

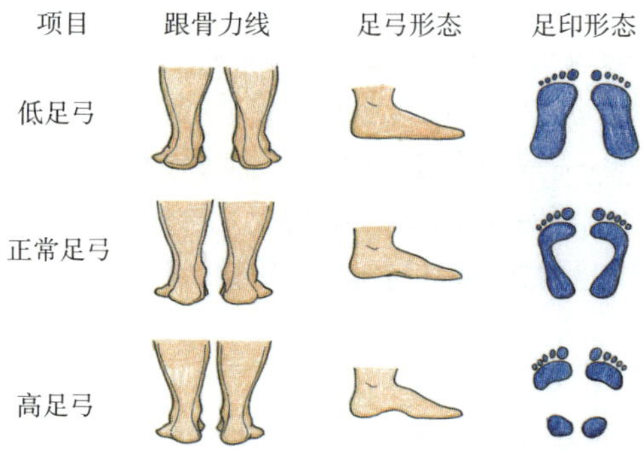

图 3-1　足弓形态

（1）准备工作。准备凳子或椅子，供被测试者坐时使用。准备一盆水，控制水温在适宜的范围内（不要太热或太冷），用于浸湿被测者的双脚足底。如条件允许，可使用水洗颜料涂抹足底。另外，还需准备毛巾、能吸水显影的纸、尺子、笔等工具。

（2）湿足底。被测试者坐在椅子上，将双脚足底打湿后或涂抹颜料后，双脚均匀地踩在足印纸或地面上，足部完全接触地面，并且脚掌处于平稳的状态。然后用力站起。

（3）踩足印。被测试者应该站在足印纸或地面上，确保纸面或地面湿润，双脚自然分开与肩同宽。可以让被测试者稍微下蹲一下，然后再站直，以便足部自然放松。

（4）观察足印。待被测试者双脚离开足印纸或地面后，观察足印形成的图案。

（5）判断足弓结构。从足印的拇趾到足跟的内侧缘连一条直线，从足弓的最凹陷处，向此线做一条垂线，并反方向延伸到足的外侧缘。测量此垂线足印部分的宽度和这条线段的总长度。

1）正常足弓。足印中前脚掌、中足区和脚跟部分均与地面接触，形成一个完整的足弓。足印部分的宽度占线段长度的 1/3 左右，这是正常足弓的情况。正常足弓人群约占全部人群的 60%。

2）低足弓（平足）。足印中除前脚掌和脚跟部分与地面接触外，中间有很宽的区域与地面接触，足印部分的宽度占线段长度 1/2 及以上，形成较大的印痕，这可能是低足弓的情况。其中占比 1/2 的为轻度平足，占比超过 1/2 的为重度平足。低足弓人群约占全部人群的 30%。

3）高足弓（弓形足）。如果足印中只有前脚掌和脚跟部分与地面接触，足印部分的宽度少于线段长度的 1/3，中间几乎没有或只有一条细线连接前后两部分，则可能是高足弓。高足弓人群只占全部人群的 10%。

二、足弓舟骨下降距离测量法

足弓舟骨下降距离，也称为足弓垂直下降距离，是评估足部足弓高度的指标之一。它指的是人体由坐位改为站立位时，足弓舟骨（足弓的一部分，位于内踝下方）从非负重状态到负重状态的垂直下降距离。

足弓舟骨下降距离的测量方法如下：在体表触及舟骨结节，并用细线进行标记。第一，在坐位时测量标记线到地面的距离，记录为非负重状态下的足弓舟骨高度。第二，由坐位改为站立位，保持自然站立，双脚均匀分布体重，再次测量标记线到地面的距离，记录为负重状态下的足弓舟骨高度。第三，计算两次测量结果的差值。当足弓舟骨下降距离在 5~10 mm 之间时，被视为正常足弓；若足弓舟骨下降距离超过 10 mm，则被视为低足弓（平足）。由于儿童青少年的脚长较成人小，因此这一下降距离的标准也应适当减小。如图 3-2 所示。

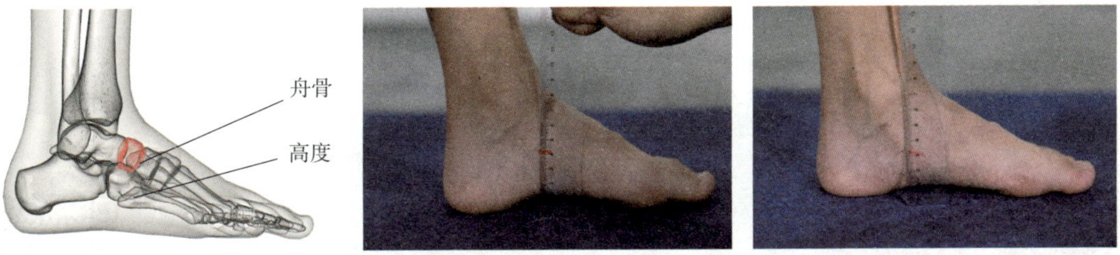

（a）　　（b）　　（c）

图 3-2　足弓舟骨位置足弓舟骨下沉的距离

（a）足弓舟骨的位置　（b）坐位无负重时舟骨结节的高度　（c）站立负重时舟骨结节的高度

子任务二　低足弓伴跟骨外翻的矫正训练

一、概念

低足弓是一种以足纵弓降低或消失为特征的足部畸形。它会导致负重力线不正常，引起足部及下肢疲乏或疼痛症状，在严重的情况下可能形成平足。

在低足弓的情形下，当进行负重运动时，中足部会向前旋转，导致足部内侧负重增加，进而可能引起跟骨外翻。同时，小腿中点、跟腱中心和跟骨中心的三点并不在一条直线上，而是呈现出向外的钝角。跟骨外翻与足弓塌陷有着紧密的联系。

跟骨外翻是一种足部畸形，具体指的是跟骨（calcaneus）向外侧倾斜或旋转，从而使足底的内侧部分向下倾斜，而外侧部分则被抬高，进而形成不正常的足部姿势。在这种情况下，足部的重量主要集中在内侧，可能导致足弓塌陷和降低，进而形成低足弓。跟骨外翻通常伴随着足弓的塌陷，这两者紧密相连，并且经常同时出现。

跟骨外翻可能是功能性的，也就是说，在非负重状态下，足弓仍然能够正常形成；也可能是结构性的，即无论在负重还是非负重状态下，足弓都无法正常形成。这种情况通常与足部骨骼结构的异常有关。跟骨外翻会对足部的力学结构产生影响，可能引起足部疼痛、不适，并增加运动损伤的风险。因此，及早发现并采取相应的干预和治疗措施非常重要。如图 3-3 所示。

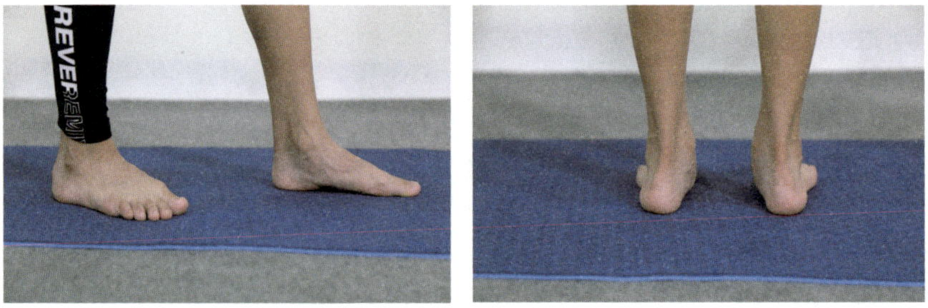

图 3-3　低足弓伴跟骨外翻

足弓绞链测试可以用来检查足弓机制是否正常，从而确定是否需要进行训练干预。测试时，被测试者坐位，被动向上翘起脚趾，观察对比足弓的形态。如果出现足弓，说明绞链机制是存在的，足弓正常。而如果没有出现足弓，说明绞链机制可能已经消失，出现低足弓的情况。如图 3-4 所示。

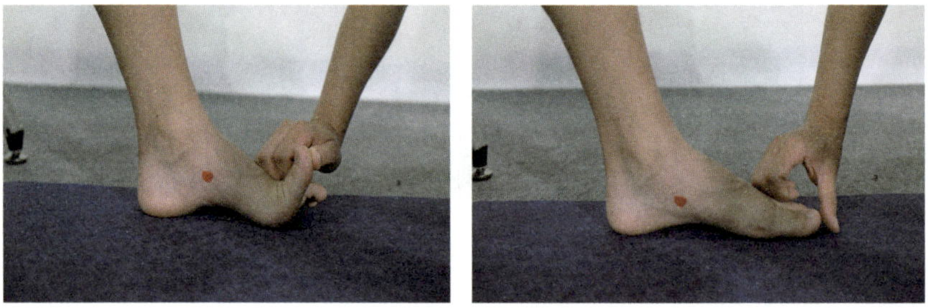

图 3-4　足弓的绞链测试

视频　足弓的绞链测试

按照产生原因，低足弓可以分为 2 种类型，功能性低足弓和结构性低足弓。

1. 功能性低足弓

功能性低足弓是最常见的低足弓类型。通常发生在儿童时期，并持续整个青春期和成年期。在非负重坐位时，足弓看起来是正常的，但当站立承受体重时，足弓就会变平。进行足弓绞链测试时，可以诱发足弓抬高，表明绞链机制仍然存在。针对功能性低足弓，后天的干预训练有一定的效果。

2. 结构性低足弓

结构性低足弓也称为刚性低足弓，这种类型的低足弓儿童青少年无论是站立还是坐立时都没有足弓，因此被称为“真正的低足弓”。结构性低足弓通常由于胫骨后肌腱功能障碍引起，可能出现在一侧或双侧，严重程度不同可能会引起疼痛或功能障碍。进行足弓绞链测试时，无法诱发足弓抬高，因此后天的干预训练效果较差。对于结构性低足弓，通常建议使用矫形鞋垫进行干预，以提供足部所需的支撑和稳定。

二、低足弓产生的原因

儿童的足弓通常在 4~6 岁形成，大部分儿童及青少年的低足弓是先天性的。成年人的低足弓可能是儿童时期低足弓的延续，也可能由其他原因导致。低足弓的原因主要可以归纳为以下 3 类。

（1）遗传因素。父母中有一方或双方患有低足弓，或者遗传给子女。

（2）先天骨骼畸形。常见的骨骼畸形包括舟骨结节畸形增大、副舟骨或舟骨结节与骨骺分离，这些都会减弱胫骨后肌的支持力和弹簧韧带的稳固性，导致跟骨向外翻、足底外翻等问题。

（3）后天因素。长期负重站立、长期卧床缺乏锻炼、体重短期内过快增加、怀孕等也可能是导致低足弓的原因。大部分儿童的低足弓与遗传、缺乏运动以及肥胖有关。青春期是低足弓的高发期，因为在这个阶段青少年的身高和体重都在快速增长，但肌肉，特别是足部小肌肉的发育通常滞后 1~2 年，导致足弓负荷力的增加和身体的增长不相适应。此时，如果负荷过重或站立时间过长，体重过大，与维持足弓的肌肉力量之间的平衡会失调，从而导致足弓塌陷。

三、低足弓和跟骨外翻的危害

生活中患有低足弓的人很多，低足弓会对人的身体造成一定的危害。尤其是正处于生长发育期的儿童青少年，如果患有低足弓，容易出现以下 3 方面的问题。

（1）下肢关节炎症和疼痛。低足弓影响足部受力，导致跟骨外翻，拉伸足底组织，改变足底压力分布，容易引发拇趾外翻、足底筋膜炎、跟腱炎等问题。此外，由于足部缺乏足够的缓冲能力，在运动时膝关节和髋关节的压力会增加，引发膝关节和髋关节疼痛。

（2）影响长时间行走和运动。低足弓会压迫足底的血管和神经，在长时间行走、跑步等重负荷活动时，相比正常人更容易疲劳，进而影响日常生活和运动表现。

（3）双侧足弓高度不一致，有可能影响脊椎的发育。低足弓时，身体重心偏向足内侧，导致胫骨内旋、股骨内旋、骨盆前倾，进而影响脊柱在矢状面的曲度。此外，足弓高度也会影响下肢的长度，造成功能性双下肢不等长，引发脊柱侧弯。单侧低足弓引起脊柱侧弯如图 3-5 所示。

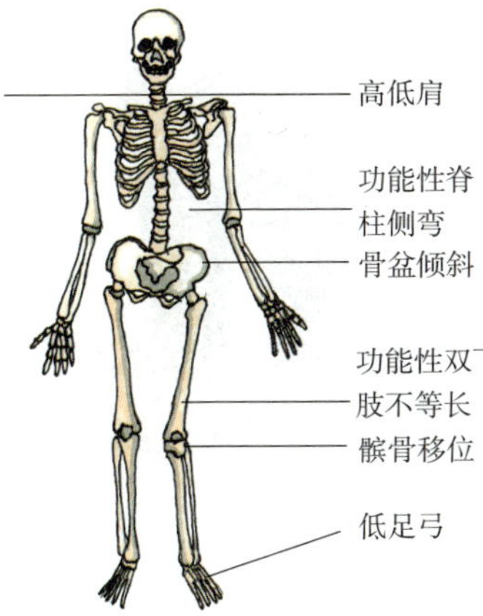

图 3-5 单侧低足弓引起脊柱侧弯

四、低足弓对相关肌肉的影响

在正常情况下，外踝的位置稍低于内踝。当出现低足弓和跟骨外翻时，内踝的高度会下降，导致踝内侧的软组织被拉长，进而增加足跟内侧的承重压力，同时减少足跟外侧的承重压力。跟骨外翻导致相关肌肉的长度变化如表 3-1 所示。

表 3-1　跟骨外翻导致相关肌肉的长度变化

部位	缩短的肌肉	拉长的肌肉
踝和腿部	腓骨肌 腓肠肌外侧头 比目鱼肌	胫骨后肌 拇趾内收肌 拇趾长屈肌 趾长屈肌
大腿	与髋关节有关的肌肉：股二头肌、髋内收肌、阔筋膜张肌	与髋关节和膝关节变化有关：臀大肌、臀中肌

五、低足弓及跟骨外翻身体姿态纠正性训练方案

低足弓的纠正性训练，旨在放松紧张的小腿外侧肌肉和足底筋膜，并加强无力的小腿内侧肌肉及足底肌肉，以此提拉足弓向上，进而起到稳定足弓的作用。特别是对于功能性低足弓，通过稳定足弓，可以纠正由此引起的下肢力线异常，这对保护下肢关节具有重要作用。

（一）抑制和拉长

1. 按摩球松解足底筋膜

【作用原理】通过按摩球的压力作用于足底，缓解足底筋膜被拉长后的疼痛感，帮助其恢复弹性，为足底训练做准备工作。

【技术要领】自然站立，将按摩球放置于一侧足底，用适当的力量将按摩球在足底沿前后方向进行滚压。如图 3-6 所示。

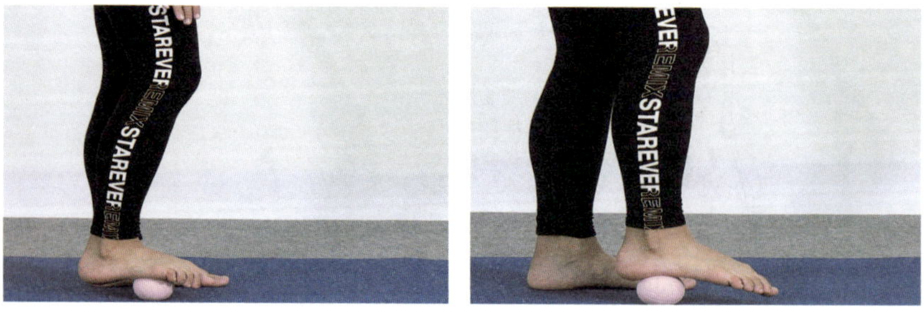

图 3-6　按摩球松解足底筋膜

视频　按摩球松解足底筋膜

【次数与组数】每组 10~16 次，每天 3~5 组。

【注意事项】用力程度适中，以有压迫感但不引起疼痛为宜。

【温馨提示】滚动过程中如遇到痛点，可先在痛点周围进行滚压，待周围组织放松后，再

滚压痛点。

2. 泡沫轴滚压小腿三头肌外侧

【作用原理】低足弓时，跟骨外翻，导致小腿外侧的组织处于紧缩状态，同时小腿三头肌外侧头也会紧张。通过放松这些紧张的组织，可以帮助踝关节力线复位，改善足部姿态。

【技术要领】将手撑于垫上，将泡沫轴放置于小腿后侧，稍微将大腿向外旋，然后让小腿的外侧在泡沫轴上进行上下滚动。如图 3-7 所示。

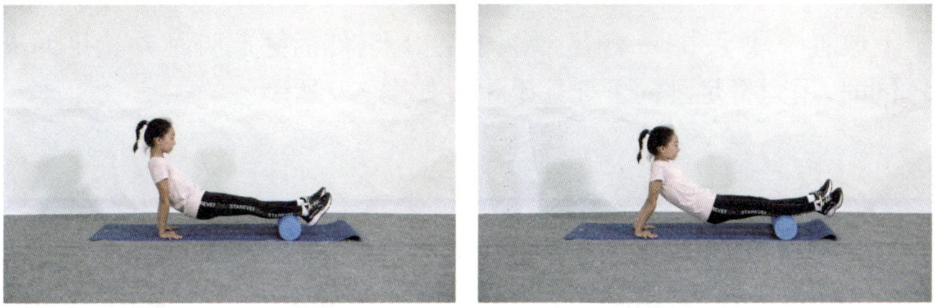

图 3-7　泡沫轴滚压小腿三头肌外侧

视频 泡沫轴滚压小腿三头肌外侧

【次数与组数】10~16 次/组，3~5 组。

【注意事项】在进行滚动时保持核心稳定，避免腰部塌陷。

【温馨提示】在滚动的过程中，如果遇到痛点，可以先在痛点周围进行滚压。等疼痛缓解后，再集中滚压痛点周围的区域。这样有助于缓解痛感并逐渐改善足部情况。

（二）激活和整合

1. 弹力带踝旋后抗阻训练

【作用原理】在低足弓的情况下，前足会发生旋前，而脚掌内侧的用力程度会高于外侧。通过进行旋后抗阻动作，可以强化胫骨后肌群，刺激内侧足弓的抬高，从而改善足部姿态。

【技术要领】坐在一个高度适中的凳子上，确保屈膝 90° 时股骨与地面平行，同时保证脚后跟在膝关节正下方。然后，在大拇指位置放置一个弹力带，将弹力带的另一端固定在外侧。接着，用力将足部向内旋转。如图 3-8 所示。

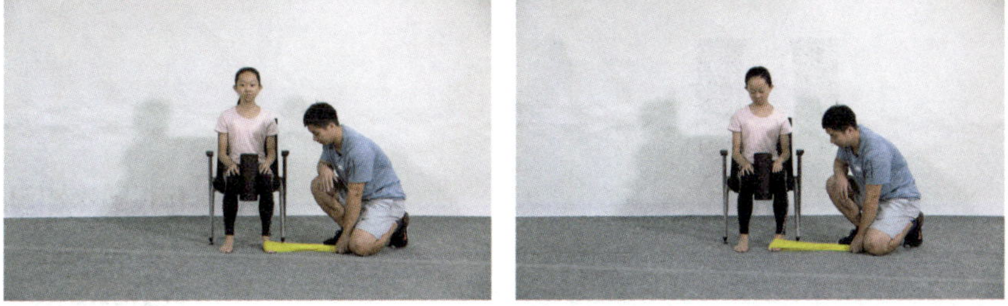

图 3-8　弹力带踝旋后抗阻训练

视频 弹力带踝旋后抗阻训练

【次数与组数】每组进行 30 次内旋动作，共进行 3~5 组，每组之间休息 45 s。

【注意事项】在进行动作时保持核心稳定，注意让整个脚掌平行并贴近地面，重点放在脚踝的运动上，同时保持大腿和小腿的稳定不动。

【温馨提示】选择弹力带的阻力要适中，不要太过轻松也不要过于困难，以确保动作的效果和安全性。

2. 足趾抓毛巾

【作用原理】通过足趾向下用力，刺激足底的肌肉以及足趾屈肌，从而协助提高足弓的高度。

【技术要领】在垫子上放置一块毛巾，一侧足部踩于毛巾上，然后翘起脚趾并让足部进行内旋，使足内侧抬起。同时，用力将足趾向下抓住毛巾。如图 3-9 所示。

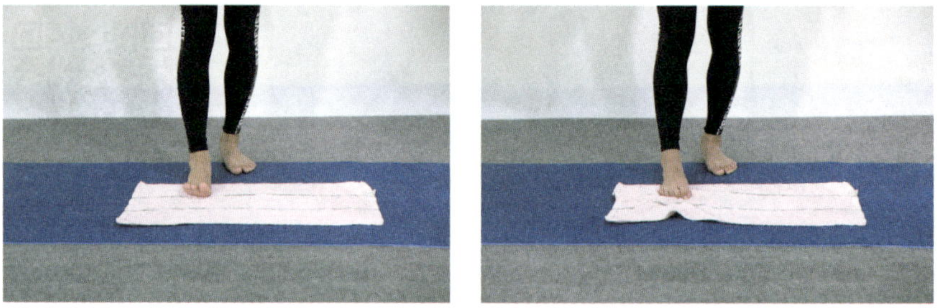

图 3-9 足趾抓毛巾

视频 足趾抓毛巾

【次数与组数】15~20 次/组，3~5 组。

【注意事项】在进行动作时保持核心稳定，重点放在脚趾和足底的用力上，同时保持大腿和小腿的稳定不动。

【温馨提示】如果觉得毛巾不适合，也可以选择弹力带进行类似的训练。弹力带可以提供不同的阻力，根据个人需要进行调整。

3. 提踵训练

【作用原理】在低足弓伴跟骨外翻的情况下，足内侧及小腿三头肌内侧头受到拉伸，导致力量不足。通过提踵时，让足跟内侧的抬高程度高于外侧，刺激足内侧肌群更多地发力，以对抗跟骨外翻的倾向。

【技术要领】站立时，尽可能高地抬高脚跟，同时让足跟内侧尽量抬起。可以用手支撑椅子或墙壁来保持平衡，在抬起后保持 5 s，然后缓慢降低脚跟回到地面。如图 3-10 所示。

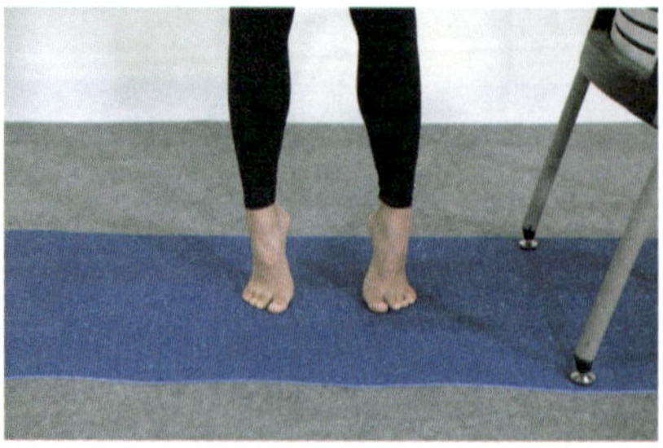

图 3-10 提踵练习（内侧抬高）

视频 提踵练习（内侧抬高）

【次数与组数】15~20 次/组，每天 3~5 组。训练后可能会感到小腿后侧有酸胀感，这是正常现象。

【注意事项】在进行训练时要保持核心稳定，重点放在足跟内侧的抬高上。

【温馨提示】如果能力较强，可以尝试改为单腿训练，这样可以增加训练的难度。但在进行单腿训练时要注意保持平衡，可以借助支撑物或墙壁来辅助。

4. 翘脚趾练习

【作用原理】通过运用大脚趾的绞链原理，当翘起脚趾时，足底筋膜被拉紧，从而协助提高足弓的高度。

【技术要领】可以选择站立位或坐位，保持足跟贴于地面，然后用力向上翘起足趾，同时抬高足弓，再用力往下踩足底。如图 3-11 所示。

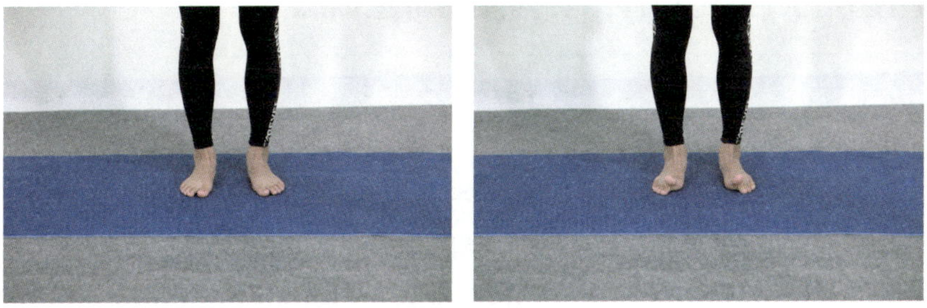

图 3-11 翘脚趾练习

视频 翘脚趾练习

【次数与组数】15~20 次/组，每天 3~5 组。训练后可能会感觉足底有疲劳感，这是正常的。

【注意事项】在进行训练时，要注意保持足跟和前脚掌不要离地，以确保足趾练习的有效性。

【温馨提示】初期可以选择静态练习，等能力增加后，可以尝试在翘脚趾的状态下进行行走练习，进一步加强训练效果。

六、其他注意事项

（1）选择合适的鞋子。儿童青少年还处于生长发育期，足部也在继续生长发育，购买鞋子时要注意鞋子的宽松程度和合脚性，鞋底应具有一定的弹性和防滑功能，鞋尖不宜过窄，鞋跟宜宽不宜高，鞋帮应柔软但有适当支撑，鞋腰稍窄。优先选择带有足弓支撑的运动鞋。

（2）适当运动，控制体重。体重过大对下肢极为不利，也是低足弓产生的重要原因之一。选择对足部有一定刺激的运动方式，有利于足弓发育，同时还要养成合理的饮食习惯，将体重控制在合理范围内。

（3）如果足部或下肢出现疼痛和不适，应及时就医。低足弓可能导致逐渐累积和缓慢加重的下肢损伤。在出现明显症状之前，进行预防是最理想的做法。如果发现足部问题，及早采取预防措施至关重要，以免发展成拇外翻等问题，最终可能需要手术治疗。

（4）必要时，可定制矫形鞋垫。通过对足底特定部位的支撑和调整，使足底各部分承受力分布正常，从而降低足部疼痛发生的概率。矫形鞋垫可以根据个体情况定制，对于缓解足部问题有一定的帮助。如图 3-12 所示。

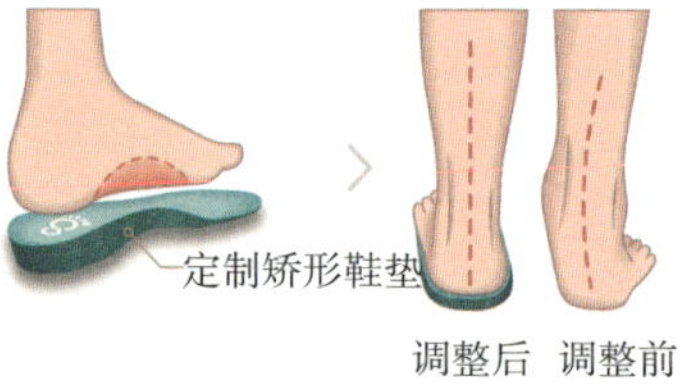

图 3-12　通过矫形鞋垫支撑足弓、调整力线

子任务三　高足弓伴跟骨内翻的矫正训练

一、概念

高足弓是一种足部形态异常，其中足弓异常升高。它通常表现为足部缩短，中部区域向上明显抬起。在站立承重时，受力点主要集中在足跟和脚趾根部。此外，脚趾还可能会出现爪形趾的情况（这种情况在喜欢穿高跟凉鞋的女性中较为常见）。如图 3-1-13 所示。

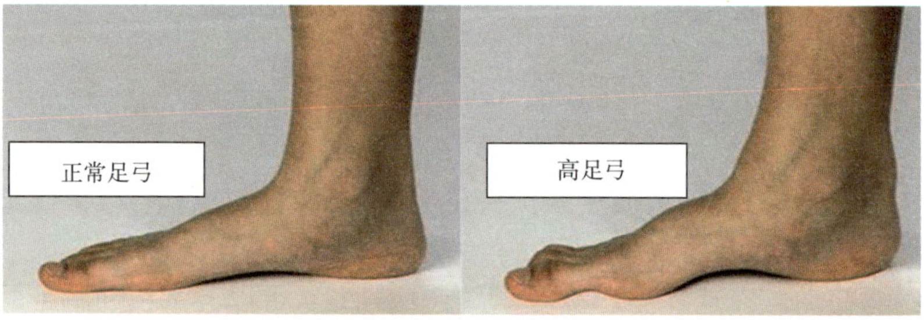

图 3-13　正常足弓与高足弓

对于高足弓的个体，在进行负重活动时，足弓会过度升高，中足部往往会向后旋转。这会导致足部外侧的负重增加，从而可能引发跟骨内翻。同时，小腿中点、跟腱中心和跟骨中心并不在一条直线上，而是呈现出向内的钝角。这种现象与足弓过高密切相关。

跟骨内翻是一种足部畸形，其特点是跟骨（calcaneus）向内侧倾斜或发生旋转，导致足底的外侧部分向下倾斜，而内侧部分则被抬高，进而形成不正常的足部姿势。跟骨内翻会对足部的力学结构造成显著影响，可能引发足部疼痛、不适以及增加运动损伤的风险。因此，及早发现并采取相应的干预和治疗措施至关重要。

Coleman 木块试验是评估高弓内翻足儿童青少年前后足关系及后足柔韧性的方法之一。具体评估方法是：足跟的外侧一半站立于 1.9 cm 厚的木块上，内侧悬空，观察第 1 跖趾关节能否自然下垂后着地，检查者于被测者身后观察其后足内翻能否纠正。如果第 1 跖趾关节可以下垂后着地，说明后足具有一定的柔韧性，畸形可以通过使用矫形鞋垫或软组织松解来纠正；如果不能完成，则说明后足僵硬，可能需要通过骨科手术治疗。如图 3-14 所示。

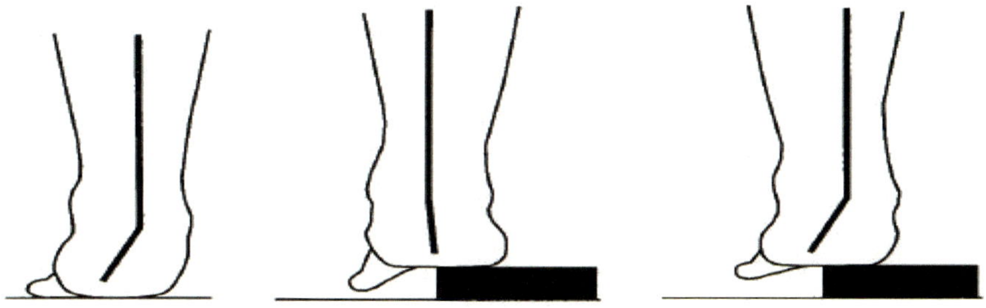

图 3-14　Coleman 木块试验

(a)右足跟骨内翻　(b)前足可落地，后足柔韧性尚可　(c)前足不落地，后足僵硬

二、高足弓产生的原因

引起高足弓的原因很多，主要包括以下 2 个方面。

(1)先天遗传。父母有高足弓，孩子也容易出现类似的症状。这类情况在儿童少年中非常常见。

(2)病理原因。神经系统疾病，如腓骨肌萎缩症，会引起足弓升高。意外伤害后遗症，如骨折、烧伤等，也会影响足弓。此外，肌肉张力不平衡，如胫侧肌肉比腓侧紧张，也会引起高足弓。

三、高足弓和跟骨内翻的危害

(1)引起疲劳和疼痛。高足弓会引起足部疲劳，使儿童青少年不能长时间步行和运动。此外，它还可以造成足部持续的疼痛，通常在儿童青少年不负重时脚心或者脚背某处有持续的疼痛。而在儿童青少年下地负重时，可能牵拉刺激到相关的神经或者肌腱，继而诱发更加明显的疼痛。

(2)引起足部畸形。高足弓时，足底的肌腱、韧带会缩短，进而牵拉足趾，引起足趾屈曲畸形。此外，足弓升高也会引起足背抬高，影响穿鞋。

(3)引起运动能力下降。高足弓儿童青少年的足部肌肉力量较差，且足弓的弹性也很差。因此，儿童青少年在做跑、跳等活动的过程中，会表现出运动能力相对较低的情况。

(4)容易引起运动损伤。高足弓时，踝关节僵硬且稳定性差，容易发生踝关节内翻扭伤。足踝缓冲能力降低，在跑跳运动时，地面反作用力会向上传导到膝关节，容易引起膝关节疼痛。

四、高足弓对相关肌肉的影响

高足弓伴跟骨内翻时，内踝高度上升，外踝高度下降，踝外侧的软组织拉长，足跟外侧承重增加，足跟内侧承重减少。跟骨内翻导致相关肌肉的长度变化如表 3-2 所示。

表 3-2 跟骨内翻导致相关肌肉的长度变化

部位	缩短的肌肉	拉长的肌肉
踝和腿部	胫骨后肌 拇趾内收肌 拇指长屈肌 趾长屈肌	腓骨肌 腓肠肌外侧头 比目鱼肌
大腿	与髋关节和膝关节变化有关：臀大肌、臀中肌	与髋关节有关的肌肉：股二头肌、髋内收肌、阔筋膜张肌

五、高足弓及跟骨内翻身体姿态纠正性训练方案

高足弓的纠正性训练需要放松紧张的小腿内侧肌肉和足底筋膜，加强无力的小腿外侧软组织，并改善中足跗骨间的微小活动范围，进而起到降低足弓、纠正跟骨内翻的作用。对于柔韧性较好的高足弓患者，这种训练效果尤为明显，同时还可以纠正由此引起的下肢力线异常，对保护下肢关节起着重要作用。

（一）抑制和拉长

1. 按摩球松解足底筋膜

内容与低足弓及跟骨外翻身体姿态纠正性训练方案抑制和拉长部分的按摩球松解足底筋膜相同。

2. 拉伸小腿三头肌内侧

【作用原理】高足弓时，跟骨内翻，小腿三头肌的内侧头用力且紧张，外侧头被拉长且力量不足。通过牵拉内侧，使内外侧张力平衡。

【技术要领】面对墙面，双臂伸直撑于墙面稳定躯干，双腿前后站立，脚尖向前，前腿屈曲，后腿伸直。然后重心向前移动至最大幅度，双侧足跟不可抬离地面，静态保持。感觉后腿的小腿后侧有牵拉感即可，如将后腿的足跟稍内移、脚趾稍外移，可以针对性牵拉小腿三头肌后内侧。如图 3-15 所示。

图 3-15 拉伸小腿三头肌内侧

视频 拉伸小腿三头肌内侧

【次数与组数】30 s/组，3~5 组

【注意事项】核心收紧，不可向前挺肚子，小腿以有牵拉感但不引起疼痛为度。

【温馨提示】后脚离墙面越远难度越大。

（二）激活和整合

1. 弹力带踝外旋训练

【作用原理】高足弓时，前足旋后，脚掌外侧用力程度高于内侧。通过外旋抗阻动作，强化腓骨肌，刺激内侧足弓下降。

【技术要领】坐在屈膝 90° 时股肌与地面平行的凳子上，脚后跟在膝关节正下方，在小指侧放上弹力带，弹力带另外一端在内侧固定后，足外侧用力做足部外旋的动作。如图 3-16 所示。

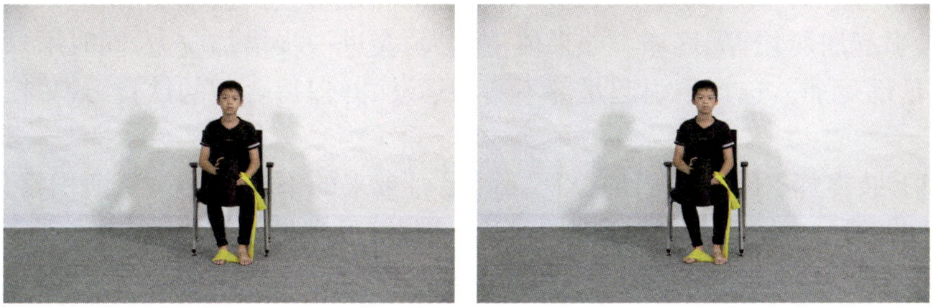

图 3-16 弹力带踝外旋训练

视频 弹力带踝外旋训练

【次数与组数】每组 30 次，3~5 组，组间休息 45 s。

【注意事项】保持核心稳定，注意让整个脚掌平行并贴近地面，以脚踝的运动为主，大腿和小腿保持不动。

【温馨提示】选择的弹力带的阻力要适中。

2. 提踵训练

【作用原理】高足弓伴跟骨内翻时，足外侧及小腿三头肌外侧头被拉长，力量不足。提踵时足跟外侧抬高程度高于内侧，可以刺激足外侧肌群多用力，以抵抗跟骨内翻。

【技术要领】站立时，尽可能高地抬高脚跟，且足跟外侧尽量抬起。可以用手支撑椅子或墙壁来保持平衡。抬起后保持 5 s，然后缓慢降低到地面。如图 3-17 所示。

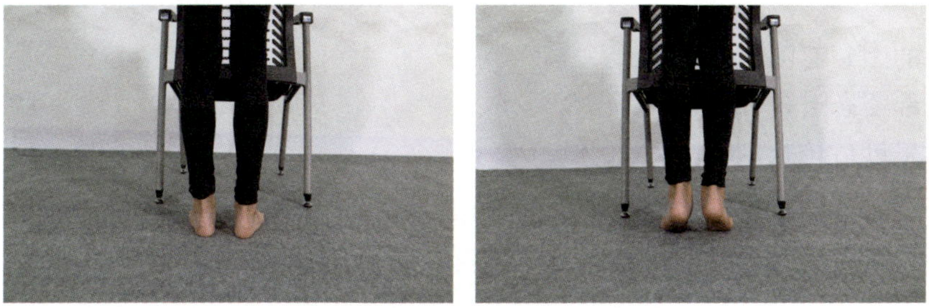

图 3-17 提踵练习（外侧抬高）

视频 提踵练习（外侧抬高）

【次数与组数】15~20 次/组，每天 3~5 组，训练后感觉小腿后方有酸胀感。

【注意事项】保持核心稳定，足跟外侧抬高。

【温馨提示】如果能力较强,可以改为单腿训练。

六、其他注意事项

(1)选择合适的鞋子。高弓足的儿童青少年由于足部的内侧支撑不够,无法更多地吸收来自地面的冲击力,弹性下降,所以在选鞋子的时候尽量选择具有稳定性和减震能力强的鞋子,尽量不要选择平底鞋或者懒人鞋。有足弓支撑的运动鞋是首选,额外的足弓支撑可以有效分散足底压力,减少应力集中的部位,进而缓解疼痛、预防胼胝过厚。

(2)适当运动,控制体重。体重过大对下肢是极为不利的。足弓过高会增加前掌、小指外侧、足跟外侧的压力,引起胼胝增厚、疼痛。如果体重过大,会进一步增加应力,同时增加跗骨间的挤压力,引起足部疼痛。选择不引起足部不适的运动,并保持合理的饮食习惯,控制体重在合理范围内。

(3)如果有足部和下肢疼痛、不适,应及时就医。高足弓带来的下肢损伤是逐渐积累、缓慢加重的,从足部的问题开始,引发膝、髋、腰部的症状。因此,发现足部问题,在未出现症状之前,提前预防是最理想的,早发现、早预防、早治疗是非常重要的。

(4)必要时,可以定做矫形鞋垫。验配合适的矫正鞋垫,可以增加足弓和足跟外侧的支撑,给中足更多的旋前机会,转移足跟、第一或第五跖骨头的压力,进而避免膝关节、髋关节等下肢的代偿进一步发生。如图 3-18 所示。

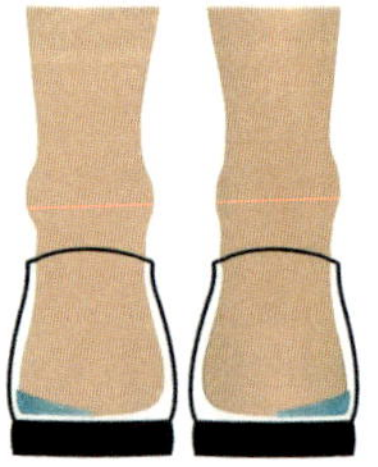

图 3-18 通过矫形鞋垫支撑足弓、调整力线

思考与实践

(1)影响足部姿态的因素有哪些?
(2)两人互相对足部姿态进行评估。
(3)请根据评估结果进行矫正训练。

任务二 膝部姿态评估与矫正训练

膝关节损伤和矫正是常见且倍受关注的一种体态问题。由于膝关节的解剖学和生物力学结构特点,膝关节的活动范围主要以屈伸活动为主,并伴随在屈曲幅度下的小幅度内旋。然而,由于膝关节的解剖学特性,如膝关节内的韧带和半月板等软组织结构,不易恢复和再生。因此,膝关节的知识掌握和矫正训练应根据其特点进行安排。本任务将针对膝关节的

理论知识、概念界定、解剖学特点，以及针对膝内翻、膝外翻和膝过伸三种常见姿态问题，进行概念、原因分析、危害、姿态与肌肉结构关系、纠正方案以及注意事项等内容的详细讲述。

学习任务

（1）掌握正确的评估方法，以对膝部姿态进行评估。
（2）能针对膝部姿态出现的不同问题进行针对性的矫正训练。

学习目标

知识目标

（1）了解膝部姿态异常的原因、危害，及其与肌肉的关系。
（2）熟悉膝部姿态评定的方法及注意事项。
（3）掌握膝部异常姿态的矫正训练方法。

能力目标

（1）能应用正确的评估方法对膝部姿态进行评估。
（2）能根据评估结果进行分析解读，找出问题所在。
（3）能对膝内翻、膝外翻、膝过伸的问题进行针对性的矫正训练。

素养目标

（1）培养学生严谨认真的学习态度。
（2）培养学生科学求实的精神。
（3）培养学生关心儿童生长发育的体育职业素养。

子任务一 膝部的评估

一、膝关节的结构和功能

膝关节是全身结构最复杂的关节之一，位于下肢的股骨和胫骨之间，是下肢三大关节的重要组成部分。它必须能够承受较大的压力，稳定地吸收和抵抗产生的力量，包括人体重力以及完成不同运动时地面的反作用力。因此，膝关节的结构和功能对于保障下肢的负重和转移活动至关重要。

二、膝关节的损伤与疼痛原因

膝关节的损伤和疼痛常与错误的力学关系有关。在观察下肢力线时，需要关注机械轴和解剖轴。

1. 机械轴

机械轴是股骨头中心到踝关节中心的连线，为整个下肢力线，此轴线通过膝关节中心偏内侧。正常的机械轴能使 60%的负荷通过内侧间室、40%的负荷通过外侧间室。发育不良、关节炎、创伤等能改变机械轴，进而改变负荷在两侧间室的分布比例，引起进行性关节功能退化。

2. 解剖轴

解剖轴是通过股骨和胫骨干的中心线。股骨的解剖轴由近端向远端偏离机械轴约 6°，胫骨的解剖轴在胫骨干的中央，与胫骨关节面垂线之间有 3° 的内翻角。二轴与膝关节相交时形成 170°~175° 的钝角，称为膝部的生理外翻角。正常时，地心引力经过膝关节中心，重量均分在膝关节内侧和外侧的结构上。

三、肌肉和膝关节屈伸活动的关联

在膝关节进行屈伸活动时，股四头肌的力线也与膝关节的内外翻有关。因此，在评估下肢力线时，也会用到“肌四头肌夹角”，即“Q 角(quadriceps-angle)”这一概念。正常 Q 角男性 10°~15°，女性 12°~18°。Q 角过大或过小都会影响膝关节的功能，正确的力学位置是保证膝关节活动的基础。当膝关节失去正常力学位置时，急性损伤和慢性疼痛的发生率大大增加。

四、髋关节和足踝对膝关节的影响

髋关节和足踝的力量异常会引起膝关节的异常。例如，低足弓时，胫骨和股骨内旋，容易引起膝外翻。反之，高足弓时容易出现膝内翻。下肢的机械轴、解剖轴和 Q 角如图 3-19 所示。

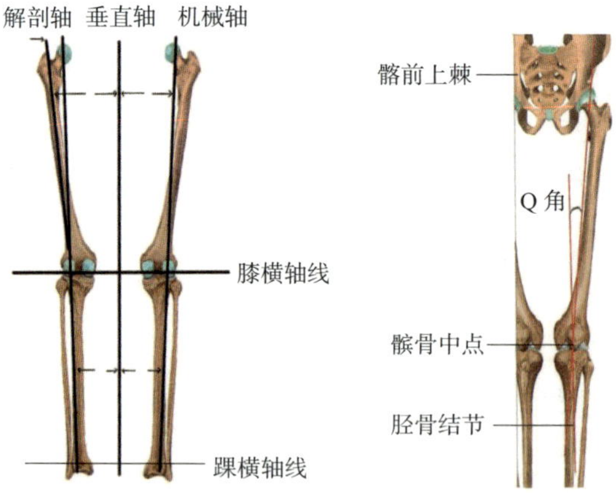

图 3-19　下肢的机械轴、解剖轴和 Q 角

子任务二　膝内翻的矫正训练

一、膝内翻的概念

膝内翻，亦称“O 型腿”，表现为双下肢自然伸直或站立时，双侧内踝能相碰，而两膝不能靠拢。这是因为股骨与胫骨长轴的夹角大于 0°，从而导致膝关节向外突出。

双膝关节内翻的情况约占全部膝关节内外翻儿童青少年的 25%，而单膝内翻较为少见。

值得注意的是，从婴幼儿刚开始学走路到 2 岁左右，膝关节会出现轻度的内翻现象，这被称为生理性膝内翻，是下肢发育过程中的正常表现。到了 2 岁以后，多数孩子能自然纠正。当孩子年龄达到 7~8 岁以后，下肢形态发育趋于稳定，此时需要特别注意，如有问题应及时进行纠正。

膝内翻可根据双膝之间的距离分为Ⅰ度、Ⅱ度、Ⅲ度和Ⅳ度。通过观察常态膝距和主动膝距即可确定其程度。常态膝距是指站立时双脚并拢、放松，膝盖内侧的距离；主动膝距则是站立时双脚并拢、双腿用力向内并拢时，膝盖内侧的距离。其中，Ⅰ度为常态膝距 3 cm 以下，主动膝距为 0 cm；Ⅱ度为常态膝距 3 cm 以下，主动膝距大于 0 cm；Ⅲ度为常态膝距 3~5 cm；Ⅳ度为常态膝距大于 5 cm。膝内翻及常态膝距测量如图 3-20 所示。

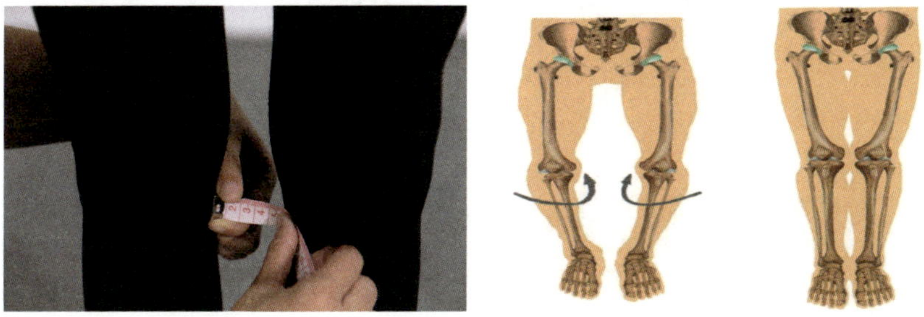

（a） （b）

图 3-20 膝内翻及常态膝距测量

（a）膝距测量方法 （b）膝内翻与正常腿型

二、膝内翻的原因

膝内翻是多种因素共同作用的结果，常见的原因有以下 4 点。

（1）遗传因素。膝内翻具有遗传性，如果父母就有膝内翻现象，下一代出现膝内翻的几率就会增高。此外，先天的结构异常，如股骨颈干角过大引起的髋外翻，进而引起膝关节代偿性内翻。这样的孩子从小就要特别注意观察，有可能随着年龄增加有加重的趋势。

（2）疾病因素。常见的疾病有维生素 D 缺乏和佝偻病。人体缺乏维生素 D 时，对钙和磷的代谢会出现异常，钙元素不能集中在骨骼等需要钙元素的部位，从而导致骨骼硬度不足、弯曲变形。这在病理性膝内翻儿童青少年中尤为常见。

（3）下肢外伤。如果外伤影响了下肢的力线，也可能引起膝关节的代偿性内翻，如踝关节骨折、胫骨平台骨折、儿童骨骺骨折等。由此引起的膝内翻通常在伤后数月至数年内逐渐出现，且缓慢加重。

（4）生活方式和运动。不正确的走路姿势、站姿、坐姿，以及高负荷的跑跳运动（如足球、篮球）也会加重 O 形腿的程度。

三、膝内翻的危害

正常的膝关节压力是平均分布在关节面上的。但由于膝关节内翻，身体重量会过多地集中于膝关节内侧关节面上。这样一来，股四头肌的内外侧张力会出现不平衡，可能引发髌股关节的压力变化，从而诱发髌骨周围的疼痛。过度的压力和摩擦力会导致膝关节内侧的半月板损伤、内侧软骨面磨损，胫骨平台塌陷，进而可能继发骨性关节炎。同时，膝关节外侧结构被拉长，这使得外侧韧带损伤和髂胫束综合征的风险增加。随着年龄和运动量的增加，关节疼痛可能会影响到正常的行走功能。膝内翻的危害如图 3-21 所示。

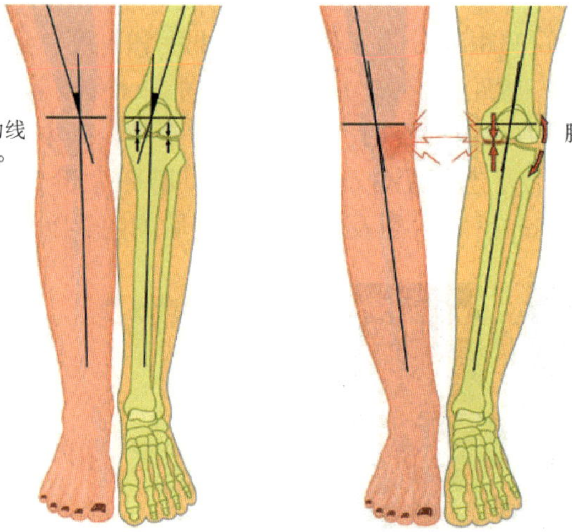

图 3-21　膝内翻的危害

四、膝内翻分型及相关肌肉变化

膝内翻，根据具体形态的差异，可分为股骨内旋型和股骨外旋型。

1. 股骨内旋型

股骨内旋型表现为股骨内旋，双膝相对，是最为常见的膝内翻类型，有时可能与膝关节过伸同时出现。检查者可从前、后、外侧观察膝关节和下肢整体。从前方观察，可能会发现髌骨内扣，脚部可能呈现“髋内旋步态”。从侧方观察，可发现膝关节过伸。从后方观察，腘绳肌内侧相比外侧更发达。俯卧位检查髋关节活动度，可发现髋关节内旋角度正常或偏大，外旋角度偏小。股骨内旋型膝内翻如图 3-22 所示。

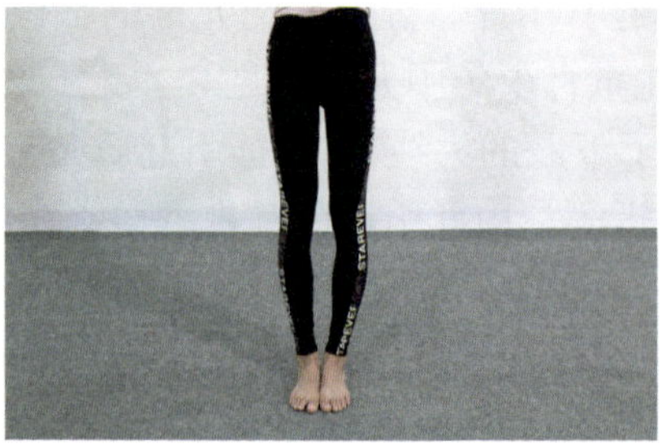

图 3-22　股骨内旋型膝内

视频　股骨内旋型膝内翻

股骨内旋型膝内翻导致相关肌肉的长度变化如表 3-3 所示。

表 3-3　股骨内旋型膝内翻导致相关肌肉的长度变化

部位	缩短的肌肉	拉长的肌肉
髋周	屈髋肌 阔筋膜张肌 股骨内旋肌	臀中肌 臀大肌 股骨外旋肌
大腿	内收肌群 半腱半膜肌	股二头肌

2. 股骨外旋型

股骨外旋型主要表现为股骨外旋、髋关节外旋(外展),髌骨指向前外侧,同时伴有膝关节内翻,脚趾向外,形成"髋外旋步态"。与股骨内旋型相比,此型较为少见,多见于患有膝关节骨性关节炎的老年人。

检查者需分别从前、后、外侧对膝关节和下肢整体进行观察。从前方观察膝关节时,可能会发现髌骨指向外侧,脚部可能存在"髋外旋步态"现象。从侧方观察膝关节,可以发现膝关节伸直或轻微屈曲。从后方观察,可看到腘绳肌外侧相比内侧更发达。俯卧位检查髋关节的活动度时,可以发现髋关节外旋角度正常或偏大,内旋角度偏小。股骨外旋型膝内翻如图 3-23 所示。

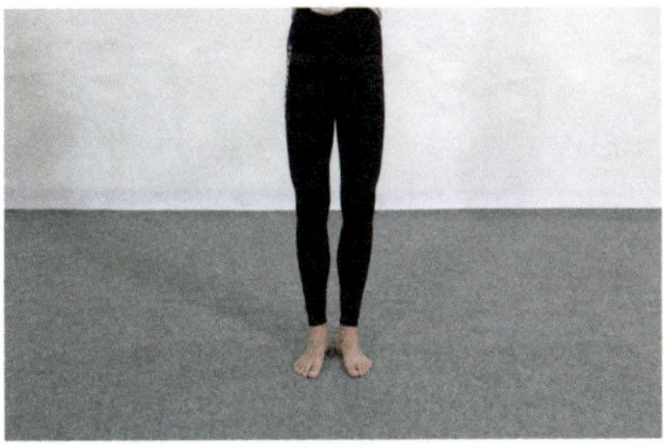

图 3-23　股骨外旋型膝内翻

视频 股骨外旋型膝内翻

股骨外旋型膝内翻导致相关肌肉的长度变化如表 3-4 所示。

表 3-4　股骨外旋型膝内翻导致相关肌肉的长度变化

部位	缩短的肌肉	拉长的肌肉
髋周	臀中肌 臀大肌 股骨外旋肌	股骨内旋肌 髂腰肌
大腿	股二头肌	内收肌群 半腱半膜肌

五、股骨内旋型膝内翻身体姿态纠正性训练方案

针对股骨内旋型膝内翻,需要重点纠正股骨内旋,通过股骨外旋使髌骨冲向正前方,进

而减少代偿性膝内翻的程度。

（一）抑制和拉长

1. 牵拉髂腰肌

【作用原理】髂腰肌紧张会牵拉股骨内旋，引起膝关节代偿性过伸。且膝过伸时常伴随髂腰肌紧张，需要经常对这一大肌肉进行放松，特别是久坐人群。

【技术要领】弓箭步姿势跪于垫上，保持腰背挺直，前腿膝关节屈曲 90°。吸气准备，呼吸的同时前侧腿膝关节匀速前移至最大幅度，躯干伴随前移。感觉后腿的腹股沟深层有牵拉感。如图 3-24 所示。

图 3-24　牵拉髂腰肌

视频　牵拉髂腰肌

【次数与组数】30 s/组，3~5 组

【注意事项】保持核心稳定，保持躯干直立，不要弯腰向前，以有牵拉感但不引起疼痛为度。

【温馨提示】保持呼吸顺畅，避免憋气。

2. 牵拉阔筋膜张肌和髂胫束

【作用原理】股骨内旋且膝内翻时，髋外侧的肌肉和其他软组织紧张，放松后有助于改善股骨内旋。

【技术要领】站立位，双脚前后交叉站立。躯干向后腿侧屈曲，弯腰向下，双手够后侧脚，感觉后腿的外侧有牵拉感。如图 3-25 所示。

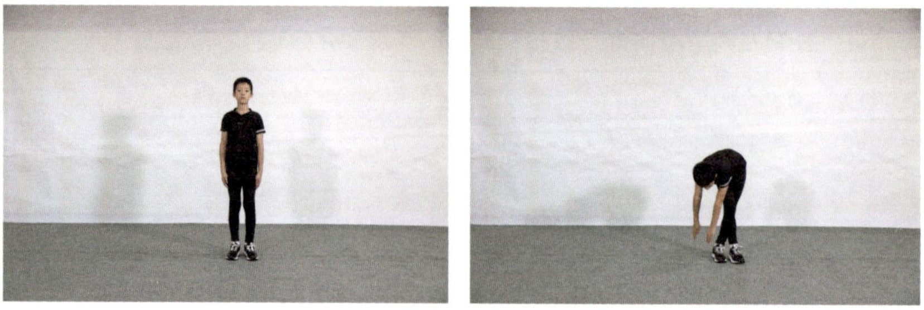

图 3-25　牵拉阔筋膜张肌和髂胫束

视频　牵拉阔筋膜张肌和髂胫束

【次数与组数】30 s/次，3~5 组。

【注意事项】躯干以侧屈动作为主，不要屈曲和伸展，带动髋外侧进行牵拉。以牵拉感但不引起疼痛为度。

【温馨提示】双侧对比，牵拉感较强的一侧应多进行放松。

3. 牵拉梨状肌

【作用原理】股骨内旋时，内旋肌紧张、外旋肌薄弱，梨状肌（外旋肌）长期离心性疲劳，产生代偿性紧张引发下肢力线不良及疼痛问题。

【技术要领】仰卧于垫上，被牵拉侧屈髋、髋外旋，脚搭在对侧膝盖上，双手握住对侧大腿下段后方，膝关节拉向腹部，被牵拉侧臀部有牵拉感。如图 3-26 所示。

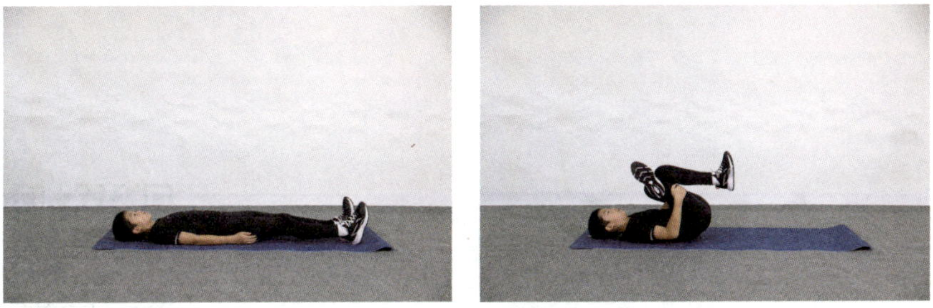

图 3-26　牵拉梨状肌

视频　牵拉梨状肌

【次数与组数】30 s/组，3~5 组

【注意事项】保持核心稳定。

【温馨提示】牵拉不引起疼痛为度。

（二）激活和整合

1. 夹物臀桥

【作用原理】臀桥可以有效强化臀肌的激活，双膝间夹物品可以刺激内收肌收缩，促进股骨外旋。

【技术要领】仰卧于垫上，屈膝 90°，双脚并拢，双膝间夹住一个适当大小的弹力球或泡沫轴。吸气准备，然后呼气时将骨盆抬起，双膝向内侧发力夹紧，静态保持。如图 3-27 所示。

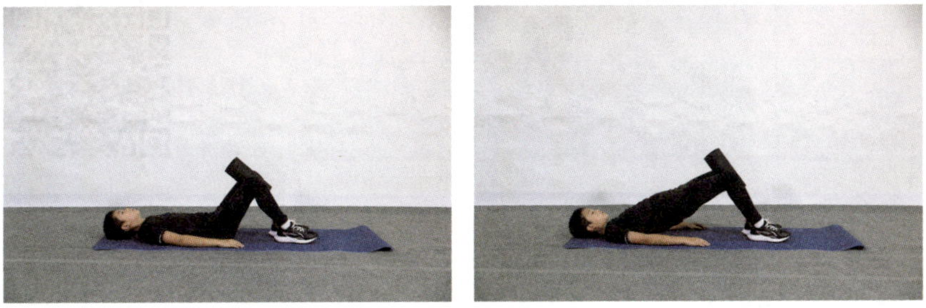

图 3-27　夹物臀桥

视频　夹物臀桥

【次数与组数】30 s/组，3~5 组。

【注意事项】保持核心稳定，肩髋膝呈一条直线，避免塌腰。

【温馨提示】根据自身能力，可适当延长或缩短训练时间。

2. 股二头肌训练

【作用原理】通过强化股二头肌，帮助股骨外旋。

【技术要领】训练者俯卧于垫上，双腿伸直，教练将弹力带固定于一侧足踝后侧，拉向足部内侧，施加向内向下的阻力。训练者匀速屈膝并外旋小腿至最大幅度，然后匀速还原至起始姿势。如图 3-28 所示。

【次数与组数】15 次/组，3~5 组。

【注意事项】屈膝过程中，大腿保持不动，屈膝的同时外旋小腿。

【温馨提示】训练中配合呼吸，避免憋气。

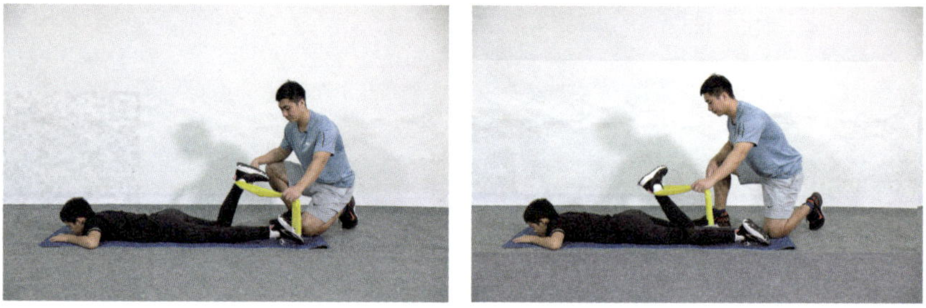

图 3-28　股二头肌训练

视频　股二头肌训练

3. 髋外旋训练

【作用原理】强化髋外旋肌和臀肌，减轻股骨内旋。

【技术要领】仰卧于垫上，核心收紧，双腿并拢，将弹力带套于双侧足趾外侧。吸气准备，呼气时股骨向外旋转，带动足趾向外侧打开至最大幅度，然后匀速还原至起始姿势。如图 3-29 所示。

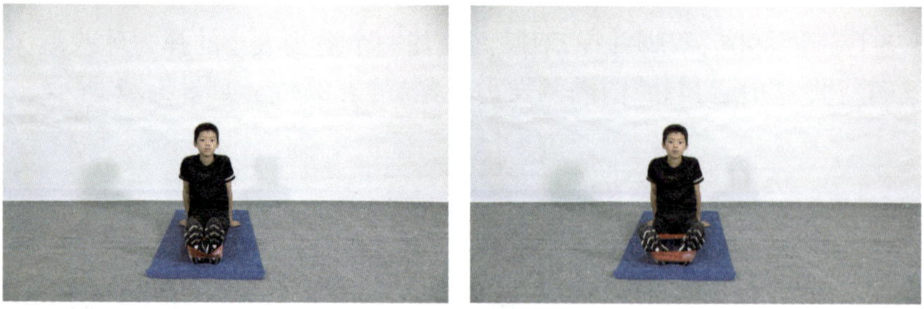

图 3-29　髋外旋训练

视频　股骨外旋训练

【次数与组数】15 次/组，3~5 组

【注意事项】下肢沿长轴进行旋转，不做外展动作。

【温馨提示】训练中配合呼吸，避免憋气。

六、股骨外旋型膝内翻身体姿态纠正性训练方案

针对股骨外旋型膝内翻，需要重点纠正股骨外旋，减少由屈髋引起的代偿性屈膝，并加强股骨内旋训练，使髌骨冲向正前方，进而减轻代偿性膝内翻的程度。

（一）抑制和拉长

1. 放松股二头肌

【作用原理】股骨外旋时，股二头肌紧张。通过牵拉，可以平衡大腿后侧内外侧的张力，有助于纠正股骨的外旋现象。

【技术要领】训练者仰卧于垫上，教练将训练者一侧腿抬起。教练的一只手放置于训练者抬起侧膝关节前侧，以维持伸膝状态；另一只手放置于训练者抬起侧腿的后脚跟，然后匀速将腿抬起并内旋大腿至适当的幅度。如图 3-30 所示。

【次数与组数】30 s/组，3~5 组

【注意事项】髋关节屈曲、内旋、足尖向内时，牵拉最为充分。动作应有牵拉感，但不应引起疼痛。

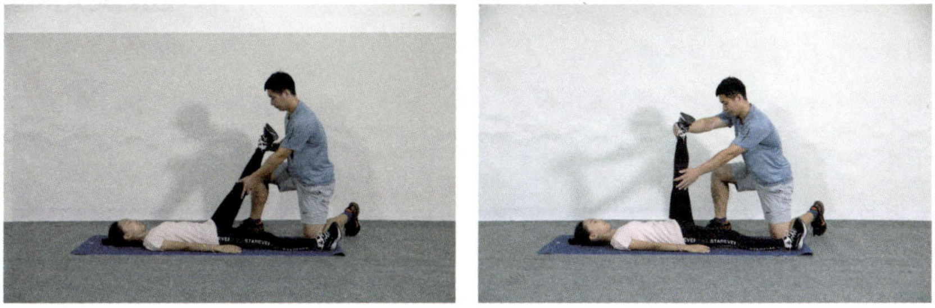

图 3-30　放松股二头肌

视频　放松股二头肌

【温馨提示】拉伸过程中，请保持呼吸均匀，避免憋气。

2. 牵拉髋外旋肌

【动作原理】该动作通过静力牵拉使外旋肌放松，从而帮助股骨内旋。

【技术要领】坐在地上，一条腿伸直，另一条腿的膝关节弯曲并置于体外侧，保持髋关节处于内旋状态。然后，用手轻轻压低弯曲的膝关节，直至其慢慢贴近地面。如图 3-31 所示。

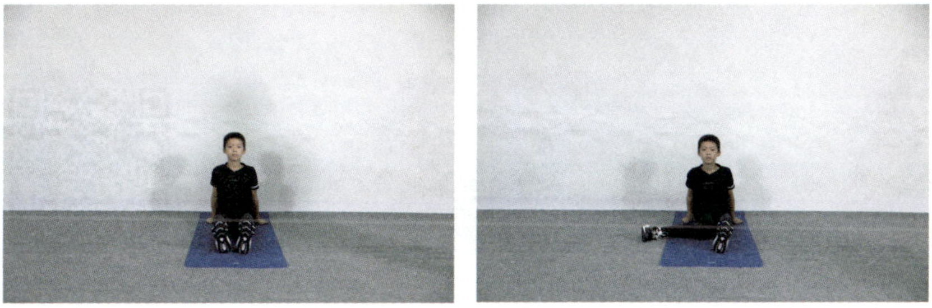

图 3-31　牵拉髋外旋肌

视频　牵拉髋外旋肌

【次数与组数】30 s/组，3~5 组。

【注意事项】保持躯干稳定不动。主要目标是让臀部深层感到牵拉，但避免引发疼痛。

【温馨提示】牵拉不引起疼痛为宜。

3. 放松臀大肌和臀中肌

【作用原理】股骨外旋时，常伴随着臀肌紧张，肌肉张力可能过大，但用力可能不足或不得当，因此需要对其进行放松。

【技术要领】训练者平躺仰卧于垫上，将泡沫轴放置于臀部下方。然后将一侧腿屈膝屈髋抬起，双手交叉将腿抬起至适当幅度。如图 3-32 所示。

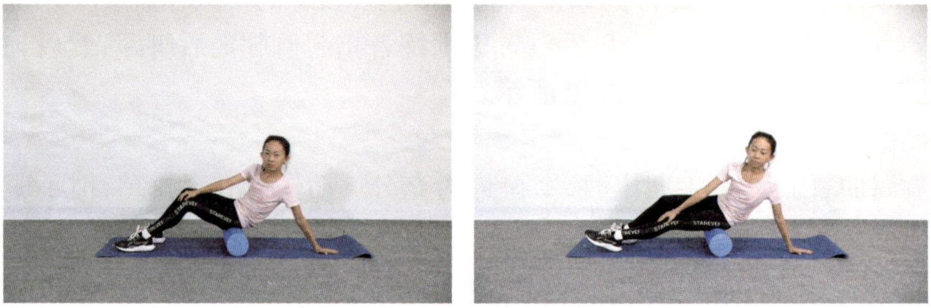

图 3-32　放松臀大肌和臀中肌

视频　放松臀大肌和臀中肌

【次数与组数】30 s/组，3~5 组。

【注意事项】臀肌是身体上较厚且较结实的肌肉，按压时需要给予较大压力。

【温馨提示】在滚动过程中遇到痛点，应在该点处施加更大滚压。

（二）激活和整合

1. 强化半腱半膜肌

【作用原理】股骨外旋时，大腿后侧的半腱半膜肌被动拉长，需要强化力量以纠正股骨内旋、促进外旋。

【技术要领】训练者俯卧于垫上，双腿伸直，教练将弹力带固定于一侧足踝后侧，施加一个向后向外的阻力。然后训练者匀速屈膝并内旋小腿至最大幅度，再匀速还原至起始姿势。如图 3-33 所示。

图 3-33　强化半腱半膜肌

视频　强化半腱肌半膜肌

【次数与组数】20 次/组，3~5 组。

【注意事项】屈膝动作与内旋小腿同时进行，训练者应感觉大腿后内侧用力。

【温馨提示】在练习过程中应关注发力肌肉。

2. 内收肌训练

【作用原理】股骨外旋时，内收肌也是被拉长、薄弱的肌力之一。强化内收肌的力量可以帮助股骨回到正常位置。

【技术要领】训练者侧卧于垫上，下侧腿伸直，上侧腿屈膝屈髋跨至身体前侧。然后下侧腿匀速向上抬起至最大幅度，再匀速还原至起始姿势。如图 3-34 所示。

图 3-34　内收肌训练

视频 内收肌训练

【次数与组数】20 次/组，3~5 组。

【注意事项】保持核心稳定，以下侧腿的内收肌用力为主，腰部放松。

【温馨提示】在练习过程中控制好动作速度。

3. 股骨内旋训练

【技术要领】练习者仰卧于垫上，核心收紧，双臂放置于身体两侧，教练将双手放在足内侧提供一个向外的力，或将一个瑜伽球放置于双踝内侧。吸气准备，呼气的同时股骨完成内旋动作，同时用大脚趾内侧与教练的手对抗或挤压瑜伽球。如图 3-35 所示。

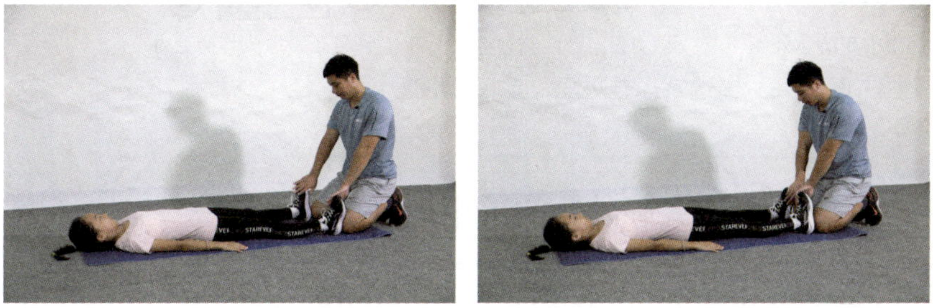

图 3-35　股骨内旋训练

视频 股骨内旋训练

【次数与组数】20 次/组，3~5 组。

【注意事项】以股骨内旋用力为主，大腿不要用力夹球。

【温馨提示】用力到力竭再放松休息的效果会更好。

七、注意事项

（1）注意足部和髋部对膝关节的影响。评估检查时，应关注下肢整体的力线，若有足部高足弓、髋部过度内旋等问题，应先治疗和处理足、髋的问题，从而可能改善膝内翻情况。需全面考虑下肢整体的力学关系，找到影响膝内翻的关键因素，并进行综合干预和训练。

（2）严重的膝内翻患者需进行必要的医学检查，如拍摄 X 线片，以明确膝内翻的原因，排除病理性因素后，再进行纠正性训练。

（3）适当运动，控制体重。正常膝关节力线时，下肢承受重力的能力强大，如举重运动员可轻松举起体重 2~3 倍的杠铃。然而，膝内翻、下肢力线不良时，过大的体重和负重会加重膝关节内翻。减肥运动时，应适当减少跑跳类运动，避免对膝关节过度刺激，并保持合理的饮食习惯，将体重控制在合理范围内。

（4）如有膝关节疼痛、不适，应及时就医。膝内翻引起的膝关节损伤是由量变逐渐达到质变的过程。一旦出现症状，说明问题已经存在很长时间，日积月累的刺激已经超过身体的自愈能力。因此，建议及时就医进行详细检查，以免延误治疗。

（5）必要时，可以定做矫形鞋垫。通过矫形鞋垫调整下肢的力线，减少对膝内侧的刺激，起到预防和纠正膝内翻的作用。如图 3-36 所示。

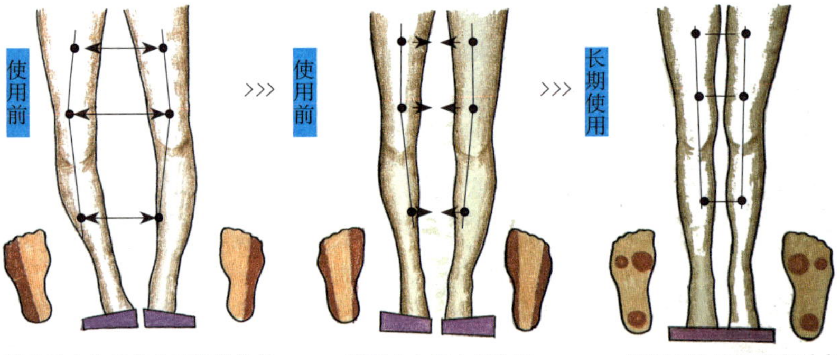

图 3-36　通过矫形鞋垫支撑足弓、调整力线

子任务三　膝外翻的矫正训练

一、膝外翻的概念

膝外翻又称为“X 型腿”，其特征是股骨与胫骨长轴的夹角大于 15°，膝关节向内突出，小腿向外弯曲。表现为站立时股骨内侧髁互相接触，而踝关节之间无法靠拢。如图 3-37 所示。膝外翻体态通常是双侧的，但也可能单侧发生，形成“K 型腿”。

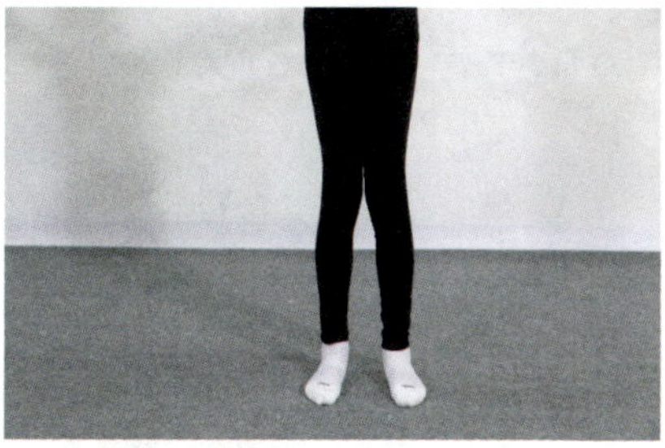

图 3-37　膝外翻(X 形腿)

判断膝外翻的程度主要依据“常态踝距”和“主动踝距”两个指标。常态踝距是指直立时双膝关节靠拢、双腿和膝关节放松的情况下，两足踝部内侧的距离。主动踝距则是指直立时双膝关节靠拢、腿部和膝关节向内用力并拢时，两足踝部内侧的距离。根据常态踝距和主动踝距的大小，膝外翻可分为Ⅰ度、Ⅱ度和Ⅲ度：常态踝距在 3 cm 以下，且主动踝距为 0 cm(即用力时双踝可以靠拢)为Ⅰ度；常态踝距在 3~6 cm 之间，且主动踝距大于 0 cm(即用力时双踝不能靠拢)为Ⅱ度；常态踝距大于 6 cm 则为Ⅲ度。

二、膝外翻的原因

膝外翻常常是多种原因共同作用的结果。

(1)生理性因素。3~4 岁的幼儿通常表现为“X 型腿”，在 6~7 岁时接近成年人水平，存在 5° 左右的膝外翻。在以上年龄段出现的膝外翻绝大多数是生理性的，并不需要特殊治疗和纠正。

(2)病理性因素。某些疾病也可能引起膝外翻，常见的有以下 3 种情况。

1)由佝偻病或骨软化病(主要原因是缺乏维生素 D)所引起的膝部畸形，可能表现为膝内翻或膝外翻。

2)外伤、骨折等会导致下肢的力学结构发生变化，进而可能出现膝外翻。

3)髋或踝的问题也可能引起膝关节发生代偿性变化，如低足弓可能导致胫骨内旋和膝外翻，股骨颈干角较小可能引起股骨内收和代偿性膝外翻。

(3)行为因素。婴儿过早学习走路或长时间站立，童年和少年时期长时间穿鞋底过硬或过软的鞋子，或长期保持不良站姿，都可能导致“O 型腿”或“X 型腿”。此外，体重过大、大腿过粗，站立和步行时双膝分开、步宽过大，也会引发和加剧膝外翻的情况。

三、膝外翻的危害

膝外翻不仅影响下肢的美观，更重要的是增加了下肢疼痛的远期风险。膝外翻时，膝关节外侧间隙受力大于内侧间隙，这容易导致膝关节外侧发生疼痛和退变。这种退变是缓慢发生的，年轻时可能没有症状，但随着年龄的增长，症状会逐渐显现。如图 3-38 所示。

对于儿童青少年来说，虽然膝外翻引起的症状可能不明显，但由于他们需要参加体育运动和体育考试，膝外翻会影响跑步姿态，对跑步成绩的提高产生不利影响，并增加运动中膝关节损伤的风险。因此，一旦发现膝外翻，应积极进行纠正，以尽量恢复正常的下肢力线。

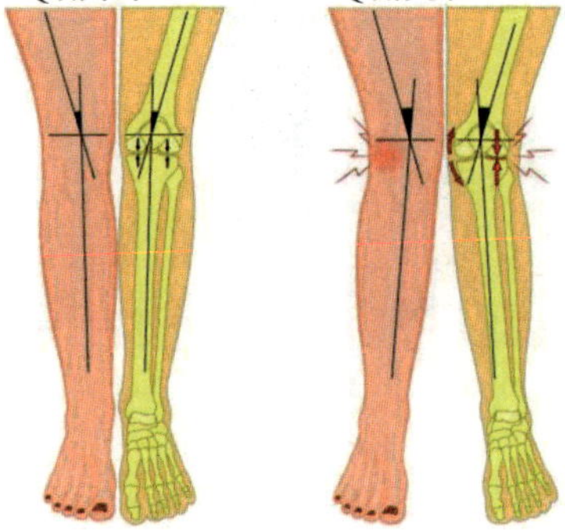

图 3-38　膝外翻的危害

四、膝外翻相关肌肉变化

膝外翻时，下肢各关节的肌肉均表现出肌肉力量和长度不平衡。如表 3-5 所示。

表 3-5　膝外翻时对应的相关肌肉长度变化

部位	缩短的肌肉	拉长的肌肉
大腿	髋内旋肌 内收肌 半腱肌、半膜肌 髂胫束	髋外旋肌 臀大肌 臀中肌 股二头肌
小腿	腓骨肌	腘肌 胫骨后肌 趾长屈肌

五、膝外翻身体姿态纠正性训练方案

膝外翻时，膝外侧的软组织会紧张短缩，而内侧的结构则会被拉长而变得无力。通过牵拉以放松外侧组织，并强化内侧组织，可以调整膝关节的力线，从而纠正膝外翻。

（一）抑制和拉长

1. 泡沫轴滚压髂胫束

【作用原理】膝外翻时常有髋关节内收、内旋伴轻度屈曲，位于大腿前外侧的髂胫束紧张。放松后有助于恢复股骨的正常位置。

【技术要领】侧卧同时将泡沫轴置于大腿外侧，另一侧腿屈膝置于体前。然后将大腿外侧在泡沫轴上滚动。如图 3-39 所示。

图 3-39 泡沫轴滚压髂胫束

视频 泡沫轴滚压髂胫束

【次数与组数】10~16 次/组，3~5 组。

【注意事项】保持核心稳定，避免塌腰。

【温馨提示】滚动过程中如遇到痛点，可先在痛点周围进行滚压，等疼痛缓解后，再重点滚压痛点周围。

2. 牵拉髋内旋肌

【作用原理】膝外翻时常伴随髋内旋，牵拉髋内旋肌，帮助髋外旋，有助于减少膝外翻的程度。

【技术要领】仰卧位，对侧下肢屈膝、髋内旋。被牵拉侧屈膝、髋外旋，将脚放在对侧膝盖上。对侧膝关节向上抬起，带动被牵拉侧髋外旋，牵拉内旋肌。如图 3-40 所示。

【次数与组数】保持 30 s 为一组，完成 3~5 组。

【注意事项】保持有牵拉感，但不产生疼痛为度。

【温馨提示】刚开始牵拉时角度较小，随着能力提高，角度逐渐增加。

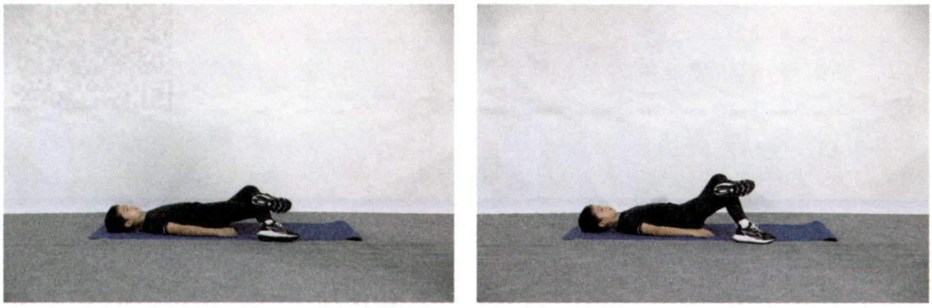

图 3-40 牵拉髋内旋肌

视频 牵拉髋关节内旋肌

（二）激活和整合

1. 蚌式训练

【作用原理】加强臀肌的力量，特别是臀大肌和臀中肌的力量，维持股骨的正确位置，以缓解膝外翻。

【技术要领】侧卧于垫上，屈膝屈髋，保持躯干稳定。吸气准备，然后呼吸同时上侧腿以髋关节为轴外旋至最大幅度，然后匀速返回重复进行，完成一侧训练后换另一侧进行。如图 3-41 所示。

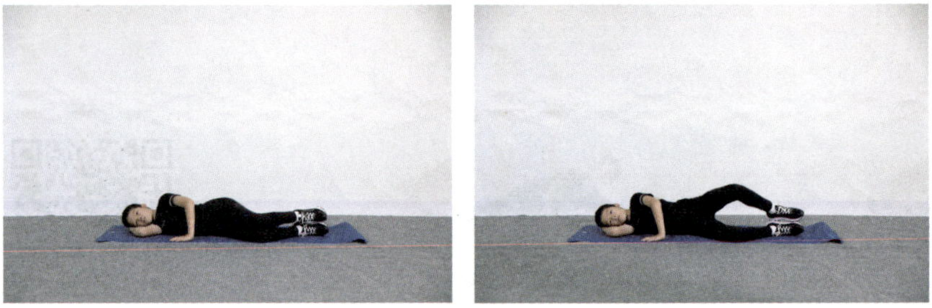

图 3-41　蚌式训练

视频　蚌式训练

【次数与组数】10~16 次/组，3~5 组。

【注意事项】保持核心稳定，避免躯干旋转。

【温馨提示】可在膝关节处套迷你带训练增大难度。

2. 坐位髋外旋

【作用原理】在髋关节屈曲位增加髋外旋肌力训练，纠正股骨错误的位置，进而影响膝关节，纠正膝外翻。

【技术要领】坐在椅子或凳子上，椅面与膝关节等高，屈髋屈膝 90°。将弹力带缠绕在脚踝处，并向外侧固定。髋部用力，股骨外旋，将小腿转向内侧用力。如图 3-42 所示。

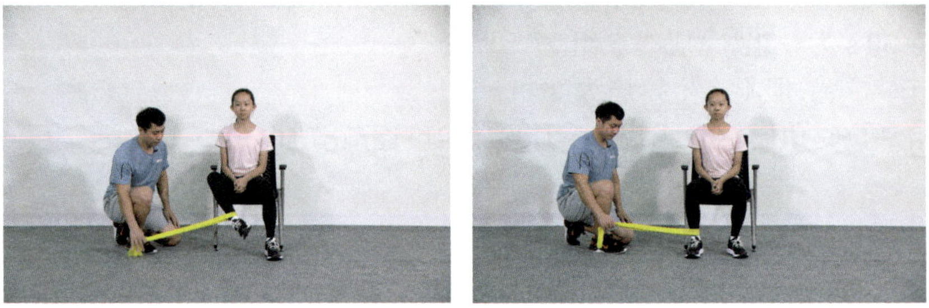

图 3-42　坐位髋外旋

视频　坐位髋外旋

【次数与组数】10~16 次/组，3~5 组。

【注意事项】保持核心稳定，身体直立，在动作过程中，只有大腿带动小腿转动，骨盆和身体不动。

【温馨提示】弹力带不宜过长，起始动作可将小腿内旋位，增加动作范围。

3. 俯撑髋外旋

【作用原理】在四点支撑位完成髋外旋动作，强化核心和臀部肌肉的协同收缩。

【技术要领】四足支撑于垫上，手在肩的正下方，膝关节在髋的正下方，核心收紧保持躯干稳定，然后一侧臀部发力带动腿部进行外旋至可控的最大幅度，然后匀速返回。如图 3-43 所示。

图 3-43　俯撑髋外旋

视频 俯撑髋外旋

【次数与组数】10~15 次/组，3~5 组。
【注意事项】尽量保持核心稳定，躯干和骨盆不动。
【温馨提示】可通过膝关节套迷你带增大训练难度。

六、注意事项

（1）在纠正膝外翻时，需全面考察下肢的整体力学关系，找出影响膝外翻的关键因素，并进行综合干预与训练。足部与髋部对膝关节力线的影响极为显著，因此，必须进行综合考虑。

（2）严重的膝外翻儿童青少年需进行必要的医学检查，以明确膝外翻的具体原因，在排除病理性原因后再展开纠正性训练。

（3）儿童青少年应注重合理的营养补给，并通过适当的运动锻炼促进骨骼与关节的正常发育。

（4）对于超重和肥胖的儿童青少年，控制体重是必要的。膝外翻与体重过大、低足弓之间有密切的关系。控制体重和减轻膝关节所承受的压力对保护膝关节非常重要。必要时，建议定制矫形鞋垫，以调整力线，减缓膝外翻的进展。

子任务四　膝过伸的矫正训练

一、膝过伸的概念

膝关节的正常伸直角度为 0°，即从侧面观察时，从股骨大转子到外踝可以画出一条垂直的假想线，且这条线会纵向经过腓骨小头。然而，大部分人的膝关节都有一定程度的超过 0° 的伸展，但通常不超过 5°。

膝过伸，也被称为“膝关节过度伸展”，是指在行走或站立过程中，患侧下肢在支撑期出现膝关节伸展角度超过 5° 的现象。此时，膝关节位于下肢重力线的后方，导致股骨的重力无法垂直传向胫骨，而是在矢状面上形成向后的折角。识别这种体态的最佳方法是在矢状面上进行观察。从后方观察时，可以看到小腿与腘窝区域明显向后突出；从前方观察时，则可见髌骨明显被压向下方。如图 3-44 所示。

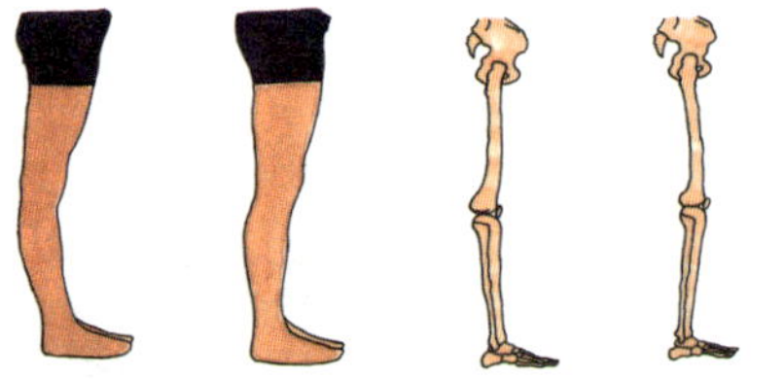

图 3-44　膝过伸

当教练发现儿童青少年站立时存在膝过伸的情况，可以在仰卧位下检查膝过伸的程度。具体操作如下：让儿童青少年自然放松地仰卧在床上，教练一手压住膝盖，另一手放在脚踝下方，轻轻抬起小腿，直到感到明显的阻力为止。在这个过程中，教练可以感受到抬起时的阻力变化，同时可以测量足跟离床面的距离。正常情况下，足跟可以抬离床面 1~2 cm 时，就会很快感到阻力，无法继续抬起。而如果存在膝过伸的情况，抬起的过程会相对顺畅，且抬起的距离通常会超过 3 cm，有时甚至达到 5 cm 或更多。如图 3-45 所示。

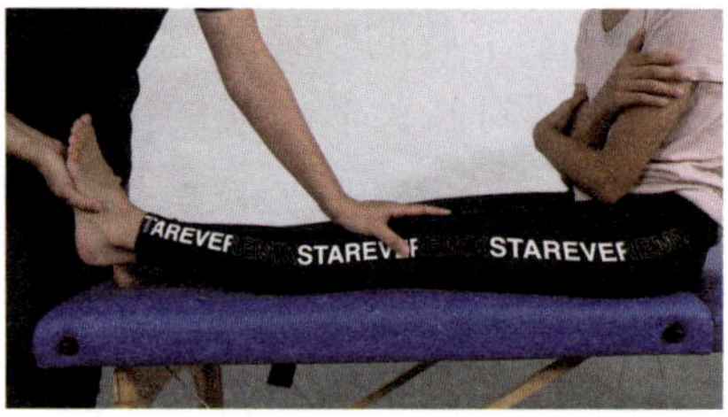

图 3-45　膝过伸的检查

二、膝过伸的原因

大部分的膝过伸是先天性的，少数是后天因素导致，例如不当的训练或疼痛。

（1）先天因素。这主要是由遗传因素导致的韧带松弛。一部分儿童青少年仅表现为膝关节周围的韧带、关节囊松弛，而其他关节部位正常。还有一些儿童青少年全身韧带都松弛，全身多个关节部位活动范围都会增加，这种情况被称为良性关节过度活动综合征（Joint Hypermobility，JHM）或全身性韧带松弛症（Generalized ligament laxity）。

目前，诊断全身性韧带松弛症最常用的标准是 Beighton 分级评分系统。该系统通过评估全身 9 个部位的活动度来打分，包括双侧小指能否伸展达到或超过 90°、双腕屈曲时拇指能否触及前臂、双肘伸展是否超过 10°、双膝是否能过伸超过 10°、以及身体屈曲时手掌能否完全触地。每个部位过度活动计 1 分，满分为 9 分，若得分超过 4 分，则可诊断为全身性韧带松弛症。膝关节过伸仅是此病症的一个表现。如图 3-46 所示。

图 3-46　全身性韧带松弛症的表现

（2）运动训练因素。某些对身体柔韧性要求高的运动项目，例如舞蹈和体操，在训练时可能会过度拉伸膝关节后侧的软组织，从而导致膝过伸。由于儿童和少年的关节囊、韧带相较于成人更为松弛，因此过早进行拉伸训练虽然会提升柔韧性，但也可能影响关节的稳定性。

（3）后天因素。包括外力损伤、不正确的站立姿势、步态异常（例如因股四头肌无力导致的膝关节支撑稳定性差）等，这些都可能引发膝过伸。

（4）神经系统疾病。这类疾病多见于脊髓损伤、痉挛性脑瘫和脑卒中患者。由于中枢神经系统受损，会影响下肢的肌张力和协调性，可能导致膝反弓现象。不过，由这类原因引起的膝过伸不在本书的讨论范围之内。

三、膝过伸的危害

全身性韧带松弛症的儿童青少年虽然可能没有明显的不适，但仍然存在一些潜在的危害。由于韧带较松弛，关节在用力时容易超过正常范围，从而增加肌肉和韧带受伤的风险。这种情况可能引发背痛、落枕或关节痛，且患病几率大于常人；进入老年后，他们更容易患上骨性关节炎。在儿童身上，这可能表现为动作发展稍缓、手部不够灵巧、协调性和平衡感较差，以及出现低足弓等问题。更严重的情况可能导致膝关节不稳定，全身稳定性较差的关节容易发生脱位，如髌骨、肩关节半脱位甚至全脱位等。

膝过伸会影响膝关节的正常生物力学。正常负重时，股骨在固定的胫骨上前后滑动，但在膝关节过伸的情况下，股骨会向前倾斜，导致股骨和胫骨前部受压。此时，膝关节后部的关节囊和韧带结构有受伤的风险。与正常人相比，膝过伸的儿童青少年行走速度更慢，且膝关节伸肌的力矩值更大。膝关节后部结构（如腘肌）被拉长，前部结构（如髌股关节）受压，可能引发腘窝和髌股关节疼痛。膝关节屈肌和伸肌之间的不平衡可能会影响膝关节和髋关节的功能与稳定性。拉长的腘肌会减弱大腿旋转和膝关节屈曲的能力，从而影响膝关节的功能。在伸展范围的末端，可能会出现本体感觉缺失的情况。儿童青少年可能会感觉膝关节不稳。

膝过伸还会引发脊柱矢状面的不平衡，进一步导致骨盆前倾、身体重心前移、胸椎代偿性后凸增加以及颈前伸。因此，在发现脊柱存在问题时，也应进行相应的膝关节评估。

四、膝过伸相关肌肉的变化

膝过伸时，膝关节前侧的肌肉会缩短，而后侧的肌肉则被动拉长，从而引起肌肉的不平衡。如表 3-6 所示。

表 3-6　膝超伸时对应的相关肌肉长度变化

部位	缩短的肌肉	拉长的肌肉
大腿	股四头肌	半腱肌 半膜肌 股二头肌
小腿	比目鱼肌	腘肌 腓肠肌

五、膝过伸身体姿态纠正性训练方案

有效纠正膝过伸，可以调整身体在矢状面的不平衡，加强膝关节的稳定性，对于调整身体姿态、预防关节疼痛有重要帮助。

（一）抑制和拉长

1. 泡沫轴滚压股四头肌

【作用原理】当膝过伸时，股四头肌在膝关节前方会缩短并增加张力，进而引导髌骨上移。为此，需要对其进行充分的放松。

【技术要领】首先，俯卧在垫子上，将泡沫轴放置于大腿前侧。然后，保持腹部紧致，并使大腿前侧在泡沫轴上进行上下滚动。如图 3-47 所示。

图 3-47　泡沫轴滚压股四头肌

视频　泡沫轴滚压股四头肌

【次数与组数】8~10 次/组，总计 3~5 组。

【注意事项】在操作过程中，要保持核心稳定，避免出现塌腰的现象。

【温馨提示】在滚动过程中，如果遇到疼痛的点位，可以先在疼痛点的周围进行滚压。等待疼痛缓解后，再对疼痛点进行针对性的放松。

2. 拉伸比目鱼肌

【作用原理】当膝过伸时，小腿会向后倾斜，使得踝关节呈现轻微跖屈的状态，此时比目鱼肌的张力会增高。通过放松比目鱼肌，我们可以调整小腿的角度，从而缓解膝关节过度伸展的情况。

【技术要领】面向墙面，双臂伸直支撑在墙上或椅背上以稳定躯干，双腿前后站立，脚尖向前。前腿略屈曲以支撑体重，后腿膝盖缓解下蹲，身体重心前移、下降。注意双侧足跟不得离开地面，保持静态。感觉后侧小腿的深层肌肉有拉伸感。如图 3-48 所示。

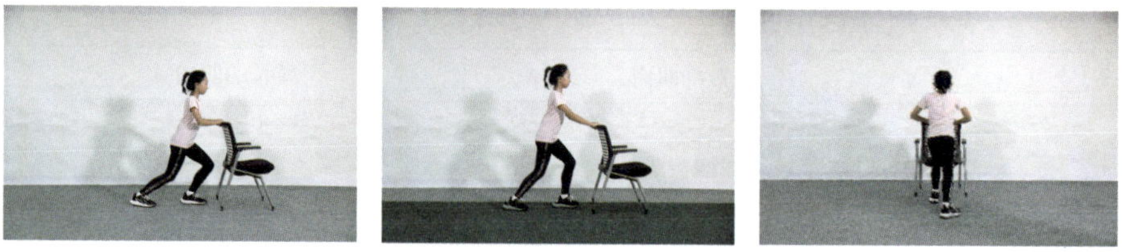

图 3-48　拉伸比目鱼肌

视频　拉伸比目鱼肌

【次数与组数】每组保持 30 s，总共进行 3~5 组。

【注意事项】在进行动作时，核心需保持收紧，不可向前挺肚子。

【温馨提示】前脚离墙面/椅子的距离越远，动作的难度越大。

（二）激活和整合

1. 仰卧腿屈伸

【作用原理】此动作可以强化臀肌和腘绳肌的肌力，进而提高膝关节后侧的稳定性。

【技术要领】仰卧于垫上，双臂放置在身体两侧，保持身体呈直线。双膝微屈，脚跟下方放置两个滑盘或毛巾。抬起臀部，在呼气时脚跟向外推动毛巾，在吸气时，让足跟带动滑盘（或毛巾）向臀部移动，臀部抬起至大腿和躯干处于同一平面。然后，在吸气的同时，回到原位。如图 3-49 所示。

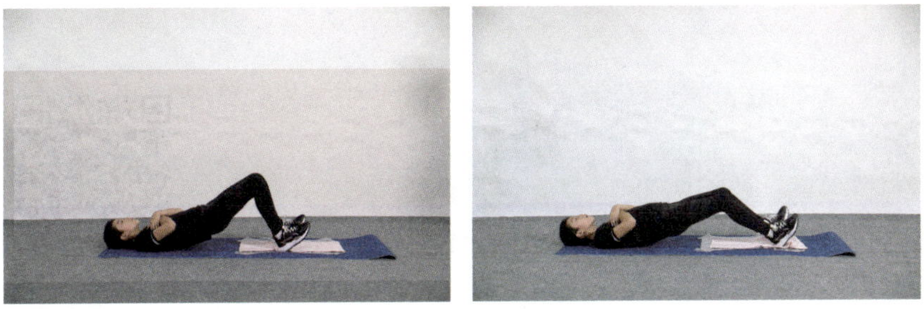

图 3-49 仰卧腿屈伸

视频 仰卧腿屈伸

【次数与组数】10~16 次/组，总共 3~5 组。

【注意事项】在执行动作时，需要保持核心稳定，避免塌腰，并且需要保持大腿和身体在一条直线上。

【温馨提示】请注意呼吸与动作的配合，以确保动作的效果。

2. 跪姿前倾

【作用原理】此训练以腘绳肌的离心收缩为主，目的是强化腘绳肌的力量，使其既用力且又被拉长，以此保持膝关节的稳定性。

【技术要领】在软垫上采取跪姿，保持躯干挺直，教练员固定好训练者的足踝。随后，训练者需要匀速向前倾斜躯干，尽可能保持躯干挺直，直到躯干接近地面时，利用双手撑地进行缓冲。如图 3-50 所示。

图 3-50 跪姿前倾

视频 跪姿前倾

【次数与组数】10~16 次/组，总共 3~5 组。

【注意事项】在落地时，应注重利用手臂进行支撑以缓解冲击力。

3. 微屈膝练习

【作用原理】膝过伸常常伴随膝关节本体感觉障碍，这意味着膝关节在站立和行走时无法保持并控制在正常的位置上。因此，需要通过不断强化正确的位置感，提升大脑对该位置的记忆和控制力，以纠正膝过伸的问题。

【技术要领】请以单腿自然站立的姿势，微屈膝关节，身后放置一个与膝关节高度相等的椅子。屈膝并屈髋下蹲，直至臀部轻轻接触椅子，然后以均匀的速度返回到起始姿势。如图 3-51 所示。

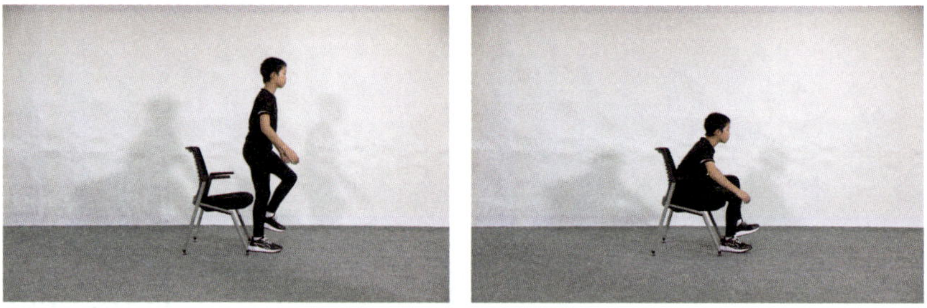

图 3-51　微屈膝练习

视频　微屈膝练习

【次数与组数】10~16 次/组，共计 3~5 组。

【注意事项】在下蹲的过程中，应保持膝关节与脚尖在同一方向。

【温馨提示】箱子的高度越低，动作难度将越大。

六、注意事项

（1）对于膝关节过度伸展的儿童青少年，应进行全面检查，以判断是否存在全身性韧带松弛症。

（2）对于过度伸展角度较大的儿童青少年，除了需要对膝关节进行检查外，还应检查其髋关节和足踝部，以确定是否存在代偿性的膝关节过度伸展。如果在髋部和足踝部也发现异常，那么在进行干预时需要进行综合训练。

（3）对于由先天原因导致的膝关节过度伸展，训练的重点应该是正确的姿势维持与控制、正确的用力方式，以及预防并发症，而非过度追求伸展角度的减小。

（4）当干预效果未达到预期时，应寻求专业医疗帮助并进行影像学检查，以便发现可能存在的结构性异常。

思考与实践

（1）思考什么因素会影响膝关节的姿态。

（2）考虑如何纠正不同的膝关节姿态问题。

（3）对各种膝关节状态问题进行评估。

（4）根据不同的膝关节问题进行有针对性的纠正训练。

任务三　髋部引发的体态问题评估与矫正训练

髋部包括髋关节和骨盆。髋关节是人体灵活的关节之一，具有前屈、后伸、内收、外展、内旋、外旋六个方向的活动度，而骨盆则是一个相对稳定的解剖部位，其中的骶髂关节仅有微小的活动范围。然而，久坐不动和活动度训练不足等因素可能导致髋关节活动受限及周围柔韧性降低，进而引发髋部体态问题。髋部体态问题有可能会进一步诱发腰椎和膝部的体态问题。因此，本书主要围绕髋部的概念、解剖学特征、评定方法，以及髋部引发的髋内旋步态、髋外旋步态的体态问题的原因、危害、体态与肌肉变化、纠正方案和注意事项进行详细描述。

学习任务

（1）能运用正确的评估方法对髋部体态进行评估。
（2）能针对髋部体态出现的各类问题进行有针对性的矫正训练。

学习目标

知识目标

（1）理解髋部体态异常的原因、危害以及其与肌肉的关系。
（2）熟知对髋部体态的评定方法及注意事项。
（3）掌握针对髋部异常体态的矫正训练方法。

能力目标

（1）能运用正确的评估方法对髋部体态进行评估。
（2）能根据评估结果进行分析解读，找出问题所在。
（3）能针对髋内旋步态和髋外旋步态进行有针对性的矫正训练。

素养目标

（1）培养善于思考与精艺求精的体育工匠精神。
（2）培养克服困难和勇挑重担的体育精神。

子任务一　髋部的评定

正常站立或步行时，足的轴线（第二脚趾至脚跟）与前进方向形成一定的夹角，这个夹角被称为足偏角，通常约为 5°。1 岁以内的婴儿可能会表现出生理性的轻度髋内旋步态，1 岁左右开始学步时，膝盖逐渐变直，双脚会呈现轻度髋外旋步态。这时，下肢和足踝的负重及平衡刚刚建立，步态可能会因平衡和协调能力较差而表现出步宽较宽、身体晃动较大的特点。随着年龄的增加，6~8 岁的孩子的步态会逐渐接近成年人的步态。

正常站立时，股骨与胫骨之间的旋转角度较小，对髋内旋步态或髋外旋步态的表现影响不大。下肢的内旋和外旋主要发生在髋关节，表现为步行时的髋内旋步态或髋外旋步态。

在正常情况下，髋关节在中立位或屈曲 90° 时做内外旋动作，内旋和外旋的角度基本上是对称的，大约为 45° 。可以使用关节角度尺进行准确测量。被检查者采取俯卧位或坐位，膝关节屈曲 90°，角度尺的轴心对准髌骨中点，固定臂与地面垂直，移动臂与胫骨长轴平行。旋转髋关节，测量小腿划过的角度即为髋关节的旋转角度。如果内旋角度大于外旋角度，可能会引起髋内旋步态；如果外旋角度大于内旋角度，可能会引起髋外旋步态。需要注意的是，要进行双侧比较。如图 3-52 和图 3-53 所示。

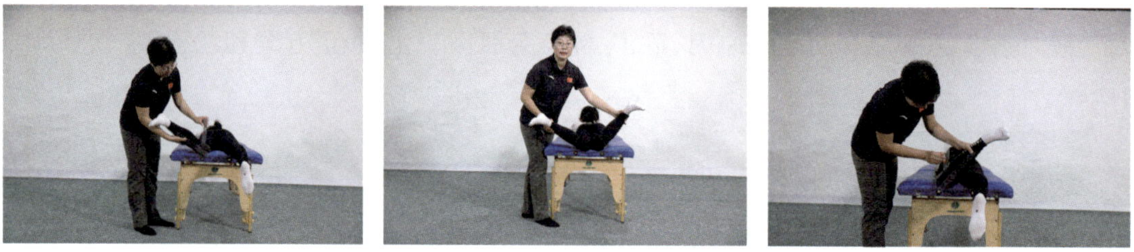

（a）　（b）　（c）

图 3-52　中立位髋旋转角度检查

（a）髋关节内旋角度　（b）髋关节内旋角度对比　（c）髋关节外旋角度

（a）　（b）　（c）

图 3-53　屈髋 90° 位髋旋转角度检查

（a）关节角度尺的位置　（b）髋关节内旋角度　（c）髋关节外旋角度

子任务二　髋内旋步态的矫正训练

一、髋内旋步态的概念

髋内旋步态，医学术语称为足尖内指，是儿童青少年中常见的下肢旋转畸形问题，尤其在 1~4 岁的儿童中最为常见。部分髋内旋步态可能随着年龄的增长而自然矫正，但有些较严重的情况会持续到上学阶段，甚至成年后依然存在。

髋内旋步态的典型表现是走路时脚尖向内，即右脚向左偏、左脚向右偏，交替前进，形成不良的步态习惯。如果足偏角不超过 5° 则被视为正常，5° 以上为轻度髋内旋步态，而 10°

以上则为重度髋内旋步态。值得注意的是，髋内旋步态往往伴随着其他问题，如低足弓、膝关节外翻、过度伸展等。在评估和干预时，应由专业人员进行全面评估并综合考虑。如图 3-54 所示。

图 3-54　髋内旋步态

二、髋内旋步态的原因

髋内旋步态的形成是多因素的结果，需要根据整体下肢的力学表现和结构进行综合分析。以下是 4 点主要原因。

（1）遗传。如果父母中有一方有髋内旋步态的情况，子女也有可能出现。

（2）营养不良。尤其是婴幼儿时期钙质摄入不足，可能导致足部骨质未能正常成型，从而在行走或站立时，受到重力的作用，形成髋内旋步态。

（3）不良体态和习惯。如常有髋内旋步态站立的习惯，或喜欢“W 型坐姿”（坐位时，双脚在臀部两侧），也可能导致髋内旋步态的形成。

（4）结构性因素。结构性因素包括骨盆前倾、股骨内旋和胫骨内旋、低足弓等，都会引起下肢整体内旋，表现为髋内旋步态。

股骨前倾角度过大是导致髋内旋步态最常见的原因之一。股骨前倾角是指股骨颈轴线与水平面的夹角，正常值一般在 12~15°。如果前倾角度过大，可能表现为行走初期出现髋内旋步态步态，并可能随年龄的增长而加重。此外，股骨内旋问题在 5~6 岁的儿童中尤为突出，由于大腿的股骨向内旋转异常，导致整个下肢内旋，可能出现 X 形腿，从而使脚尖显现出更为严重的髋内旋步态。一般来说，股骨前倾常伴随韧带松弛，儿童在坐下的时候，可能会采取 W 型跪坐姿势，使得臀部压着脚，进一步加重股骨内旋和髋内旋步态的情况。如图 3-55 所示。

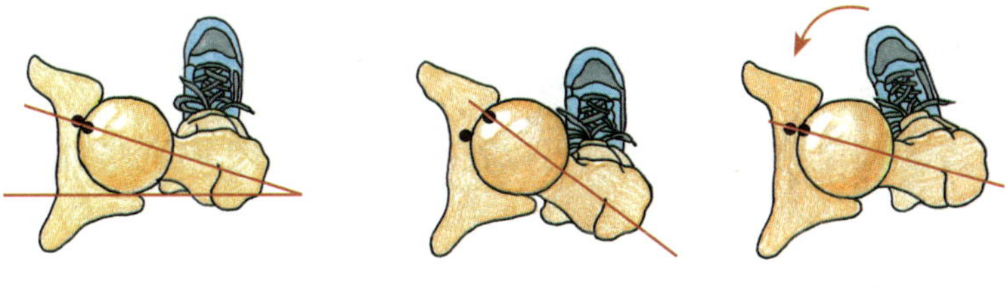

（a）　　（b）　　（c）

图 3-55　股骨前倾角过大引起髋内旋步态

（a）前倾角正常　（b）前倾角过大　（c）前倾角过大伴代偿性股骨内旋

三、髋内旋步态的危害

（1）髋内旋步态行走时，足底受力轨迹发生偏移，导致前脚掌外侧承受更大压力，可能引发足趾痛。胫骨内旋加大膝关节旋转力矩，从而可能导致膝关节疼痛，一般内侧为挤压痛，外侧为牵拉痛。

（2）股骨内旋时，髋内旋肌紧张，外旋肌无力，这可能导致股骨后滑，进一步引发下肢骨骼排列变形。此外，它也可能影响骨盆和髋关节的稳定性，在运动中增加膝关节疼痛的风险。

（3）股骨内旋时，可能伴有髋关节压力增大，并引发骨盆前倾，这影响脊柱的力线，可能导致腰痛和颈痛。

（4）髋内旋步态时，骨盆稳定性受损，双脚内扣，这可能影响儿童青少年的运动，轻者可能导致跑步姿势不稳、骨盆左右晃动过大，从而跑不快。重者可能由于髋内旋步态，在跑步时导致脚与小腿碰撞，增加摔倒的风险。

四、髋内旋步态相关肌肉的变化

在髋内旋步态的状态下，髋关节位于内旋位置，内旋肌缩短，外旋肌被动拉长，引发肌肉平衡问题。如表 3-7 所示。

表 3-7　髋内旋步态对应的相关肌肉长度变化

部位	缩短的肌肉	拉长的肌肉
髋关节	髋内旋肌 内收肌 髂腰肌 阔筋膜张肌	臀中肌 臀小肌 髋外旋肌
大腿	股四头肌	缝匠肌 股二头肌

五、髋内旋步态身体姿态纠正性训练方案

髋过度内旋时，可以通过牵拉放松内旋肌肉、强化外旋肌力，来纠正髋内旋，恢复下肢步行和跑动时的力线。同时，这也可以减少膝关节内扣，预防膝痛。

（一）抑制和拉长

1. 牵拉髋内收内旋肌

【作用原理】通过牵拉髋内收内旋肌，可以直接抵消髋内旋，从而增加髋外旋有度，以缓解髋内旋步态症状。

【技术要领】坐姿于垫上，双足并拢，将脚跟尽可能地靠近身体，双手置于膝关节内侧。在吸气准备的同时，呼气时将膝关节向下压至最大幅度。如图 3-56 所示。

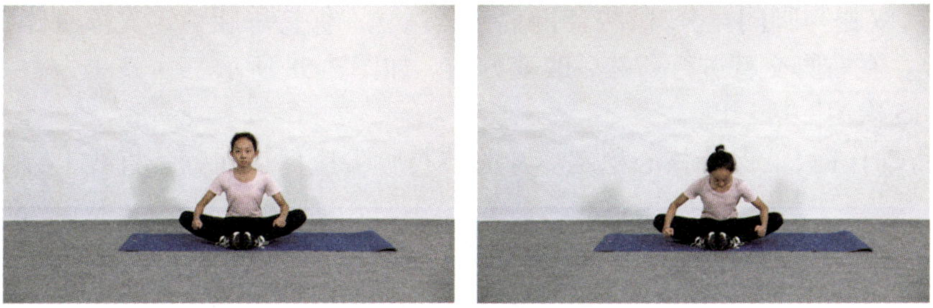

图 3-56　牵拉髋内收内旋肌

视频 牵拉髋内收内旋肌

【次数与组数】每组保持 30 s，进行 3~5 组。

【注意事项】请保持身体直挺，微屈髋部向下可使牵拉力度增大。

【温馨提示】请保持呼吸流畅，避免憋气。

2. 牵拉髂腰肌

内容与股骨内旋型膝内翻身体姿态纠正性训练方案抑制和拉长牵拉髂腰肌相同。

（二）激活和整合

1. 相扑式深蹲

【作用原理】在髋关节处于外展外旋位时，强化臀肌的力量能够帮助稳定髋关节，从而减少股骨内旋的现象。

【技术要领】双脚分开至略宽于肩宽，双脚外旋约 45°，腰背挺直自然站立。徒手或者双手持一个适当重量的哑铃，然后进行分腿下蹲，直至大腿与地面平行。如图 3-57 所示。

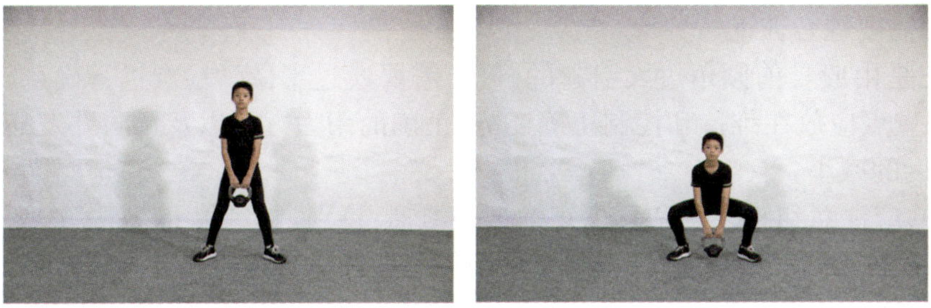

图 3-57　相扑式深蹲

视频 相扑式深蹲

【次数与组数】10~15 次/组，3~5 组。

【注意事项】在执行动作时，请保持核心稳定。膝关节与脚尖应保持在一条直线上，避免膝关节内扣。

【温馨提示】如果感觉训练难度过大，可以选择不负重以降低训练难度。

2. 螃蟹步

【作用原理】在站立和闭链的动作模式下，增强髋关节外展外旋的肌力，有助于维持站立位时正确的股骨位置，从而缓解股骨内旋。

【技术要领】双脚分开至略宽于肩宽，双腿间固定迷你或环形弹力带。屈髋屈膝 45°，双脚处于中立位或稍外旋，双腿与脚同宽分开，腰背挺直自然站立。保持一腿稳定支撑身体，另一脚向同侧迈出一步。左右脚交替进行。然后改变方向。如图 3-58 所示。

【次数与组数】10~15 次/组，3~5 组。

【注意事项】在执行动作时，请保持核心稳定。膝关节与脚尖应保持在一条直线上，避免膝关节内扣。

【温馨提示】弹力带的长度越短，训练难度越大。

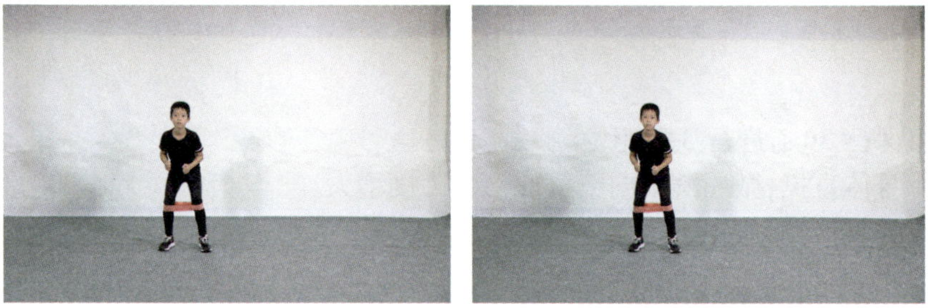

图 3-58　螃蟹步

视频　螃蟹步

3. 俯撑髋外旋

内容与膝外翻身体姿态纠正性训练方案中激活和整合俯撑髋外旋相同。

六、注意事项

（1）对于严重髋内旋步态的儿童青少年，全面检查是必要的。除了检查髋关节，也需要查看其膝关节和足踝部，以确定是否存在代偿性的髋内旋。如果在膝部和足踝部也发现异常，那么在进行矫正时，需要综合训练。

（2）若髋内旋步态是由股骨前倾角过大引起的，可能需要通过影像学检查进行确认。在这种情况下，训练的重点应放在维持和控制正确姿势、正确的用力方式以及预防并发症上，而不应过度强调角度的减小。

（3）在日常生活中，应注意纠正儿童和青少年的坐姿习惯，特别是将“W 形坐法”改为“盘腿坐法”，这对纠正髋内旋步态有一定的效果。在运动中，要注意走跑的安全，以防止跌倒。如图 3-59 所示。

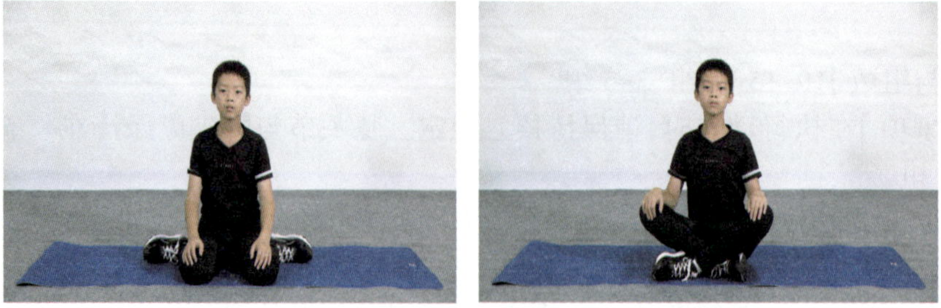

（a）　（b）

图 3-59　髋内旋步态的坐姿

（a）错误的 W 形坐法　（b）正确的盘腿坐法

（4）当干预效果未达到预期时，建议寻求医疗专业人员进行影像学检查，以便发现可能的结构异常。

（5）矫形鞋垫也有助于纠正髋内旋步态，但需要根据儿童青少年的足部形态定制，并长期穿戴。

子任务三　髋外旋步态的矫正训练

一、髋外旋步态的概念

大多数人在自然站立和行走时，脚尖通常不会直线向前，而多数会存在约 5° 左右的偏向外的角度。这是正常现象，这个角度被称为足偏角。髋外旋步态脚是指足偏角明显偏大，偏角度 0° ~5° 为正常，5° ~15° 为轻度髋外旋步态，15° ~30° 为中度髋外旋步态，30° 以上则为重度髋外旋步态。如图 3-60 所示

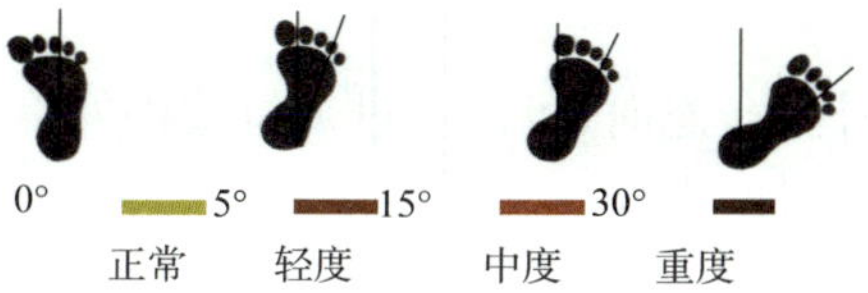

图 3-60　髋外旋步态

二、髋外旋步态的成因

（1）先天遗传因素。如果父母中有一方有髋内旋步态或髋外旋步态，子女很可能继承此特征。另外，如果股骨前倾角过小，也会导致髋外旋步态。股骨前倾角是股骨颈与股骨远端内外侧髁连线之间的角度，正常成年人该角度在 10° ~15° 之间。如果前倾角过小，股骨颈保持中立位时会导致股骨外旋，从而引发腿部力线异常。股骨前倾角是天生的，男性的股骨前倾角一般低于女性，所以男性比女性更容易产生髋外旋步态。

（2）养育方式。走路过早的孩子由于脚部力量不足，在学步及站立时，双脚便自然分开，增加脚底面积来防止跌倒，结果产生双脚自然分开的姿势。缺钙的孩子在行走和站立时容易使双侧髋关节出现向外分的现象，形成髋外旋步态。

（3）运动训练。如参加过舞蹈基本功训练、踢足球等运动，可能会增加髋外旋步态的风险。

（4）错误的运动姿势和习惯。在快速跑动中，若髋、踝关节的力量不足，控制大腿内旋的内收肌群力量较弱，大腿外侧肌群、臀中肌和臀小肌比较紧，这会导致腿更容易向外旋。

（5）其他外力因素。

三、髋外旋步态的危害

髋外旋步态不仅影响外观，还可能引起一些不良后果。例如，髋外旋步态的人在行走

时，重心会集中在脚底内侧，使膝关节承受过大压力，可能引起膝关节疼痛、改变腿型、形成X型腿、骨盆前倾以及腰椎损伤等。此外，髋外旋步态在跑步时，推进力不是直线向前，而是斜向支撑腿的内侧，这不仅减少了有效步长，影响了跑速，还增加了运动伤害的风险。

四、髋外旋步态相关肌肉的变化

在髋外旋步态的情况下，髋关节处于外旋位，导致外旋肌缩短，内旋肌被动拉长，从而引发肌肉不平衡。如表3-8所示。

表3-8　髋外旋步态对应的相关肌肉长度变化

部位	缩短的肌肉	拉长的肌肉
髋关节	髋外旋肌 臀中肌 臀大肌	股骨内旋肌 髂腰肌

五、髋外旋步态身体姿态纠正性训练方案

与髋过度内旋相反，髋外旋步态时，可以通过牵拉放松外旋肌肉、强化内旋肌力，来纠正髋外旋，恢复下肢步行和跑动时的力线。

（一）抑制与拉长

1. 牵拉髋外旋肌

内容与股骨外旋型膝内翻身体姿态纠正性训练方案中抑制和拉长牵拉髋外旋肌相同。

2. 泡沫轴滚压臀大肌

【作用原理】通过使用泡沫轴来滚动和放松臀部肌肉，能够有助于股骨的内旋。

【技术要领】训练者将一侧的臀大肌置于泡沫轴上，另一侧的腿弯曲用以提供支撑。然后在泡沫轴上让臀大肌进行上下滚动。如图3-61所示。

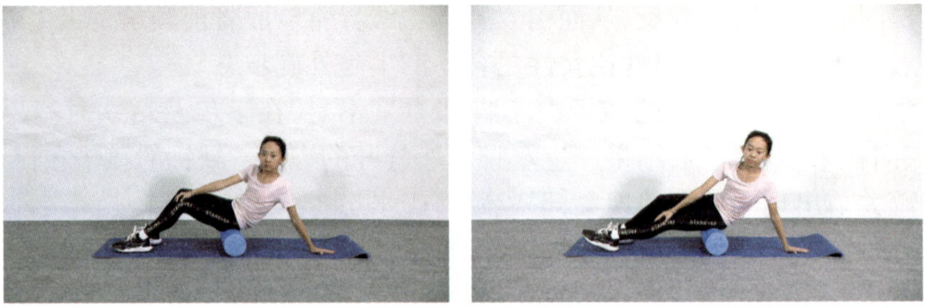

图3-61　泡沫轴滚压臀大肌

【次数与组数】20次/组，3~5组。

【注意事项】要确保核心肌群保持稳定。可以使用手和臂部来支撑上半身。

【温馨提示】在滚动过程中如果遇到疼痛的区域，可以在该区域上进行集中滚压。

（二）激活和整合

1. 髋内旋肌训练

【作用原理】通过增强髋关节内旋肌群的力量，纠正髋关节外旋的不良体态，从而改正髋外旋步态。

【技术要领】训练者坐在椅子上，屈髋屈膝 90°。足踝处戴上一个迷你绷带。吸气准备，呼气时，双膝并拢不分开，双侧脚踝向外分开，感觉髋外侧的肌肉用力明显。到达最远处后，缓慢还原。如图 3-62 所示。

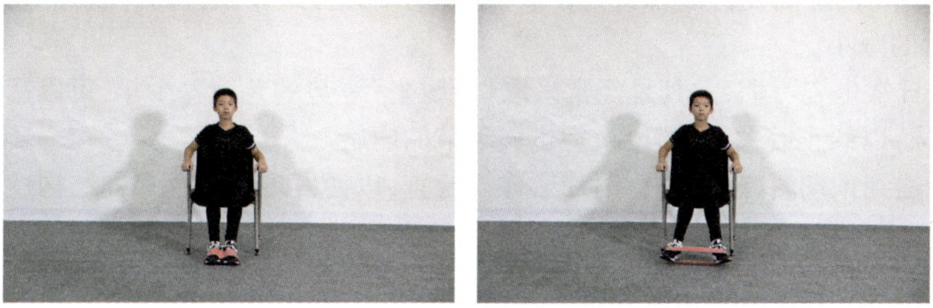

图 3-62　髋内旋肌训练

视频 髋内旋肌训练

【次数与组数】20 次/组，3~5 组。

【注意事项】保持核心肌群的稳定性，躯干不要旋转，只由臀部的力量驱动脚部抬起。

【温馨提示】在训练过程中要保持呼吸顺畅，避免憋气。

2. 屈髋肌训练

【作用原理】在髋外旋步态状态下，屈髋肌被动地拉长并变得无力。通过增强屈髋肌的力量，可以辅助髋关节的内旋，进而纠正髋外旋步态。

【技术要领】训练者应自然站立，保持核心收紧，并将迷你绷带套在足背上。在吸气准备时，随着呼气，将一侧的腿屈膝并上抬至最大幅度，然后以均匀的速度恢复到原位，接着换另一侧进行训练。如图 3-63 所示。

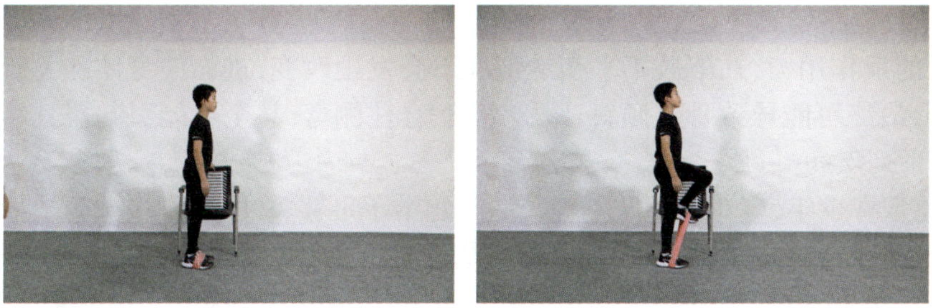

图 3-63　屈髋肌训练

视频 屈髋肌训练

【次数与组数】20 次/组，3~5 组。

【注意事项】在训练过程中保持核心肌群的稳定性，尽量避免躯干晃动或向前弯腰。

【温馨提示】训练过程中应保持呼吸顺畅，避免憋气。

六、注意事项

（1）对于严重髋外旋步态的儿童青少年，全面检查是必要的。除了对髋关节的检查外，还需检查膝关节和足踝部位，以判断是否存在代偿性的髋外旋。如果在膝部和足踝部也发现异常，干预时应考虑进行综合训练。

（2）若髋外旋步态是由于股骨前倾角过小引起的，必要时需进行影像学检查以进行确认。此时，训练重点应该放在正确姿势的维持与控制、正确的用力方式以及预防并发症上，不应过度强调外旋角度的减小。

（3）需要注意纠正日常坐姿习惯，尤其是经常采取“盘腿坐”姿势的儿童青少年，可以适当增加“W 形坐”的习惯，以纠正髋关节的外旋，促进髋关节的内旋。

（4）当干预效果未达到预期时，建议进行医疗影像学检查，以便发现可能存在的结构性异常。

思考与实践

（1）思考影响髋部体态的因素。
（2）考虑各种髋部体态问题的纠正策略。
（3）对各种髋部状态问题进行评估。
（4）针对各种髋部状态问题开展纠正训练。

任务四　双下肢不等长的评估与矫正

双下肢不等长是骨科常见病症，这种情况指的是一个或多个骨头缩短或过度生长。研究发现，下肢不等长的发生率在人群中可达 40%~70%，然而其潜在的日常危害并未引起公众足够的重视。一般来说，如果两腿长度相差 2 cm 以上，便会出现双侧负重不均衡、步态不稳的感觉。这不仅会导致走路姿势视觉上的不佳，更重要的是，由于人体关节所承受的各种力，如地心引力和地面的反作用力，在下肢不平衡的情况下会发生改变，进而使身体和关节发生扭曲、变形或歪斜，最终可能导致骨盆倾斜、跟腱挛缩、脊柱侧弯，甚至可能引起器官移位和压迫，从而诱发一系列疾病。

在生长发育期的儿童青少年，应对双下肢不等长的问题给予足够关注，并积极预防。如果儿童青少年双下肢出现 0.5 cm 以上的长度差异，就应立即进行干预并尽早治疗。

学习任务

（1）能采用正确的评估方法对双下肢进行评估。
（2）能对双下肢不等长问题进行针对性的矫正。

学习目标

知识目标

（1）了解双下肢发生不等长的原因。
（2）熟悉对双下肢的评定方法及注意事项。
（3）掌握双下肢不等长的矫正训练方法。

能力目标

（1）能够掌握双下肢不等长差异测量的方法。
（2）能根据评估结果进行分析解读，找出问题所在。
（3）能针对出现双下肢不等长原因，进行针对性矫正。

素养目标

（1）培养严谨认真的学习态度。
（2）培养科学求实的精神。
（3）培养学生间的相互配合、相互纠正的团结互助情感。

子任务一　双下肢不等长相关知识

双下肢不等长，亦被广泛称为“长短腿”，是指左右两侧下肢的长度存在绝对或相对长度不一致，也就是站立时，从足底至股骨头最高点所测得的下肢长度不等。

双下肢的平衡性类似于人的地基，若其左右平衡，上面的骨盆和脊柱也会保持平衡。反之，如果基础不平衡，骨盆和脊柱便会产生相应的代偿反应，从而引发包括腰痛、脊柱侧弯等一系列问题。

研究显示，人群中双下肢不等长的人数大约占 3%~15%，其中，绝大部分人的长度差异不超过 1 cm，他们在日常步行、运动时，通常无法察觉到双下肢的长度不等。但是，少数人的长度差异较大，达到或超过 2 cm 时，其身体其他部位的代偿反应会明显增加，甚至可能出现不适或疼痛的症状。

从功能的角度看，建议成年人的双下肢总长度差不应超过 1 cm，而儿童和青少年的双下肢总长度差不应超过 0.5 cm。若超出此范围，骨盆、脊柱可能会出现明显的视觉可见的代偿现象。

一、双下肢不等长的分类及原因

根据双下肢不等长的成因，我们通常将其分为以下 3 类。

1. 功能性双下肢不等长

（1）概念。功能性双下肢不等长是一种常见的类型，其特点是双下肢的骨性结构等长，但由于下肢髋、膝、踝、足弓等关节对位不良导致的双下肢不等长。例如，单侧低足弓或单侧膝关节过伸等，可能使得一侧腿视觉上显得较短，骨盆两侧高低不等。此类双下肢不等长并非结构性问题,可以通过训练得到矫正。

(2)产生原因。不良的姿势习惯(如翘二郎腿)、肌肉失衡(如双侧不对称的低足弓、膝关节过伸/内翻/外翻等)、下肢关节疼痛导致的重心偏移、双眼视力差异过大等都可能导致功能性双下肢不等长。每个人的情况可能有所不同,通常还会引发一系列其它的代偿反应,因此矫正过程中需具体评估。

2. 结构性双下肢不等长

(1)概念。结构性双下肢不等长指的是下肢骨骼的实际长度不一致,通常由股骨和胫骨的长度不等引发,少数情况下可能由足部的跟骨和距骨高度不等引起。因双侧骨性结构的绝对长度不一致,可能导致骨盆向短腿侧倾斜。这类问题属于需要医疗介入的临床疾病,能否进行康复训练需要经过医生的系统评估和治疗。

(2)产生原因。结构性双下肢不等长通常与病理性因素或儿童青少年时期受过的创伤(如骨折、摔伤等)有关。包括髋关节疾病(如先天性髋脱位、股骨头骨骺滑脱/坏死、先天性髋内翻等)、膝关节疾病(如严重的膝关节内翻/外翻/屈曲挛缩畸形)、踝关节疾病(如马蹄足、内翻足等)、长骨骨干畸形(如创伤后股骨或胫骨骨缺损、畸形愈合,下肢肿瘤影响肢体发育减缓或过度生长,先天性胫骨假关节等)、下肢神经受损(如脊髓灰质炎后遗症、腓总神经损伤、脑梗后膝过伸等)。

3. 先天性双下肢不等长

(1)概念。在病史采集和评估过程中,如果未发现有显著的先天性疾病,儿童青少年的整体发育和运动能力正常,但存在双下肢不等长的情况,通常发生在股骨和胫骨,即为先天性不等长。这些情况在腰痛、脊柱侧弯的儿童青少年中占有一定的比例。

(2)产生原因。医学上对先天性不等长的双下肢并没有明确的病因,通常认为与先天的发育有关。双下肢的长度差值可能随年龄的增长而变大,直至生长发育结束。因此,发现先天性双下肢不等长的生长期儿童青少年,需要对双侧不等长的差值进行定期监测,及时发现差值的变化,调整治疗方案。

二、双下肢不等长的危害

双下肢不等长会影响人体在站立、步行或跑动时的身体支撑,这可能导致一系列的身体代偿,进而影响身体结构和功能。如果不等长的范围不超过 1 cm,身体通常能自我调整以保持平衡,这种差异在外观上并不明显,也不易引发不适症状。然而,超过 2 cm 的长度差异,可能已超过身体的自我调整能力,从而出现身体左右不平衡的表现。

(1)影响步态和体态。在双下肢长度不一的情况下,短腿着地时,下肢的长度会减小,身体向短腿一侧倾斜,导致走路或跑步时上半身晃动明显,两侧的步长和承重时间不一致。短腿可能会增加足踝和趾部的弯曲以增加长度,帮助保持身体平衡。长腿则可能出现内翻、外翻或过度伸展、弯曲,以减小长度,协助保持平衡。脊柱和骨盆的检查结果可能显示骨盆向短腿一侧倾斜,伴有骶髂关节的轻度旋转或错位,腰椎向短腿侧弯曲,胸椎可能向长腿侧形成代偿性弯曲,最终导致肩部高低不同,甚至头部可能偏离重力线。总体而言,由于双下肢长度不等,身体可能出现一系列左右不平衡的代偿反应,大大增加了关节疼痛的风险。

(2)影响身体的力学平衡。双侧的力学不平衡,不仅会出现如脊柱侧弯、骨盆倾斜、膝关节屈曲、跟腱挛缩等不对称和不平衡的表现，同时也会影响双侧的负重，增加下肢和脊柱疼痛的风险。通常，短腿一侧的承重会多于长腿侧，这样的负重增加可能导致短腿侧关节先出现疼痛，膝关节疼痛尤为常见，大部分为劳损性疼痛，少数可能伴有膝关节组织损伤，如半月板损伤、软骨损伤等。由于腰椎向短腿侧弯曲，长腿侧的肌肉和软组织可能出现短缩，表现为长腿侧腰痛，久坐或运动后疼痛可能增加。胸椎和颈椎的代偿形式各异。

（3）严重的双下肢长度不一可能导致脊柱侧弯，严重影响儿童青少年的日常生活、学习和工作，可能产生自卑、焦虑等心理问题。

子任务二　双下肢不等长的评估

双下肢长度的差异越大，越易被发现，其影响也越显著。在进行体态评估时，教练应对双下肢不等长问题进行常规筛查。对于表现出双下肢不等长症状的儿童青少年，进一步进行影像学的精确检查是必要的。

一、体态观察

体态观察可以帮助我们发现一些双下肢可能不等长的迹象。如果下述问题中有 3 个或 3 个以上的表现，则有理由高度怀疑存在双下肢不等长的情况。

（1）足踝部。足弓不对称，双侧内/外踝高度不同。

（2）膝部。膝关节的角度或内外翻不对称。注意关注的重点不仅是形态的异常，更重要的是双侧的对称性。髌骨和膝部横纹的高度不同。

（3）髋部。大腿和臀部肌肉不对称，双侧股骨大转子和臀部横纹的高度不同。

（4）骨盆和脊柱。骨盆倾斜，脊柱各节段左右不对称。

二、双下肢不等长差异测量

将坐标纸贴在墙面或其他平整固定的物体上，被测者以日常站立姿势，赤足背对着坐标纸站立。选取股骨大转子点作为标志点，测试者在被测者髋骨下方两侧寻找并触碰到明显的方形突起，即为测量点——股骨大转子点。如果让被测者踏步或进行单腿转髋的动作，可以明显感到股骨大转子的转动。

定位股骨大转子点后，使用直尺将其标记在坐标纸上。左侧股骨大转子到地面的垂直距离记为 i，右侧股骨大转子到地面的垂直距离记为 j。左侧股骨大转子高度（i）减去右侧股骨大转子高度（j）的差值记为 y，即 $y=i-j$，单位为厘米（cm）。如图 3-64 所示。

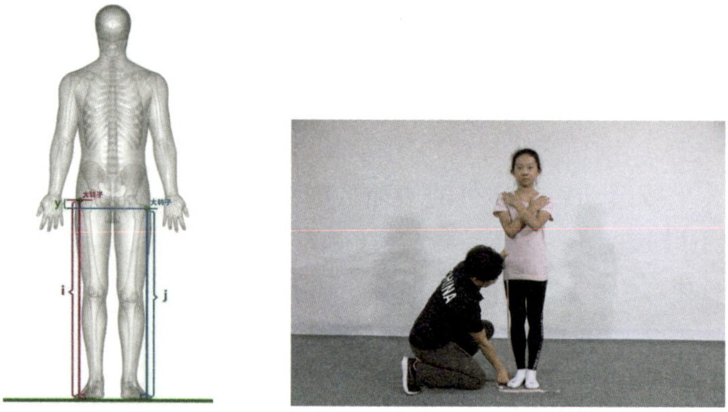

图 3-64　双下肢不等长的测量

1. 股骨/胫骨差异的检查

通过测量股骨大转子到地面的距离差，我们可以确定是否存在双下肢不等长的问题，但无法明确问题所在的具体部位。以下介绍 2 种可以大致确定长度差异部位的方法。

（1）方法一。在仰卧放松的姿势下，屈髋屈膝，双脚并拢。观察两侧膝盖的高低，较高的一侧的小腿通常会长一些。如果大腿下段两侧的高度不一致，通常意味着胫骨长度不等。如果髌骨位置处两侧高度不同，则通常表示股骨长度不等。如图 3-65 所示。

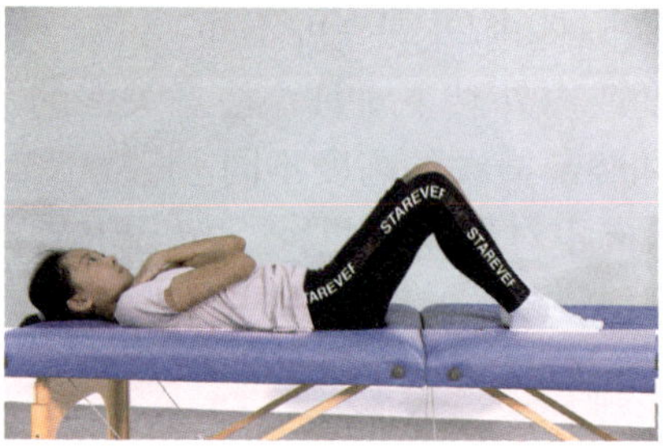

图 3-65　双下肢不等长的检查评估

（2）方法二。直接测量左右腿的长度，一般从股骨大转子点到外踝下缘。也可以分别测量大腿和小腿的长度——大腿从股骨大转子点到股骨外侧髁下缘，小腿从胫骨平台外侧缘到外踝点。如果骨性结构长度不一致，可能性更大的是结构性双下肢不等长。反之，如果骨性结构长度一致，可能性更大的是功能性双下肢不等长。如图 3-66 所示。

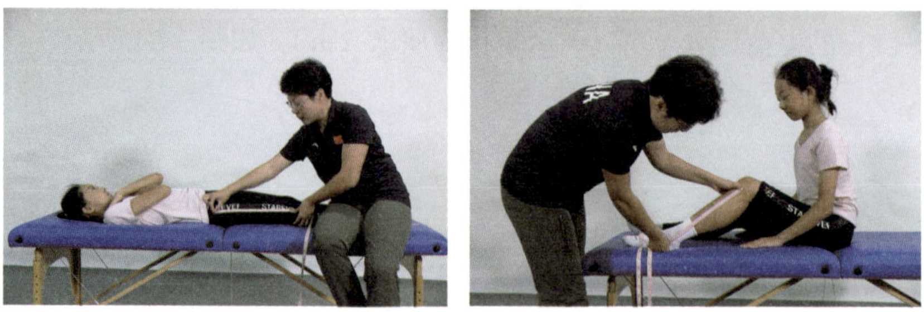

图 3-66　胫骨和股骨长度的测量

2. 双下肢不等长的确诊

双下肢的长度由骨(股骨、胫骨、足踝部各骨)以及下肢关节(髋、膝、踝、足弓)共同构成的机械轴长度所决定。若要确认不等长的原因,最直接的方法便是采用全长下肢X线片,以便发现骨骼结构和关节力线的问题。拍摄时,需要注意以下2点要求。

(1)应在站立/负重的状态下拍摄,这样能更真实地反映骨和关节的实际状况。由于坐位和卧位没有体重的影响,所以不能全面反映实际情况。

(2)拍摄的下肢全长应包括整个骨盆至整个足部,以全面反映下肢的力线情况。

在X线片上,我们可以精确地测量骨骼长度、关节角度等多方面的信息,这为后续的治疗和干预提供了支持,如图3-67所示。

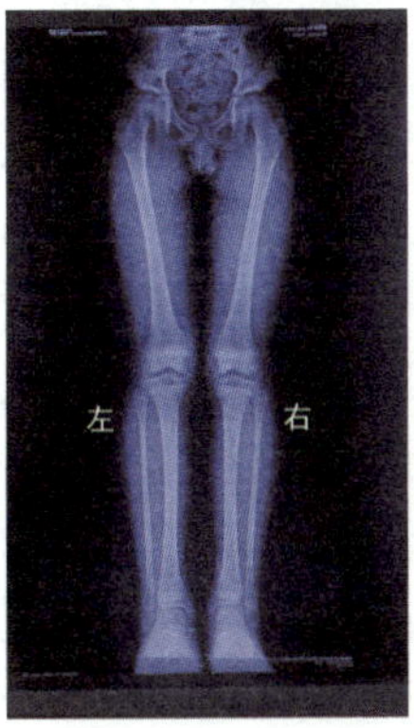

图3-67　下肢全长X线(10岁,男,右胫骨比左胫骨短6 mm)

三、双下肢不等长的矫正

对于双下肢不等长的原因、表现和程度不同,治疗建议也会有所不同。

(1)针对功能性双下肢不等长,我们应重点对存在问题的关节部位进行干预和训练,并在必要时选配矫形鞋垫。

(2)针对结构性双下肢不等长,我们应先进行医学检查和治疗,由医生优先治疗引发双下肢不等长的疾病,再进行功能训练。如若确定训练效果无法从根本上解决长短问题,应及时选配矫形鞋垫或定制矫形鞋,以免引发更为严重的代偿问题。

(3)针对先天性双下肢不等长,我们应首先进行X线检查,明确差异存在的部位及其程度。通常,需利用矫形鞋垫将短腿垫高,并配合功能训练以达到左右两侧的平衡。

(4)在双下肢不等长的矫治过程中,矫形鞋垫起着举足轻重的作用。特别是在双下肢不等长差异超过1 cm时,单纯的训练已无法解决双下肢不等长的根本问题。

思考与实践

(1)有哪些因素会影响下肢长度的不等?

(2)请两人互相评估双下肢是否存在长度不等。

(3)根据评估结果进行相应的矫正训练。

项目四　骨盆与脊柱常见体态问题矫正训练

思政园地

2021年9月，教育部等5部门联合印发的《关于全面加强和改进新时代学校卫生与健康教育工作的意见》，要求修订《中小学生健康体检管理办法》，将脊柱健康检查纳入中小学生体检项目。每年开展一次学生体质健康监测，每3年开展一次国家义务教育阶段学生体质健康监测，每5年开展一次全国学生体质健康监测与调研，以全面开展学生常见病及健康影响因素监测与干预评价，完善对身体姿态项目的常规检测。

2021年11月，国家卫健委疾控局组织编写的《儿童青少年脊柱弯曲异常防控技术指南》，将脊柱弯曲异常筛查项目纳入每学年或新生入学体检内容，做好儿童青少年脊柱健康监测工作。早检测、早发现、早干预，通过筛查及时发现存在身体姿态异常问题的学生，并告知家长带其到专业机构进行矫正干预。学校应根据学生身体发育特征，及时调整课座椅高度，提醒学生使用双肩书包，背书包时避免单侧肩部长时间负重，最好是两侧肩部轮流负担。日常书写中要养成良好的坐姿习惯，注意头颈、脊柱、腰臀和双腿的正确摆放，不要跷二郎腿。这样可以充分发挥学校在防控身体姿态异常中的作用。骨盆与脊柱作为身体骨骼的重要部位，更容易出现问题。教育工作者及家长要高度关注儿童青少年的骨盆与脊柱出现的异常情况，及时进行评估与运动矫正训练，及早纠正错误姿势和异常体态，促进身体健康。

项目导入

骨盆位于脊柱的最下方，是我们身体的中转站，承上启下，对身体的平衡稳定起着至关重要的作用。一旦骨盆出现问题，会导致身体出现许多问题，对我们的脊柱及下肢会造成一定的影响。很多人在生活中习惯性地单侧背包、翘二郎腿、盘腿坐等，这些动作都会导致骨盆发生倾斜。所以，发现并及时纠正骨盆与脊柱问题，对生长发育期的儿童青少年来说是非常重要的。

任务一　骨盆与脊柱相关知识的认知与评估

骨盆是人体躯干和下肢连接的重要部位，在结构和功能上都起着承上启下的作用。躯干是人体的中轴线，是身体姿态问题较为高发的部位。

现代人依赖电子设备、久坐少动的生活方式，这导致脊柱僵硬、疼痛，使椎间盘突出的风险大大增加。国内外的很多研究显示，脊柱疾病，特别是以颈腰椎疼痛为代表的慢性劳损性疾病，有年轻化的趋势。对于儿童青少年来说，在应对繁重学业的同时，更要注意保持正确的身体姿态，以避免发生颈腰疼痛的问题。

学习任务

（1）能够应用正确的评估方法对骨盆与脊柱姿态进行评估。
（2）能够针对骨盆和脊柱存在的问题进行针对性的矫正训练。

学习目标

知识目标

（1）了解骨盆与脊柱姿态发生异常的原因。
（2）熟悉骨盆与脊柱姿态评定方法及注意事项。
（3）掌握骨盆与脊柱的矫正训练方法。

能力目标

（1）能应用颈部评估方法对脊柱姿态进行正确的评估。
（2）能应用胸部评估方法进行正确的评估。

素养目标

（1）培养学生严谨认真的学习态度。
（2）培养学生科学求实的精神。
（3）培养学生关爱儿童青少年，以身作则的职业素养。

子任务一　骨盆与脊柱的力学结构认知

一、骨盆的三维位置

骨盆是人体重心所在位置，具有重要的三维结构和位置关系。当骨盆处于正常位置关系时，上方的脊柱受力是正常的。如果骨盆位置异常，上方的脊柱会发生代偿性调整，长此以往会导致脊柱不适和疼痛。围绕矢状轴，骨盆在左右方向上是对称的，且等高，表现为双侧的髂前上棘、髂后上棘、坐骨结节在同一水平面上。如果不在同一水平面上，则需要判断是否存在侧倾或单侧前后倾。围绕冠状轴，骨盆可以前倾或后倾。

二、脊柱的生理弯曲

从侧面看，脊柱有四个生理曲度，分别是向前的颈曲、腰曲，向后的胸曲和骶曲。脊柱就像一个大弹簧，能缓冲震荡，保护大脑和内脏。生理曲度扩大了躯干重心在基底的面积，增强了直立姿势的稳定性。

当脊柱曲度异常改变时，脊柱内在平衡被破坏，载荷力线与弧度顶点的垂直距离随时间增加。在这个过程中，人体会动用所有力量来恢复脊柱的稳定，比如肌肉会代偿性增粗，相邻运动节段会发生力学代偿。

1. 颈椎生理弯曲

正常颈椎生理曲度凸向前，以半径为 17 cm 的圆弧为标准。曲度增加可提高柔韧性，减轻承重力；曲度减少会降低柔韧性，增加承重力。当颈椎曲度减小甚至反张（即凸向后方）时，柔韧性和承重力均减弱。颈椎生理曲度异常会导致小关节容易受损，椎体边缘易产生骨刺，椎间盘易受损并退化，出现膨出、突出，压迫神经根及脊髓，引起各型颈椎病相关的症状。

2. 胸椎生理弯曲

胸椎后凸角度正常范围为 20~50°，平均为 45°。胸椎的曲度从 T1~T2 开始向下到 T12（第 12 胸椎），通常 T6~T7 为顶点。胸椎的曲度受后天姿态影响很大。不正确的坐姿或站姿会增大胸椎后凸，形成驼背的异常姿态，同时使腰曲增大，颈曲减小，还可能压迫胸腔脏器，影响其正常功能。

胸椎的屈曲和伸展平均为 6°，由上到下活动度逐渐增加，上段胸椎平均为 4°，中段为 6°，下段为 12°。由于关节突和棘突的挤压，胸推伸展受到比屈曲更严重的限制。

3. 腰椎生理弯曲

正常的腰椎生理弯曲度符合人直立行走的结构力学要求，以半径为 24 cm 的圆弧曲度为标准。具有柔韧性和弹性，承重能力也强。若腰椎的生理弯曲过大，则承重能力和稳定性减弱，柔韧性和弹性增强。但由于力学代偿，极易导致驼背。若腰椎的生理曲度减少、变直甚至反弓，则腰椎的柔韧性、弹性、承重能力和稳定性均减弱。

非正常的腰椎弯曲偏离了正常的脊椎生物力学结构，不利于肌肉活动。运动时肌肉容易受拉伤，运动时的压力与冲击力没有缓冲，直接冲击到椎间盘，极易造成椎间盘损伤与退化，导致椎间盘膨出、突出，甚至椎管狭窄、脊柱侧弯、腰椎滑脱等。

4. 骶尾椎生理弯曲

骶尾椎生理弯曲向后凸，几乎不可动。骶骨左右倾斜和左右旋转会使腰椎协同出现侧弯和扭曲，增加腰椎内的扭力、剪力、内部张力等，减弱了腰椎的功能，容易造成腰椎在劳动与运动中的损伤和退化。骶尾椎垂头运动时，躯干的重心力对骶骨有向下的作用，使骶骨有向下运动的趋势。骶骨通过力的传导对髂骨也有向下的力，使髂骨出现向前、向下的运动趋势，从而造成腰椎弯曲过度。

脊柱正常与异常的生理弯曲，如图 4-1 所示。

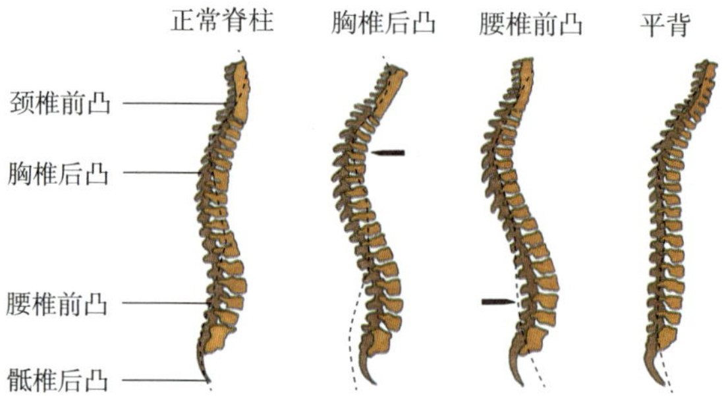

图 4-1　脊柱正常与异常的生理弯曲

子任务二　脊柱活动度评估

脊柱能够进行前屈、后伸、左右侧屈和左右旋转这 3 种围度、共 6 个方向的运动。常用的脊柱活动度有两种测量方法，一种是使用关节角度尺进行测量，优点是可以得到相对准确的角度数据，缺点是不容易确定脊柱骨性标志点的准确位置，从而产生较大的测量误差。第二种是用特定的距离代表关节的活动范围，优点是简单易学、操作方便，缺点是可能存在临近关节的代偿或影响，属于多关节的复合运动。本节内容主要介绍第二种方法。在评估时，需注意双侧的对称性和做动作时的感觉，这些发现能帮助教师分析脊柱可能存在的问题。

一、颈部活动度评估

在坐位或站立时，面向前方，保持头部正中位，微微收下颌。用下颌或耳垂到胸骨上窝或肩峰的距离，代表颈部各方向的活动范围。注意在评估时，只动颈部，胸部和肩部保持不动。如图 4-2 所示。

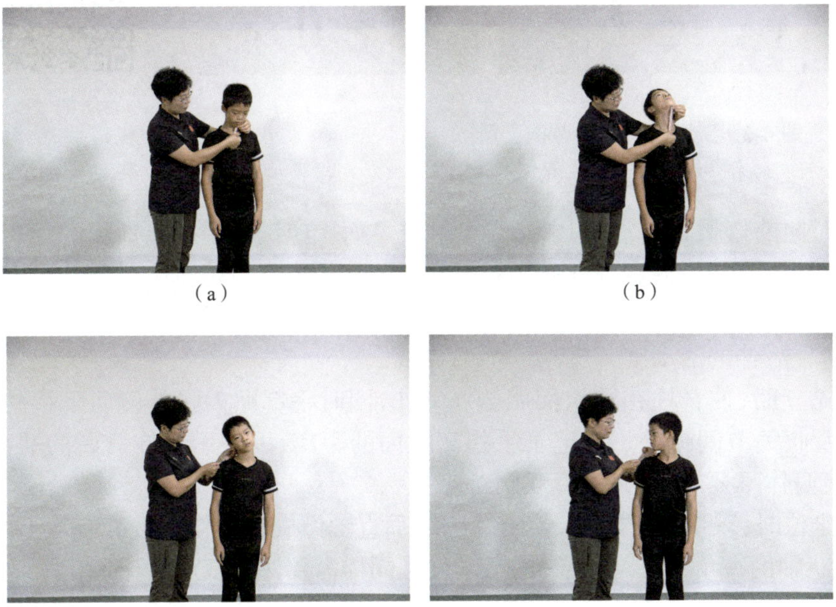

(a)　(b)　(c)　(d)

图 4-2　颈部的活动范围测量

(a)屈曲　(b)伸展　(c)侧屈　(d)旋转

视频 颈部的活动范围测量

(1)屈曲。低头向下，正常时下颌可碰到胸骨上窝。如果受限，可用皮尺测量下颌到胸骨上窝的距离，代表颈部屈曲受限的程度。距离越大，代表屈曲受限越明显。

(2)伸展。抬头向上，正常时可抬至下颌骨与地面平行。如伸展受限，可用皮尺测量与伸展方向相反的下颌到胸骨上窝的距离，代表颈部伸展受限的程度。

(3)侧屈。头部沿冠状轴左右侧屈，正常情况下，侧屈角度可达 45° 且双侧对称。可用皮尺测量耳垂到肩峰的距离，代表颈部侧屈的角度。双侧的差值更能反映颈椎侧屈的受限程度。

（4）旋转。颈部沿垂直轴左右旋转，此时可以测量旋转过程中下颌的横向移动距离，即下颌到肩峰的距离。注意旋转时只动头部，不要转动整个上半身，双侧进行对比。正常旋转角度为 60°~80°，应双侧对称。

注意动作过程中是否有疼痛或受限的感觉。如有疼痛，建议就医检查。如果僵硬，牵拉感明显，可以通过放松颈部周围的肌肉得到缓解。

二、胸腰部活动度评估

脊柱是一个整体，胸椎和腰椎的活动范围无法完全分开。躯干各方向的活动是多节段椎体联合运动的结果，可以通过手部能触及腿部的位置来评估胸腰椎的活动范围。如图 4-3 所示。

（a） （b） （c）

图 4-3　胸腰椎的活动范围测量

（a）前屈　（b）后伸　（c）侧屈

视频　胸腰椎的活动范围测量

（1）前屈。站立时向前弯腰。正常时，中指尖可触及足面。应记录手指离地面的距离，以表示脊柱前屈的活动度。同时，注意观察弯腰时腰部和背部的形态是否对称。

（2）后伸。站立时使脊柱向后伸展。正常时，中指尖可触及大腿中段。记录此时手指离地面的距离，表示脊柱后伸的活动度。

（3）左右侧屈。站立时，使脊柱在冠状面做侧屈动作，同时手部贴大腿外侧向下移动。正常时，中指尖可触及膝关节间隙处。应记录手指离地面的距离，以表示脊柱侧屈的活动度。在此过程中，注意身体不要旋转，并进行双侧对比。

（4）左右旋转。坐位时，双手抱于胸前，使脊柱围绕垂直轴做旋转动作。教练应从上向下观察双肩连线与冠状轴的夹角，以评估旋转的活动度。同样需要注意双侧对比。

思考与实践

（1）影响骨盆与脊柱姿态的因素有哪些？

（2）两人相互评估骨盆与脊柱姿态。

（3）如存在不良姿态，请根据评估结果进行矫正练习。

任务二　骨盆及腰椎问题的纠正性训练

骨盆位于身体中间，连接躯干和下肢。它既容易受到下肢不平衡的影响，又会向上影响脊柱。因此，评估并及时纠正骨盆的不对称、不平衡问题对整体姿态恢复非常重要。

学习任务

（1）能够运用正确的评估方法对骨盆及腰椎姿态进行评估。

（2）能够针对骨盆及腰椎姿态出现的问题进行针对性矫正训练。

学习目标

知识目标

（1）了解骨盆及腰椎姿态发生异常的原因。

（2）熟悉对骨盆及腰椎足部姿态评定方法及注意事项。

（3）掌握骨盆及腰椎异常姿态的矫正训练方法。

能力目标

（1）能够运用正确的评估方法对骨盆及腰椎姿态进行评估。

（2）能够分析评估结果并找出问题。

（3）能对骨盆及腰椎姿态出现的问题进行针对性矫正训练。

素养目标

（1）培养学生严谨认真的学习态度。

（2）培养学生科学求实的精神。

（3）培养学生关爱儿童青少年，以身作则的职业素养。

子任务一　骨盆及腰椎曲度评估

一、骨盆位置的评估

通过观察骨盆骨性标志点的位置来判断骨盆的位置。

（1）方法一。正常情况下，髂前上棘和髂后上棘在同一水平线上或髂前上棘略低于髂后上棘。连接髂前上棘和髂后上棘，形成直线 g，过髂后上棘画出与水平线平行的线 h，计算两线的夹角。骨盆处于中立位时为“0”度；以 h 为参照，g 向下旋转为负值，表示骨盆前倾；以 h 为参照，g 向上旋转为正值，表示骨盆后倾。所有角度记为 β，单位为度（°）。如果双侧的髂前上棘和髂后上棘高度不同，则为骨盆侧倾。如图 4-4 所示。

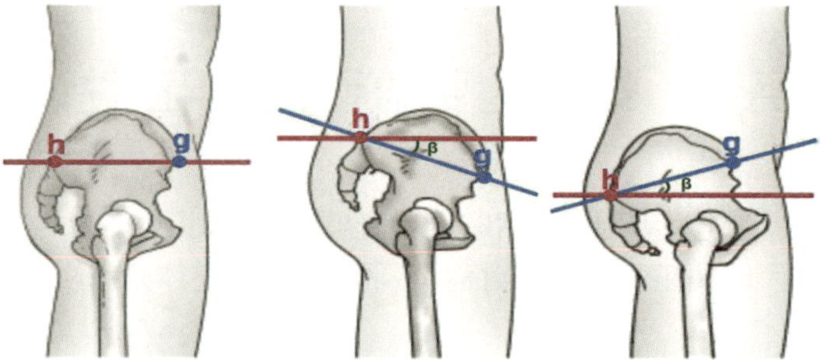

（a）　（b）　（c）

图 4-4　方法一：对比髂前上棘与髂后上棘的高度

（a）中立位　（b）骨盆前倾　（c）骨盆后倾

（2）方法二。正常站立时，髂前上棘与耻骨联合在同一冠状面上。如果髂前上棘突出超过耻骨联合，则为骨盆前倾。反之，如果耻骨联合突出超过髂前上棘，则为骨盆后倾。如图 4-5 所示。

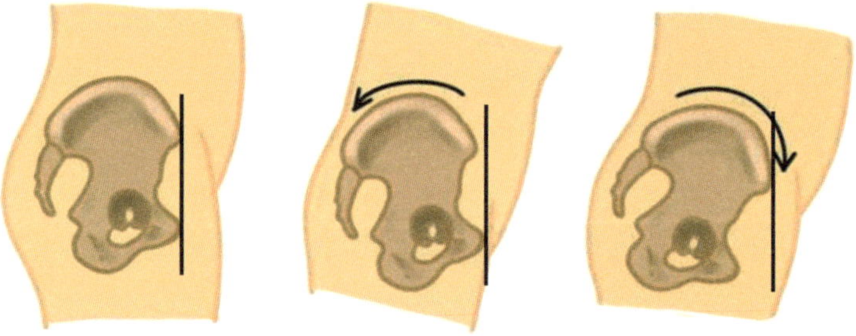

（a）　（b）　（c）

图 4-5　方法二：对比髂前上棘与耻骨联合的位置

（a）骨盆中立　（b）骨盆后倾　（c）骨盆前倾

（3）方法三。在站立位进行 X 线的侧位片拍摄，测量骨盆相关数据。例如，测量骶骨上缘延长线与水平线的交角（骶骨上倾斜角），即腰骶角。立位照片平均为 30°，一般不应超过 45°。角度越大，脊柱越不稳定。，如图 4-6 所示。

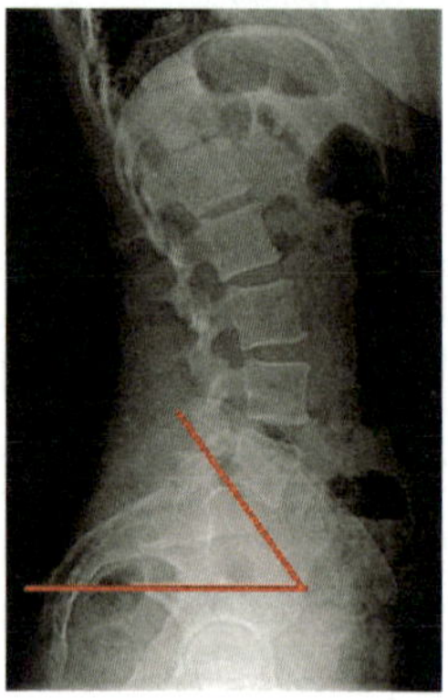

图 4-6　方法三：使用 X 线片测量腰骶角

二、腰椎曲度

正常情况下，腰椎向前曲度约为 26°，在站立时通过腰部 X 线片测量最为准确。如果没有 X 线片，教练也可以使用简便的方法进行评估。

让被测试者双脚脚后跟、臀部、后背、头部枕骨贴近墙面，将手掌放入腰部后方。若一只竖拳（手握拳竖放：拇指在上，小指在下）刚好穿过，腰椎弧度正常。若一只横拳（手握拳横放：拇指对墙，小指对背部）能穿过，说明腰椎弧度过大，骨盆明显前倾。若手掌打开才可穿过，说明腰椎曲度过小，存在骨盆后倾情况。

腰椎曲度过大或过小，都会影响腰椎小关节之间的受力，引起肌肉张力失衡，从而诱发腰痛。如图 4-7 所示。

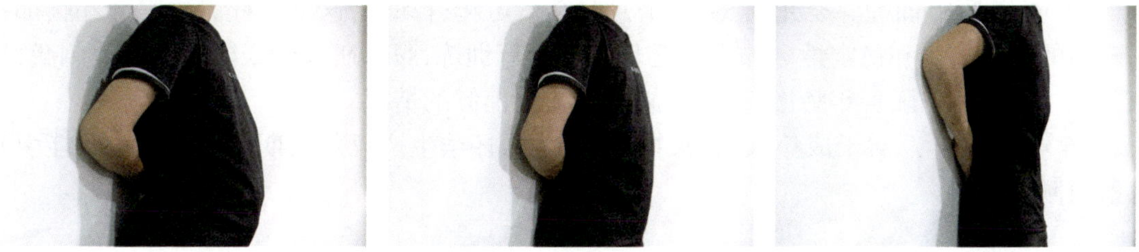

（a）　（b）　（c）

图 4-7　腰椎曲度测量

（a）腰椎曲度过大　（b）腰椎曲度正常　（c）腰椎曲度过小

子任务二　骨盆前倾伴腰椎曲度增加的矫正训练

一、概念

骨盆前倾又称下交叉综合征，是骨盆位置偏移的异常体态，即相对于正常位置，骨盆向前倾斜一定角度，导致髂前上棘移动到耻骨联合之前的位置。最明显的症状是臀部后凸，腰臀比、BMI 值和体重仍在正常范围，但小腹仍然前凸。如图 4-8 所示。

图 4-8　骨盆前倾

二、原因

骨盆前倾常见于久坐者、孕妇、高跟鞋穿着者，以及一些进行不对称重量训练、健身的人。引起儿童青少年骨盆前倾的主要原因有以下 6 种。

（1）久坐。当人体长时间保持坐姿时，会导致屈髋肌紧张，而伸髋肌由于得不到足够的锻炼而变得松弛。因此，在从坐位变为站立时，就容易出现骨盆前倾的姿态。

（2）不良姿势。在日常坐、站、走的过程中，如果不注意自己的身体姿势，例如站立时突出腹部、重心偏向一只脚，走路时伸髋动作较少而喜欢向前顶腹部等，长期积累就可能造成骨盆前倾。

（3）超重和肥胖。超重和肥胖时，腹部脂肪积聚，使得身体重心前移，进而引起骨盆前倾。

（4）不对称训练。例如在进行网球、排球等运动时，需要采取预蹲姿势做准备，并进行双侧不对称动作。如果在训练过程中不注意拉伸和放松肌肉，很容易导致骨盆前倾。

（5）缺乏爬行训练。婴儿在 8~10 个月时会学习爬行动作，这个过程需要腹部和腰部具备较强的控制能力和稳定性。如果缺乏足够的爬行训练，腹部肌肉就未能得到有效刺激，导致腹肌力量不足。随着年龄增长，就容易出现骨盆前倾的情况。

（6）其他因素。对于成年人来说，特别是女性，怀孕生产以及长期穿高跟鞋也可能引起骨盆前倾。

三、危害

骨盆前倾带来严重危害，因为脊柱和下肢关节需要代偿骨盆前倾引起的重心前移，这会破坏原有脊柱在矢状面上的平衡，从而导致一系列问题。

（1）影响腰椎曲度。骨盆前倾时，腰椎的曲度会代偿性增加。腰椎前部椎间隙会扩大，后部椎间盘和关节突关节会受到压迫，进而导致腰痛、椎间盘突出，甚至增加腰椎滑脱的风险。如图 4-9 所示。

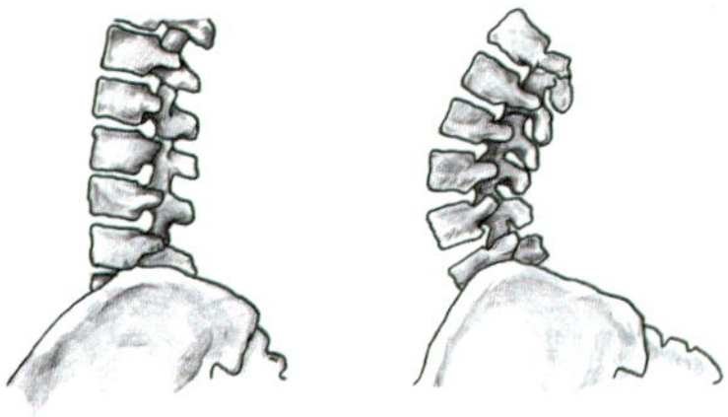

（a）　　（b）

图 4-9　骨盆前倾引起腰椎曲度增加

（a）正常骨盆　（b）骨盆前倾时腰椎曲度增加

（2）影响胸椎和颈椎的曲度。腰椎曲度增加会向上发展，进而影响胸椎和颈椎的肌肉，引起生物力学变化。通常，胸椎后凸会增加，以平衡重心，这会导致驼背。此外，还会向上引起颈部前伸，进而导致胸椎僵硬和背部疼痛，甚至使颈椎曲度减少，甚至变为反弓。

（3）影响盆腔脏器。骨盆前倾会拉长腹部肌肉，降低腹腔压力，进而减少腹式呼吸，增加胸式呼吸。腹腔压力减小除了会增加腰痛的风险外，还会导致便秘和胃肠消化吸收功能障碍。而胸式呼吸增加则会引起颈部疼痛和颈椎曲度变化。

（4）影响下肢关节。骨盆前倾时，髋关节会处于明显的屈曲、内旋位，这容易加重下肢内八字、膝内翻、膝过伸等问题，进而导致膝关节疼痛。

四、肌肉的变化

骨盆前倾的主要原因是身体前后的肌肉不平衡，具体表现为腹部肌肉力量过弱、下背部肌肉过紧、臀部和腘绳肌力量不足，以及髋部屈肌过于紧张，这些因素共同作用导致骨盆向前旋转。骨盆前倾的解剖学分析如图 4-10 和表 4-1 所示。

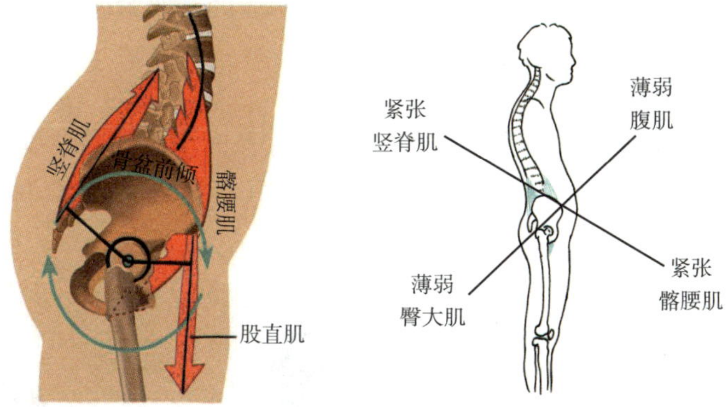

图 4-10　骨盆前倾（下交叉综合征）时肌肉的变化

表 4-1　骨盆前倾的解剖学分析

	缩短的肌肉	被延长的肌肉
骨盆前倾	竖脊肌 髂腰肌 股直肌 阔筋膜张肌	腹直肌 臀大肌 腘绳肌

骨盆前倾会导致髂腰肌、股四头肌、竖脊肌变短和变硬，而臀大肌、腘绳肌、腹直肌会被动拉长并力量下降。因此，在治疗骨盆前倾时，需要检查髂腰肌、股四头肌和竖脊肌的长度。如果发现 Thomas 试验呈阳性，则需要对这些肌肉进行牵拉和放松。同时，要检查臀大肌、腘绳肌和腹直肌的力量。如果发现它们的肌肉力量下降，则需要对这些肌肉进行力量和耐力训练。

（一）Thomas 试验

该试验主要用于检查髂腰肌和股四头肌的长度，如图 4-11 所示。具体检查方法如下。

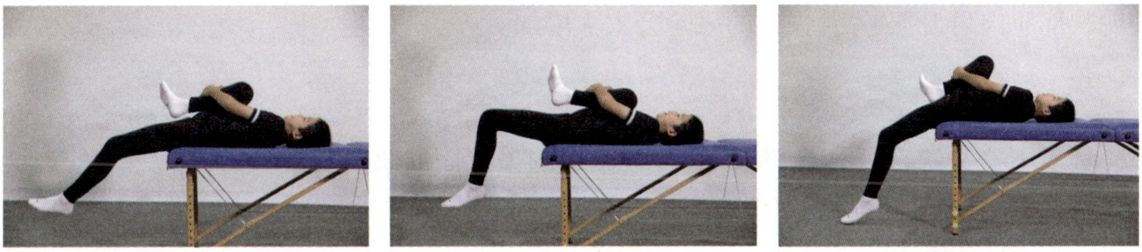

（a）　（b）　（c）

图 4-11　Thomas 试验

（a）正常　（b）髂腰肌紧张　（c）股四头肌紧张

（1）被测试者将臀部贴紧床沿，骶骨放在床面上，大腿置于床外，保持仰卧位。

（2）主动屈曲一侧髋关节，双手尽力将膝盖向胸前抱紧，使大腿贴于腹部，以固定骨盆，消除腰椎前凸的影响。

（3）另一侧大腿自然放松。测试者观察被测试者大腿的位置，判断紧张的肌肉。

①如果大腿与地面平行且无外展，膝关节屈曲超过 90°，则为正常（阴性）。

②如果大腿向上翘起，膝盖高于床面，说明髂腰肌紧张。

③如果小腿向上翘起，膝关节屈曲小于 90°，说明股四头肌紧张。

④如果大腿外展，说明髂胫束紧张。

（二）腰腹部肌肉力量检查

骨盆前倾的个体，一般肌肉耐力都较差，这类人在长时间弯腰后常会出现腰部酸胀无力的症状。我们可以对儿童青少年进行腰部肌肉耐力测试，如图 4-12 所示。具体动作和测试标准如下。

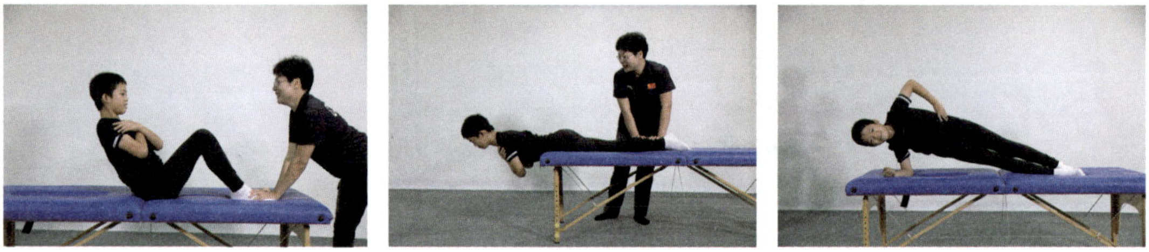

（a）　（b）　（c）

图 4-12　腰部肌肉耐力测试

（a）腹肌测试　（b）背肌测试　（c）侧腹肌测试

（1）腹肌测试。屈膝屈髋 90°，双脚踩于床面，上身保持与地面呈 45° 的夹角，双臂抱于胸前，躯干和颈部要挺直。保持此姿势直到无法维持为止，同时记录保持的时间。

（2）背肌测试。测试者呈俯卧位，下肢固定于床上，确保髂前上棘抵于床边。上肢及躯干置于床外，测试时背部用力，保持躯干与下肢在一条直线上。记录保持的时间。

（3）侧腹肌测试。测试者呈身体侧卧位，肩外展 90°，屈肘 90°，以前臂和脚部为支撑点。位于下方的腰部发力，使臀部抬离地面，直至躯干的中线与地面成一条直线。记录保持的时间。

腰肌耐力测试的参考值为：屈肌 70~130 s，伸肌 140~180 s，侧屈 90 s。若测试中出现左右侧差异大于 5%、屈曲时间大于伸展时间、侧屈时间超过伸展时间的 75%等任一情况，则表明腰部肌肉耐力不平衡，损伤的风险会大大增加。

五、骨盆前倾身体姿态纠正性训练方案

针对下交叉综合征，应调整骨盆和腰椎周围矢状面的肌肉长度和力量，以恢复其平衡性，进而帮助骨盆复位，减少对腰椎的不良影响。

（一）抑制和拉长

1. 牵拉髂腰肌

内容与股骨内旋型膝内翻身体姿态纠正性训练方案抑制和拉长牵拉髂腰肌相同。

2. 泡沫轴滚压腰部

【作用原理】通过泡沫轴的压力，放松腰背部的肌肉，减轻腰痛和骨盆前倾。

【技术要领】屈膝屈髋，仰卧于垫上，将泡沫轴置于腰部一侧，同侧肘关节支撑，进行上下滚动。完成一侧滚压后，换另一侧进行。如图 4-13 所示。

【次数与组数】15~20 次/组，3~5 组。

【注意事项】收腹，保持核心稳定。

【温馨提示】滚动过程中如遇到痛点，可在痛点周围进行滚压，待疼痛缓解后再集中进行滚压。

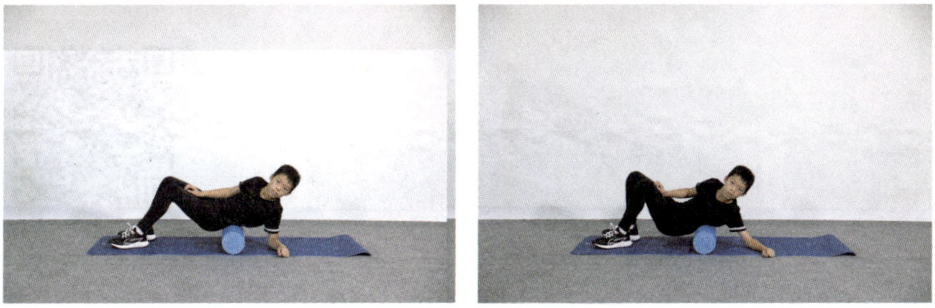

图 4-13 泡沫轴滚压腰部

视频 泡沫轴滚压腰部

3. 牵拉股四头肌

【作用原理】通过静力牵拉，放松股四头肌，特别是股直肌，可以减少骨盆前倾，帮助腰椎复位。

【技术要领】身体侧卧位，被牵拉侧在上方。下方的腿稍屈膝以增加稳定性，上方的腿保持髋关节中立位或稍后伸，同时屈膝至最大角度，用上方手握住脚踝，增加屈膝的力量。感觉大腿前侧的肌肉有牵拉感。如图 4-14 所示。

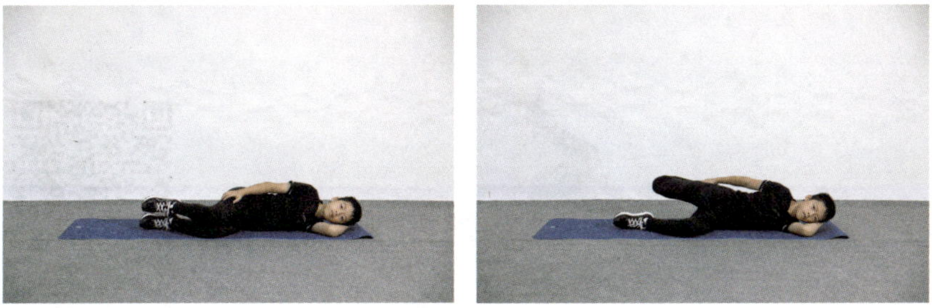

图 4-14 牵拉股四头肌

视频 牵拉股四头肌

【次数与组数】30 s/次，重复 2~3 次。

【注意事项】躯干保持平直，不要伸腰向后。

【温馨提示】根据肌肉牵拉的感觉调整牵拉的力度。

(二)激活和整合

1. 仰卧臀桥

【作用原理】进行臀大肌、背肌、腘绳肌的肌力及激活训练,抵抗自身体重,使臀肌牵拉骨盆后倾,减少骨盆前倾。

【技术要领】仰卧于垫上,屈膝 90°,双臂置于体侧。吸气准备,然后呼气将臀部抬起,同时骨盆后旋,尽可能让大腿与躯干呈一条直线。如图 4-15 所示。

图 4-15 仰卧臀桥

视频 仰卧臀桥

【次数与组数】15~20 次/组,3~5 组。

【注意事项】保持核心稳定,避免塌腰。

【温馨提示】如果坚持时间较长,可以通过抬起一条腿、单脚支撑增大训练强度。

2. 仰卧屈膝上抬

【作用原理】锻炼薄弱的腹肌,通过腹肌收缩牵拉骨盆后倾,以减少骨盆前倾。

【技术要领】仰卧于垫上,屈膝 90°,下背部紧贴地面,保持腹部收紧。然后双腿保持屈膝状态抬起,让大腿尽可能靠近腹部,然后匀速返回至起始姿势,过程中始终保持腰部贴紧垫子。如图 4-16 所示。

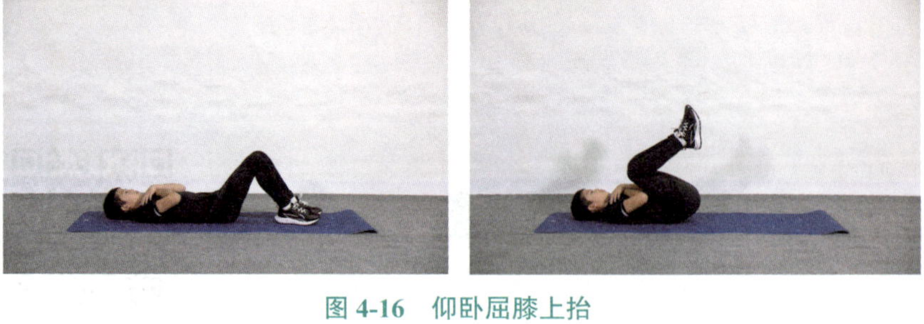

图 4-16 仰卧屈膝上抬

视频 仰卧屈膝上抬

【次数与组数】15~20 次/组,3~5 组。

【注意事项】保持核心稳定,避免塌腰,腹部用力为主。

【温馨提示】训练中保持呼吸顺畅,不要憋气。

3. 猫式骨盆前后倾练习

【作用原理】在四点支撑位,学习和感受骨盆前倾和后倾的动作,激活腹肌和臀肌。

【技术要领】四点支撑位，大腿和手臂与地面垂直，腹部收紧，保持身体与地面平行。腹部和臀部用力，先使骨盆向前旋转，腹部贴向地面，到最大范围后，再使用骨盆向后旋转，背部逐渐向上拱起至最高点。保持几秒钟后缓慢还原。如图 4-17 所示。

(a)　(b)　(c)

图 4-17　猫式骨盆前后倾练习

(a)准备动作　(b)骨盆前倾　(c)骨盆后倾

视频　猫式骨盆前后倾练习

【次数与组数】15~20 次/组，3~5 组。

【注意事项】腹肌收紧，四肢保持不动，动作缓慢，注意节奏。

【温馨提示】训练中保持呼吸顺畅，不要憋气。

六、注意事项

(1)骨盆前倾的儿童青少年在日常生活中需要注意改变不良的姿势和习惯，尤其是久坐、久站或站立时要尽量保持正确的姿势，站直并收腹，以减少骨盆前倾。

(2)避免摄入热量较高的食物，注意控制体重。如已超重或肥胖，应多参加户外运动，减轻体重，避免腹部脂肪堆积，例如游泳、跑步、骑自行车、跳绳，这些运动可以改善肌肉的不平衡状态。

(3)如出现腰痛症状，请及时就医，以检查腰椎力线和结构是否发生变化。如果已经出现腰椎间盘突出，请咨询医生和康复师，了解相应的治疗方案。

子任务三　骨盆后倾伴腰椎曲度减少的矫正训练

一、概念

站立时，髂前上棘与耻骨联合连线所构成的平面，在正常姿态下应垂直于地面。骨盆后倾与骨盆前倾相反，即骨盆位置向后倾斜一定的角度，此时耻骨联合的位置位于髂前上棘的前方。

骨盆后倾在人群中的发生率远低于骨盆前倾，然而，由于其本身也不符合人体正常的力学结构，因此也是引起姿态不良、诱发腰痛的原因之一。

二、原因

(1)骨盆后倾大多是由骨盆前后肌群受力不均匀所引起的，主要原因是臀肌和腹肌过度紧张，以及背肌和髂腰肌力量不足或肌肉萎缩。

（2）骨盆倾斜也是引起骨盆后倾的主要原因之一。骨盆倾斜可能是结构性的，也可能是功能性的，如骶髂关节错位。功能性的骨盆倾斜常与运动不当、跌倒后臀部着地、跑跳等因素相关。

（3）骨盆后倾还与错误的久坐姿态有关。特别是采用半仰弓腰坐位时，重心会落在骶骨上，而非坐骨上。同时，背肌被拉长，导致背肌无力，进而在站立时出现骨盆后倾和腰椎曲度下降。如图 4-18 所示。

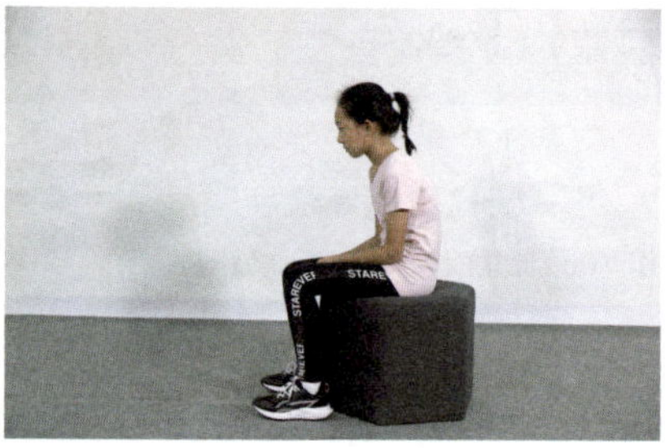

图 4-18　错误的坐姿引起骨盆后倾

三、危害

骨盆后倾时，会代偿性地引起腰椎前凸角度变小，使身体重心后移。胸椎上端接近腰椎的位置也会变得比较直。同时，为了对抗身体重心的后移，会出现驼背和颈前伸的姿态。因此，从侧面看，会呈现出一个含胸驼背、挺髋臀下垂的站立姿态。

当腰椎曲度变直时，椎体前缘的压力会增加。久而久之，这容易引起腰椎退行性改变，进而诱发腰痛。如图 4-19 所示。

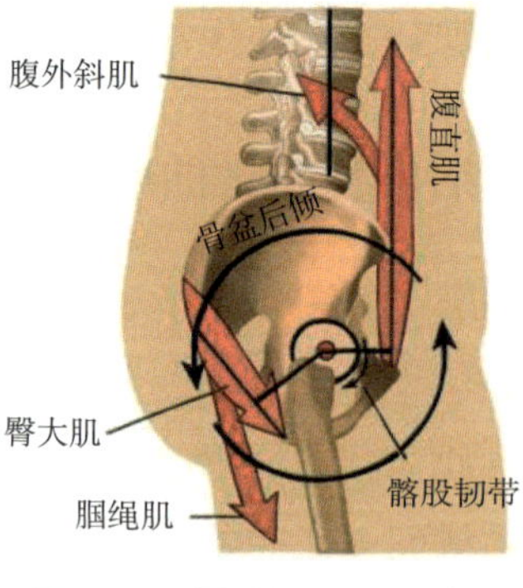

图 4-19　骨盆后倾及肌肉变化

四、肌肉的变化

当骨盆后倾的情况发生时，臀大肌、腘绳肌、腹肌会变短变硬，而髂腰肌、股四头肌、竖脊肌会被动拉长，力量也会下降。因此，在治疗骨盆后倾时，需要检查臀大肌、腘绳肌和腹肌的长度；如果发现它们紧张变短，则需要对这些肌肉进行牵拉放松。同时，也要检查髂腰肌、股四头肌、竖脊肌的力量；如果发现其肌力下降，则需要对这些肌肉进行力量和耐力训练。骨盆后倾的解剖学分析如表 4-2 所示。

表 4-2　骨盆后倾的解剖学分析

项目	缩短的肌肉	被延长的肌肉
骨盆后倾	腹直肌 臀大肌 腘绳肌	竖脊肌 髂腰肌 股直肌 阔筋膜张肌 耻骨肌

(一)腘绳肌长度检查

被检查者仰卧，髋和膝伸直。检查者一只手放在大腿前部，以确保膝盖在运动过程中保持完全伸展，另一手放在脚踝下方，将腿向上抬起，直到感觉到有阻力无法继续做屈髋动作。注意抬起过程中及到达末端后，膝关节要保持完全伸直，同时骨盆贴于床面不要抬起。髋关节屈曲 60° 以上为正常，如果屈髋角度不足 60°，说明腘绳肌紧张。如图 4-20 所示。

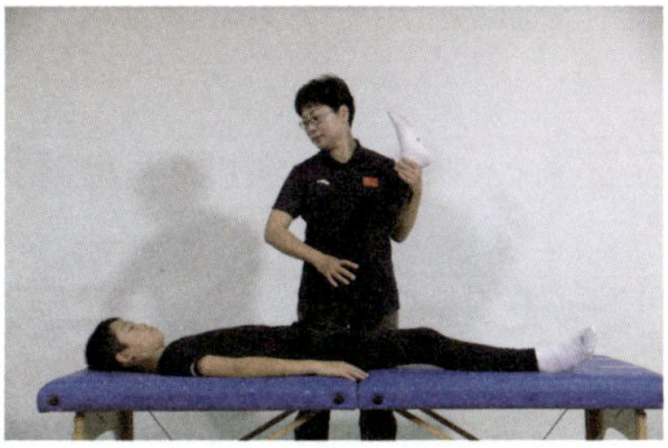

图 4-20　腘绳肌长度检查

视频　腘绳肌长度检查

(二)髂腰肌力量检查

被检查者仰卧，屈髋和屈膝 90°。检查者一只手放在膝关节前部，以对抗屈髋动作，另一手放在脚踝下方，扶住小腿。嘱被检查者屈髋，与检查者的手对抗。检查者感觉被检查者用力程度的大小。注意双侧对比。如图 4-21 所示。

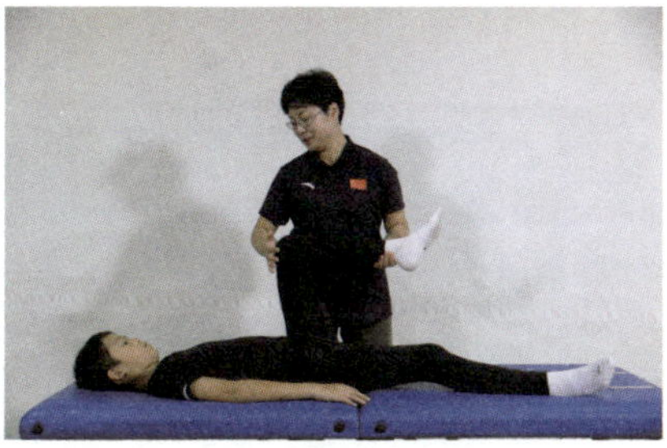

图 4-21　髂腰肌徒手肌力检查

视频　髂腰肌徒手肌力检查

五、骨盆后倾身体姿态纠正性训练方案

（一）抑制和拉长

1. 拉伸腹肌

【作用原理】腹肌是维持骨盆稳定的重要肌肉。通过牵拉放松腹肌，减少腹肌的张力，帮助骨盆前倾。

【技术要领】俯卧位，髂前上棘不要离开床面。双手支撑身体，抬头挺胸，将手的支撑点缓慢后移，感觉腹部的肌肉有牵拉感。如图 4-22 所示。

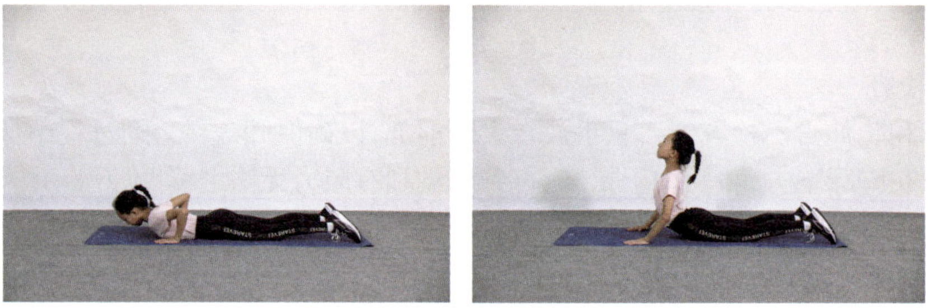

图 4-22　拉伸腹肌

视频　拉伸腹肌

【次数与组数】30 s/组，2~3 组。

【注意事项】通常手支撑点的位置来控制牵拉的强度，手离身体越近，牵拉力度越大。如有腰背部不适，请及时就医。

【温馨提示】拉伸过程中保持呼吸顺畅。

2. 牵拉腘绳肌

【作用原理】腘绳肌是双关节肌，负责伸髋和屈膝。通过牵拉，使其张力下降，减少骨盆后倾，增加骨盆前倾。

【技术要领】坐在训练垫上。被牵拉腿伸直，另一腿屈曲，将脚放在直腿的膝关节旁。弯腰向前，双手够伸直腿的脚部。并在感觉大腿后侧有牵拉感时，保持一段时间。如图 4-23 所示。

图 4-23　牵拉腘绳肌

视频　牵拉腘绳肌

【次数与组数】30 s/组，2-3 组。

【注意事项】以有牵拉感但不引起疼痛的度。双手越向前，牵拉程度越大。

【温馨提示】在牵拉过程中，保持正常呼吸，不要憋气。双侧分别进行。

3. 泡沫轴滚压臀大肌

内容与髋外旋步态身体姿态纠正性训练方案中抑制与拉长泡沫轴滚压臀大肌相同。

（二）激活和整合

1. 俯卧两头起

【作用原理】加强背部竖脊肌的力量，以对抗腹肌和臀肌紧张，维持骨盆的正常位置。

【技术要领】俯卧于垫上，双臂伸直上举至头顶，双腿伸直并拢。吸气准备，呼气的同时胸廓带动手臂向上抬起，双腿伴随抬离地面，然后吸气还原到起始姿势。如图 4-24 所示。

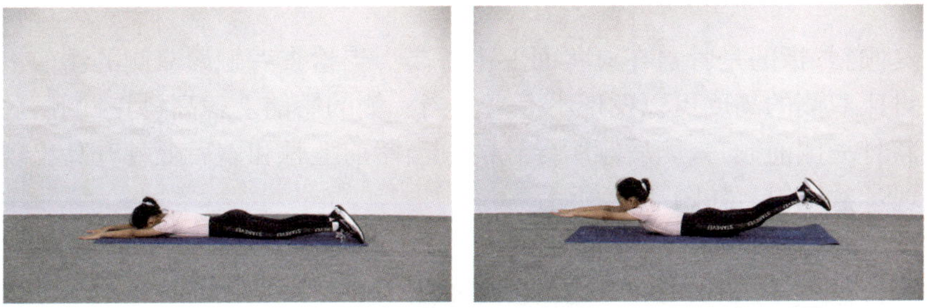

图 4-24　俯卧两头起

视频　俯卧两头起

【次数与组数】15~20 次/组，3~5 组。

【注意事项】背部用力为主，大腿和胸部离开地面即可。

【温馨提示】如果双手握哑铃，可以增大训练强度。

2. 仰卧举腿

【作用原理】加强髂腰肌力量，以帮助骨盆前倾。

【技术要领】仰卧于垫上，双手置于体侧。腹部收紧，双腿伸直。腹肌和髂腰肌用力，使用腿部向上举起至 60°。保持 2~3 s 后缓慢放下。如图 4-25 所示。

【次数与组数】15~20 次/组，3~5 组。

【注意事项】保持核心稳定，以腹部和髂腰肌用力为主。

【温馨提示】训练中保持呼吸顺畅，不要憋气。

图 4-25　仰卧举腿

视频　仰卧举腿

六、注意事项

（1）骨盆后倾的儿童青少年，在日常生活当中需要注意改变不良的姿势和习惯，尤其是久坐、久站或者是站立时尽量保持正确的姿势，使腰部处于正常的位置。

（2）如已经出现腰痛症状，请及时就医。以检查有无腰椎力线和结构的变化。如果已经腰椎间盘突出，请咨询医生和康复师相应的治疗方案。

子任务四　骨盆侧倾的矫正训练

一、概念

骨盆侧倾，也称骨盆倾斜，指的是骨盆在冠状面上不等高。当检查者触诊双侧的髂前上棘和髂后上棘时，通过对比双侧的高度可以发现不等高。当一侧的髂前上棘高、另一侧髂后上棘高时，可能是因为髂骨一侧前倾、一侧后倾所导致的。当髂前上棘和髂后上棘升高出现在同一侧时，则表明出现骨盆倾斜。如图 4-26 所示。

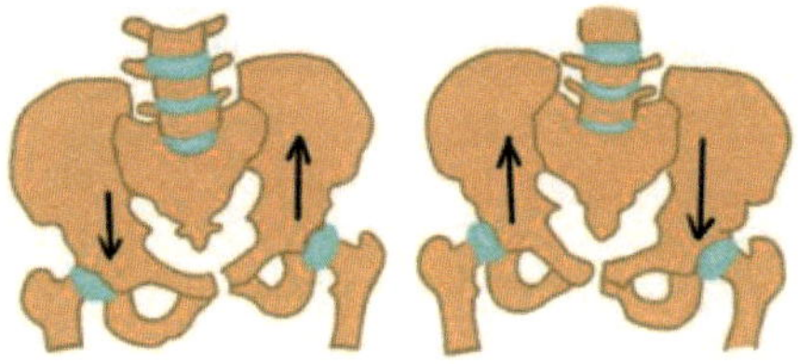

图 4-26　骨盆侧倾

测量方法为：站立位，测量左侧髂前上棘点到地面的垂直距离为 e，右侧髂前上棘点到地面的垂直距离为 f，左侧髂前上棘点高度（e）减去右侧髂前上棘点高度（f）的差值记为 x，即 x=e-f，单位为厘米（cm）。x 的值不应超过 1 cm。如图 4-27 所示。

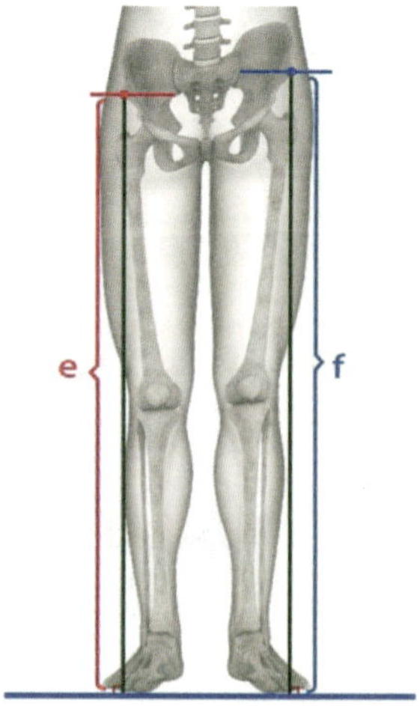

图 4-27　骨盆侧倾的测量

如发现下肢不等长，应以下肢为评估重点，因为骨盆倾斜可能是下肢不等长的代偿性反应。

二、原因

引发骨盆倾斜的原因有很多，主要包括下肢长度和骨盆本身两个原因。

（一）下肢长度的原因

以各种原因引起的结构性和功能性双下肢不等长是引发骨盆倾斜的主要原因之一。具体内容请详见本书项目三任务四“下肢的特殊问题——双下肢不等长”。

在发现骨盆侧倾后，应先评估下肢的长度，以排除下肢长度对骨盆的影响。如果发现双下肢不等长，应先处理下肢的问题，再进行骨盆的纠正。

（二）骨盆本身的原因

1. 骨性结构的原因

双侧髂骨和骶骨、髋关节，由于先天发育、外伤等原因，不对称、不平衡，引起骨盆倾斜。由外伤引起的骨盆不对称是比较容易被发现的，通过骨盆 X 线，可以及时发现。一经发现，应该积极纠正，以免身体过度代偿。

2. 软组织的原因

由于骨盆周围的软组织不平衡，包括肌肉、肌腱、韧带、关节囊等，造成骨盆倾斜。由于骨盆周围软组织结构较多，常见的造成骨盆周围软组织不平衡的原因包括以下 2 种。

（1）坐姿不良。坐位时习惯翘二郎腿，身体倾斜向一侧，重心落在对侧的坐骨结节上。翘起侧的髋外展肌被拉长，骨盆相对后倾，对侧的髋周肌肉缩短，骨盆相对前倾，造成骨盆侧倾。如图 4-28 所示。

（2）运动训练。长期的运动，特别是一些双侧不对称的运动项目，会引起骨盆双侧发力不均，进而引起骨盆倾斜或旋转。针对这样的儿童青少年，在参加专项训练的同时，也应该进行纠正性的体能和动作训练，以对抗专项训练带来的不平衡，预防运动损伤。

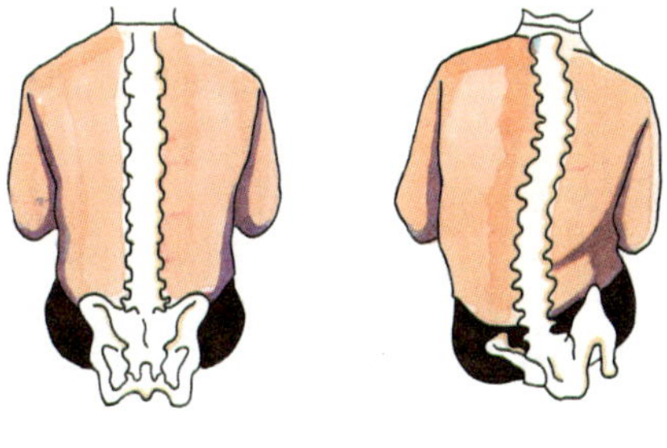

（a） （b）

图 4-28 翘二郎腿的危害

（a）正确直立坐姿 （b）右腿翘起，骨盆向左倾斜

三、危害

骨盆是由双侧的髂骨和骶骨、双侧骶髂关节（SIJ）和耻骨联合组成，是躯干和下肢的交界处，相当于是脊柱的地基。所以，骨盆侧倾对脊柱和下肢都会产生不利影响。

(1)对脊柱的影响。骨盆侧倾会引起上方的脊柱在冠状面的不平衡,从外观上引发脊柱各节段的侧弯、高低肩,从功能上双侧的骨骼、肌肉不平衡,容易引发脊柱各节段的疼痛,诱发腰椎和颈椎的椎间盘突出。

(2)对下肢的影响。骨盆侧倾导致身体中心线和重心偏向骨盆较低的一侧,引起低侧的受力程度高于高侧,双下肢受力不平衡。长此以往,造成双下肢肌肉力量不平衡,引起下肢髋膝踝关节损伤,通常膝关节的疼痛和损伤最为常见。

四、肌肉的变化

骨盆侧倾时,双侧的肌肉是不对称变化的。以右侧骨盆抬高、左侧骨盆降低的骨盆左倾为例,提示右侧腰方肌和右侧腰部竖脊肌可能较短,髋关节亦会受到影响,常伴有右侧髋关节内收、左侧髋关节外展,提示左侧髋外展肌缩短、右侧髋部内收肌缩短。骨盆倾斜造成的肌肉不平衡如表 4-3 所示。

表 4-3 骨盆倾斜造成的肌肉不平衡

骨盆倾斜	缩短的肌肉	被延长的肌肉
左倾(左低右高)	右腰方肌 右竖脊肌 右髋内收肌 左髋外展肌	左腰方肌 左竖脊肌 左髋内收肌 右髋外展肌
右倾(右低左高)	左腰方肌 左竖脊肌 左髋内收肌 右髋外展肌	右腰方肌 右竖脊肌 右髋内收肌 左髋外展肌

六、骨盆倾斜身体姿态纠正性训练方案

以下训练动作针对的是骨盆左倾,即左低右高的骨盆倾斜。如为左倾,即左低右高型,请按相反的方向完成动作。

(一)抑制和拉长

1. 泡沫轴滚压右侧腰肌

【作用原理】通过泡沫轴滚压,放松右侧腰肌,特别是腰方肌,帮助骨盆和脊柱回到中立位。

【技术要领】上臂支撑,侧卧于垫上,将泡沫轴置于腰部侧面,然后躯干左右旋转松解腰部。如图 4-29 所示。

【次数与组数】10~15 次/组,3~5 组。

【注意事项】身体放松,以侧腰部为主,压力适度。

【温馨提示】滚动过程中如遇到痛点,可先在痛点周围进行放松,待疼痛缓解后,再在痛点集中进行滚压。

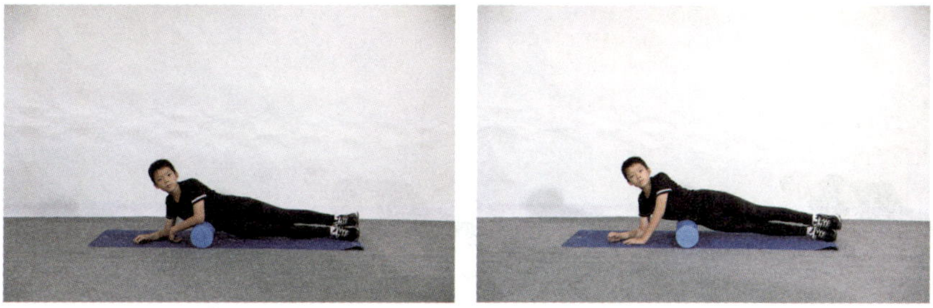

图 4-29　泡沫轴滚压右侧腰肌

视频　泡沫轴滚压右侧腰肌

2. 泡沫轴滚压右侧内收肌

【作用原理】通过泡沫轴滚压，放松右侧内收肌，使抬高的右侧骨盆及股骨内外张力平衡，有助于帮助骨盆和股骨保持中立位。

【技术要领】俯撑于垫上，左腿伸直，右腿屈膝屈髋，如图将泡沫轴置于右腿大腿内侧，沿着大腿内侧进行上下滚动。如图 4-30 所示。

图 4-30　泡沫轴滚压右侧内收肌

视频　泡沫轴滚压右侧内收肌

【次数与组数】10~16 次/组，3~5 组。

【注意事项】保持核心稳定、避免塌腰。

【温馨提示】滚动过程中如遇到痛点，可先在痛点周围进行放松，待疼痛缓解后，再在痛点集中进行滚压。

3. 泡沫轴松解左侧臀中肌和髂胫束

【作用原理】通过泡沫轴滚压，放松左侧外展肌，使降低的左侧骨盆内外张力平衡，有助于帮助骨盆复位。

【技术要领】侧卧于垫上，将泡沫轴放置于左侧骨盆外侧臀中肌和髂胫束区域，保持核心稳定。然后在臀中肌区域匀速上下滚动。如图 4-31 所示。

【次数与组数】20 次/组，3~5 组。

【注意事项】保持核心稳定。

【温馨提示】滚动过程中如遇到痛点，可先在痛点周围进行放松，待疼痛缓解后，再在痛点集中进行滚压。

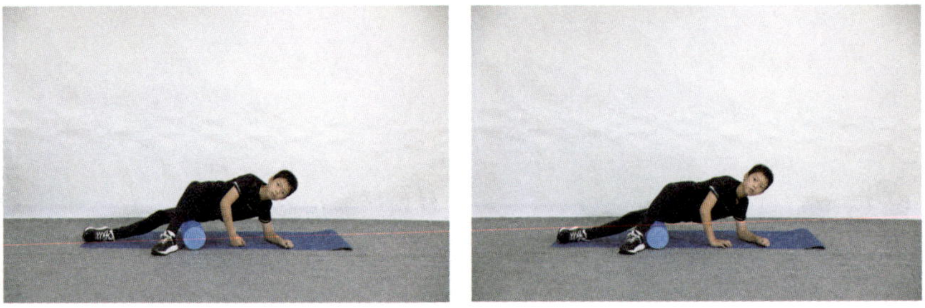

图 4-31　泡沫轴松解左侧臀中肌和髂胫束

(二)激活和整合

1. 左侧腰肌训练

【作用原理】通过加强左侧腰肌的力量,帮助脊柱两侧的肌肉平衡,进而起到纠正骨盆倾斜的作用。

【技术要领】右侧在下侧卧于训练垫上,在腰部下方垫一毛巾卷或小垫子,使腰部保持微左屈的状态。左侧腰部用力,使腿部和上半部向上抬起,保持 3~5 s 再缓解放下。如图 4-32 所示。

图 4-32　左侧腰肌训练

视频　左侧腰肌训练

【次数与组数】20~30 次/组,3~5 组。

【注意事项】在动作过程中,感觉以腰部侧面的用力为主。

【温馨提示】下肢屈膝可以降低动作难度。

2. 右侧髋外展肌训练

【作用原理】加强右侧髋外展肌,对抗右侧抬高产生的髋内收动作。

【技术要领】左侧在下,侧卧于垫上,身体呈一条直线,保持骨盆处于中立位。右侧腿匀速上抬约 45°,然后匀速下落还原。如图 4-33 所示。

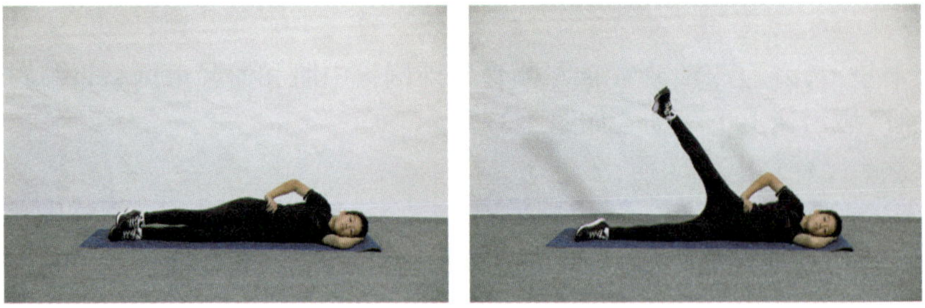

图 4-33　右侧髋外展肌训练

视频　右侧髋外展肌训练

【次数与组数】15~20 次/组，3~5 组。

【注意事项】保持核心稳定。脚趾向前，足外侧向天花板，不要外旋髋关节。

【温馨提示】膝关节处可增加迷你带以增大训练难度。

3. 左侧髋内收肌训练

【作用原理】加强左侧髋内收肌，对抗左侧下降产生的髋外展动作。

【技术要领】左侧在下，侧卧于垫上，身体呈一条直线，保持骨盆处于中立位。右腿屈曲支撑地面，以保持躯干稳定。下侧腿匀速上抬约 45°，然后匀速下落还原。如图 4-34 所示。

图 4-34 左侧髋内收肌训练

【次数与组数】15~20 次/组，3~5 组。

【注意事项】保持核心稳定。脚趾向前，足内侧向天花板，不要外旋髋关节。

【温馨提示】膝关节或脚踝处可增加小沙袋以增大训练难度。

七、注意事项

（1）平时一定要注意正确的站姿和坐姿，保持骨盆处于中立位，减少骨盆侧倾。

（2）如发现明显的骨盆不等高，特别是左右差异超过 1 cm 以上的，一定要进行双下肢的检查。如怀疑骨性结构问题，应及时就医。

（3）如有腰部、髋部和腿部不适，也应检查骨盆是否存在侧倾。

（4）本训练方案主要针对软组织不平衡引起的骨盆侧倾，通常侧倾角度不大，且无骨性结构问题。对双下肢结构性不等长和骨盆结构异常引起的骨盆侧斜，干预效果欠佳。训练只是辅助治疗，应就医检查原因，再进行治疗。

子任务五 骨盆旋转的矫正训练

一、概念

骨盆旋转是指单侧或双侧髂骨在纵轴上相对脊柱发生向左（顺时针）或向右（逆时针）的旋转。人体为了寻求平衡，会使脊柱产生与骨盆扭转相反的作用力。严重者会出现旋盆翘臀、旋腰挺胸的异常体态。如图 4-35 所示。

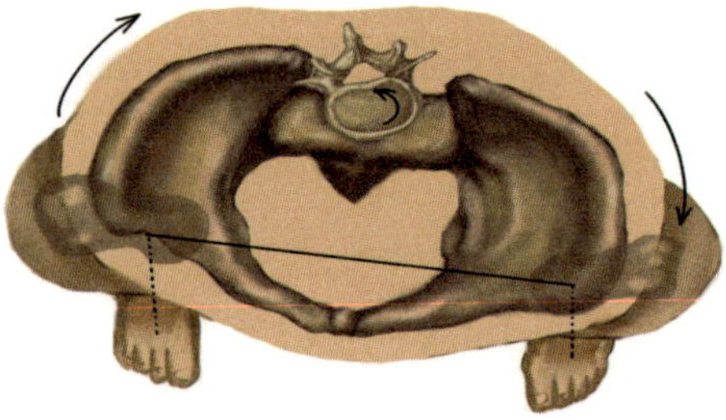

图 4-35　骨盆旋转（右旋，上面观）

通过站立位和仰卧位的姿态观察，可以发现骨盆是否存在旋转，并评估其旋转程度。

（1）站立位观察。被试者自然站立，检查者将双手拇指放在其髂前上棘处，观察髂前上棘是否在同一冠状面上。如果出现一前一后的现象，则说明骨盆向偏后的一侧旋转。

（2）仰卧位检查。被试者自然平躺，测试者将拇指置于被试者的髂前上棘处，比较左右髂前上棘的高度是否一致。如果右侧高左侧低，则表明骨盆左旋；反之，则表明骨盆右旋。

二、原因

骨盆旋转是一种常见的不良体态，多见于运动员、健身爱好者和对运动热衷的人士。由于错误的训练动作和长期不良的习惯，导致身体两侧、上下肌肉的力量不平衡，从而出现骨盆旋转。

如翘二郎腿坐时，翘起的一侧骨盆除抬高外，还会前移，引起骨盆向对侧旋转。长此以往，将形成骨盆旋转的异常体态。

单边的运动项目，如持拍类运动、投掷类运动，长期进行单一方向的技术动作训练，也会造成骨盆旋转。此时，教练需要详细询问参与训练的项目、训练时长、训练频率、技术动作学习等相关信息，并进行适当的纠正性训练，以纠正骨盆旋转、减少下肢和脊柱损伤的风险。

三、危害

骨盆是躯干与下肢连接的重要环节。骨盆旋转在一定程度上反映了下肢、特别是髋关节和腰椎的旋转。因此，骨盆旋转对脊柱和下肢均有不利影响。

（1）骨盆旋转会引起水平面的失衡，使上方脊柱出现反方向代偿，进而可能导致脊柱侧弯、椎间隙不等宽、脊椎失稳等，从而诱发脊柱慢性疼痛。

（2）骨盆旋转也必然会引起髋关节的旋转，造成髋部周围的肌力不平衡，可能引发下肢疼痛。

（3）骨盆旋转通常不是单独出现的，它常伴随着骨盆前倾、侧倾等问题，以及下肢膝过伸等现象。这些问题互为因果，可能形成恶性循环，进而引发疼痛。

四、骨盆旋转时的肌肉变化

以骨盆向左侧旋转为例，即右侧在前、左侧在后，我们来分析这种旋转导致的肌肉不平衡状态。

在髋关节处，左髋相对内旋，因此内旋肌会紧张、外旋肌则无力；而右髋相对外旋，所以外旋肌会紧张，内旋肌无力。在前方的腹肌部分，左上至右下方向的腹斜肌会缩短，这意味着左侧的腹外斜肌和右侧的腹内斜肌的张力会增高；而右上至左下方向的腹斜肌会被动拉长，也就是说左侧的腹内斜肌和右侧的腹外斜肌会变长并可能无力。在后方的背肌部分，左侧的腰背肌会短缩，而右侧的腰背肌则会被拉长。骨盆旋转造成的肌肉不平衡如表 4-4 所示。

表 4-4　骨盆旋转造成的肌肉不平衡

骨盆旋转	缩短的肌肉	被延长的肌肉
左旋（左后右前）	左内旋肌 右外旋肌 左腹外斜肌 右腹内斜肌 左侧腰背肌	左外旋肌 右内旋肌 左腹内斜肌 右腹外斜肌 右侧腰背肌
右旋（右后左前）	左外旋肌 右内旋肌 左腹内斜肌 右腹外斜肌 右侧腰背肌	左内旋肌 右外旋肌 左腹外斜肌 右腹内斜肌 左侧腰背肌

五、骨盆旋转身体姿态纠正性训练方案

骨盆旋转的纠正主要是针对髋关节旋转和脊柱旋转的纠正，以帮助骨盆回归正常位置。在训练开始前，教练应仔细评估骨盆旋转的方向和程度，观察整体姿态沿垂直轴的旋转情况，以便进行针对性纠正。本节内容以骨盆左旋为例，即左侧向后、右侧向前进行训练安排。如果是骨盆右旋，则应按相反方向进行训练。

（一）抑制与拉长

1. 双侧髋关节旋转拉伸

【作用原理】牵拉左髋的内旋肌和右髋的外旋肌，帮助髋与骨盆复位。

【技术要领】坐位，双手向后支撑身体。左髋处于外旋位，右髋处于内旋位，双腿屈膝置于身体右侧。右臀部微微向下用力向训练垫靠近。感觉双髋周围有牵拉感。如图 4-36 所示。

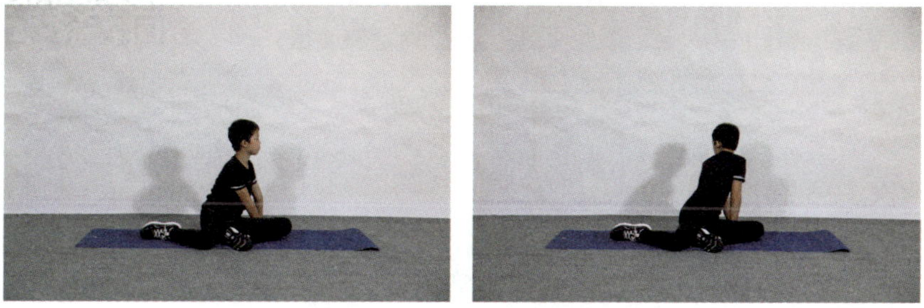

图 4-36　双侧髋关节旋转拉伸

视频　双侧髋关节旋转拉伸

【次数与组数】30 s/次，2~3 次。

【注意事项】抬头挺胸，身体面向正前方，不要旋转。右髋微微微向下坐。

【温馨提示】以感觉髋关节周围有牵拉感，但不引起疼痛为度。

2. 旋转腹肌拉伸

【作用原理】牵拉左侧的腹外斜肌、右侧的腹内斜肌，帮助躯干与骨盆复位。

【技术要领】仰卧位，被检查者屈髋屈膝，双臂伸展贴于地面。躯干保持不动，双膝带动骨盆向右侧旋转，右膝向地面靠近，在最大角度下保持。如图 4-37 所示。

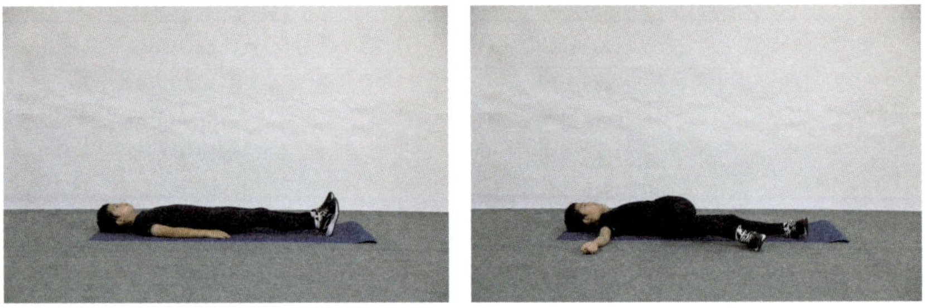

图 4-37　旋转腹肌拉伸

视频　旋转腹肌拉伸

【次数与组数】30 s/次，2~3 次。

【注意事项】拉伸时，尽量达到最大范围。

【温馨提示】以感觉腹部周围有牵拉感，但不引起疼痛为度。

3. 牵拉左侧腰部

【作用原理】牵拉左侧的腰方肌和竖脊肌，帮助躯干与骨盆复位。

【技术要领】坐在训练垫上，双脚分开 120° 左右，躯干挺直，抬头挺胸。以腰段为主，做右侧屈动作，用右手尽量够左脚，在肌肉有牵拉感的位置保持。如图 4-38 所示。

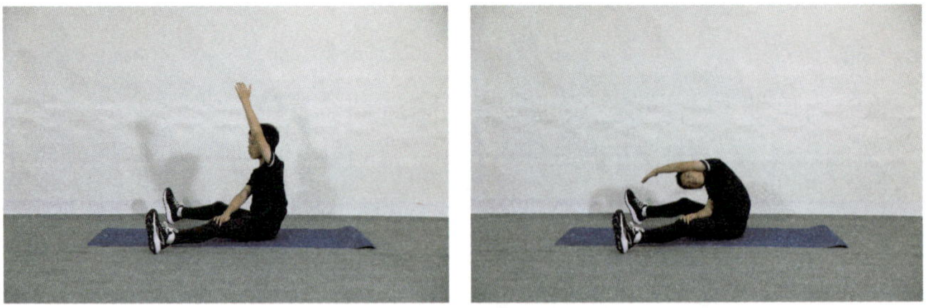

图 4-38　牵拉左侧腰部

视频　牵拉左侧腰部

【次数与组数】30 s/次，2~3 次。

【注意事项】拉伸时，尽量达到最大范围。

【温馨提示】以感觉左侧腰部有牵拉感，但不引起疼痛为度。

（二）激活和整合

1. 双髋旋转训练

【作用原理】加强左髋外旋和右髋内旋，通过肌肉的主动用力，纠正髋关节旋转，帮助髋与骨盆对位。

【技术要领】坐在椅子上，屈髋屈膝 90°，双脚踝处绑弹力带，并将弹力带拉向左侧固定。保持臀部不动，双脚旋转向右侧，即完成左髋外旋、右髋内旋的动作。尽量做到最大范围。如图 4-39 所示。

图 4-39　双髋旋转训练

视频　双髋旋转训练

【次数与组数】20~25 次/组，3~5 组。

【注意事项】躯干和骨盆不动，只旋转髋关节，小腿沿冠状面向右旋转。

【温馨提示】尽量减少代偿。

2. 躯干旋转训练

【作用原理】加强左腹内斜肌和右腹外斜肌，纠正躯干旋转，帮助躯干与骨盆对位。

【技术要领】仰卧位，屈髋 45°，屈膝 90°，双手置于双耳两侧。腹肌用力，使双侧肩胛骨离开训练垫，同时用右肘碰触左膝。如图 4-40 所示。

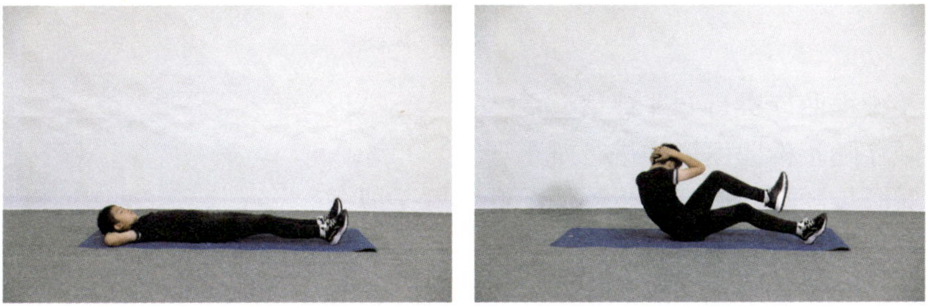

图 4-40　躯干旋转训练

视频　躯干旋转训练

【次数与组数】20~25 次/组，3~5 组。

【注意事项】肩胛抬离地面的过程中，躯干微向左转。身体不必完全离开床面，以卷腹的动作为主。

【温馨提示】头部与身体保持一条直线。

3. 右侧腰肌训练

【作用原理】通过加强右侧腰肌的力量，帮助脊柱两侧的肌肉平衡，进而起到纠正骨盆旋转的作用。

【技术要领】左侧在下侧卧于训练垫上，在腰部下方垫一毛巾卷或小垫子，使腰部保持微左屈的状态。右侧腰部用力，使腿部和上半部向上抬起，保持 3 ~5 s 再缓解放下。如图 4-41 所示。

图 4-41　右侧腰肌训练

视频　右侧腰肌训练

【次数与组数】20~30 次/组，3~5 组。

【注意事项】在动作过程中，感觉以腰部侧面的用力为主。

【温馨提示】下肢屈膝可以降低动作难度。

六、注意事项

（1）骨盆旋转通常不会单独出现，它常常伴随着下肢各关节、骨盆以及脊柱部位的多种形态异常。因此，需要教练进行仔细评估和分析，才能找到导致骨盆旋转的决定性原因，从而进行相应的运动纠正处理。

（2）如果骨盆旋转伴随着腰部或其他部位的疼痛，请及时就医。

思考与实践

（1）请对骨盆状态及腰椎曲度进行专业评估。

（2）请针对骨盆前倾伴随腰椎曲度增加进行矫正训练。

（3）请针对骨盆前后倾伴随腰椎曲度减少的情况进行矫正训练。

（4）请针对骨盆侧倾问题进行矫正训练。

（5）请针对骨盆旋转现象进行矫正训练。

任务三　胸椎的评估与矫正训练

在异常体态中，胸椎曲度异常占有很大的比例。除胸段的脊柱侧弯外，以胸椎后凸增加（驼背）和胸椎后凸减少（平背）最为常见，同时往往伴有一定程度的胸椎僵硬和活动度减少。

学习任务

（1）能应用正确的评估方法对胸椎姿态进行评估。

（2）能针对胸椎姿态出现的不同问题进行针对性矫正训练。

学习目标

知识目标

（1）了解胸椎发生异常的原因。

（2）熟悉对胸椎姿态评定方法及注意事项。

（3）掌握胸椎异常姿态的矫正训练方法。

能力目标

（1）能应用测量胸椎后凸角的方法对胸椎进行评估。

（2）能根据评估结果进行分析解读，找出问题所在。

（3）能对胸椎姿态出现的问题，应用按摩球松解胸部、胸椎旋转等方法进行针对性矫正训练。

素养目标

（1）培养学生严谨认真的学习态度。

（2）培养学生科学求实的精神。

（3）培养学生规范从教的职业操守。

子任务一　胸椎的相关知识认知与评估

一、胸椎及胸廓

人体有 12 节胸椎，是连接颈椎和腰椎之间承上启下的结构，承受压缩载荷，椎弓主要承受拉伸载荷，椎板短而宽呈叠瓦状，可防止胸椎过伸活动。关节突关节的关节面呈冠状位，因此允许胸椎有一定范围的侧屈活动。椎骨、椎间盘及韧带共同维持胸椎的稳定性。

胸椎曲度在出生后伴随婴儿坐位平衡的出现而逐渐形成一定的后凸角度，通常是平滑的轻微后凸。胸椎曲度由楔形的胸椎体维持，椎体的后部比前部高 2 mm。胸椎的曲度从 T1-T2 开始向下到 T12（第 12 胸椎），并以 T6-T7 为顶点。胸椎的屈曲和伸展平均为 6°，从上到下的活动度逐渐增加，上段胸椎平均为 4°，中段为 6°，下段为 12°。胸椎的曲度会受到后天姿势的影响，如坐姿、站姿不正确，胸椎后凸的增大会使腰曲增大、颈曲减小，从而形成驼背的体态，这不仅影响胸廓功能以及整个脊柱的承重力线，而且会压迫胸腔脏器，影响它们的正常功能。由于关节突和棘突的挤压，伸展比屈曲更加受限制，当胸背后侧过于平坦时，也要仔细检查该部位的椎体是否出现功能减退。

胸椎的稳定性相较于颈椎和腰椎更为显著，这一特点主要得益于胸廓环的结构。前方肋软骨与胸骨相互连接形成胸肋关节，而后方则由肋骨头与相应的椎体、椎间盘以及横突共同构建关节。

胸椎作为胸廓结构的重要组成部分，在维持胸廓正常生理功能方面起着关键作用。正常的胸椎生理曲度不仅保障了胸椎自身的生理机能，更是胸部内脏器官得到良好保护和正常发挥功能的基础。胸椎生理曲度变直的情况在多数儿童青少年中进展较为缓慢，且初期可能并无明显不适症状，通常情况下无需特别治疗。然而，一旦出现胸背部不适，并伴随有明显的胸椎曲度变直现象，以致影响到相关功能时，应尽快查明原因，例如排查是否存在强直性脊柱炎等问题，并及时采取治疗措施以控制病情发展，从而避免产生严重的并发症。

二、胸椎的姿态评价方法

胸椎的姿态通常采用测量胸椎后凸角的方法进行评价，测量胸椎后凸角有以下 2 种方法。

（一）在 X 线侧位片上测量胸椎后凸角

在 X 线上侧位片上，找到 T1 的上缘和 T12 的下缘，沿其上下缘做延长线。在 2 条延长线上分别做垂线，2 条垂线形成的夹角即为胸椎的后凸角。如图 4-42 所示。

胸椎后凸角随年龄增加而增大，老年人由于背部肌力减退，逐渐出现驼背的身体姿态。年青人正常的胸椎后凸角为 20°~40°，小于 10° 为平背，超过 40° 为驼背。

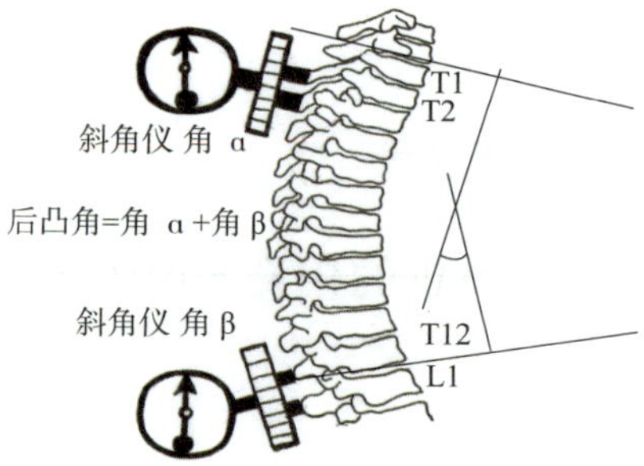

图 4-42　X 线侧位片胸椎后凸角的测量

（二）采用塑形尺测量胸椎后凸角

采用塑形尺测量胸椎后凸角也是一种常用的方法，该方法对检测者的要求较高，需要较为准确地找到被测者第 7 颈椎棘突和第 12 胸椎棘突，以便准确测量和计算。如图 4-43 所示。具体方法和步骤如下。

（1）被测者以日常习惯站姿赤足站立，背对测试者，暴露脊柱棘突。

（2）选取第 7 颈椎棘突和第 12 胸椎棘突作为标志点。

第 7 颈椎的棘突长且粗大，末端不分叉，呈结节状，近水平位，皮下易于触及。第 12 胸椎棘突可以通过下列定位方法中的一种或采用多种方法相结合的方式找到。

①从下向上确定。双侧髂嵴连线对应的是第 4 腰椎和第 5 腰椎间隙，顺次向上可查到第 12 胸椎。

②通过肋骨确定。从背后摸胸廓，胸 12 肋骨（即能摸到的最靠下的肋骨）根所靠的椎

体就是第 12 胸椎椎体。

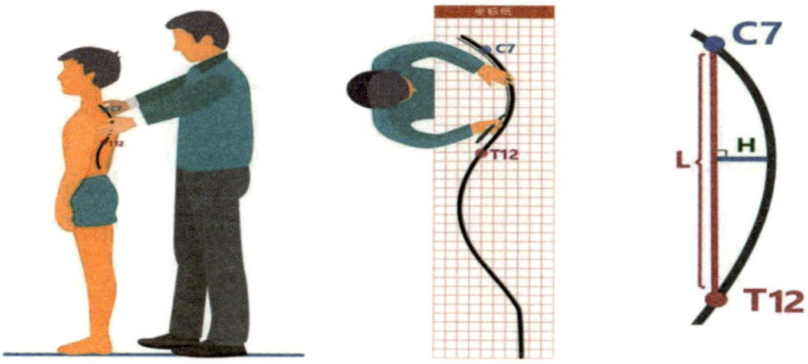

图 4-43　塑形尺胸椎后凸角测量

（3）测试者定位第 7 颈椎棘突和第 12 胸椎棘突。将塑形尺放在脊柱胸段，依照脊柱胸段的形态与皮肤紧密贴合，并将第 7 颈椎棘突和第 12 胸椎棘突位置标记在塑形尺上。随后将塑形尺放置于坐标纸上，在其内侧将胸椎曲线描绘于坐标纸上，并标记第 7 颈椎棘突和第 12 胸椎棘突的位置。

（4）计算胸椎后凸角度。

①测量第 7 颈椎棘突和第 12 胸椎棘突连线的距离，记为 L；

②测量胸椎曲线的最高点到第 7 颈椎棘突和第 12 胸椎棘突连线的垂直距离，记为 H；

③使用公式计算胸椎后凸角度：

$$\theta = 4\times\left[\arctan\left(2\mathrm{H}/L\right)\right]$$

式中：θ—胸椎后凸角，单位为度（°）；

L—第 7 颈椎棘突和第 12 胸椎棘突连线的距离，单位为毫米（mm）；

H—曲线最高点与 L 垂线的长度，单位为毫米（mm）；

arctan—反切三角函数。

子任务二　胸椎后凸增加（驼背）的矫正训练

一、概念

胸椎后凸增加，俗称驼背，是一种较为常见的脊柱变形，是胸椎后凸程度增加、超过正常范围所引起的形态改变。

正常青少年胸椎后凸角应该在 20°～40°，超过 40° 为异常。有研究表明，我国儿童青少年胸椎后凸角超过 40° 的初中学生比例为 26.7%，高中学生比例为 33.6%。可见，儿童青少年胸椎后凸增加的发生率较高，对儿童青少年的脊柱生理发育以及身体健康情况产生影响。

二、原因

引起胸椎后凸的常见原因有年老脊椎变形、坐立姿势不正或佝偻病、强直性脊柱炎等疾病。

由疾病因素诱发的胸椎后凸增加是较为少数的。对儿童青少年来说，绝大多数的胸椎后凸都是由日常坐姿习惯不当而引起的。学习时坐椅过高、桌子过低，使得儿童青少年在读书、写字时呈现弯腰、低头的姿态，久而久之，胸椎僵硬，就形成了这样的姿势和习惯。除了不适当的环境因素，胸椎后凸还与儿童青少年自身的肌肉力量有关，胸部肌肉紧张，背部肌肉过于薄弱，人体无法长时间维持身体直立的姿势，在读书学习的过程中出现胸椎后凸、弯腰驼背、颈部向前伸的无力姿态。

腰椎和骨盆对胸椎的影响也是不能忽视的。当骨盆前倾、腰椎曲度增加时，身体重心前移。胸椎位于腰椎和骨盆的上方，必然会出现代偿性的胸椎后凸增加，以使胸段的重心后移，前后中和，保持身体在矢状面的平衡。如有这种情况，教练在评估和干预时，应综合考虑整体的脊柱形态，将骨盆和腰椎甚至下肢的问题联系在一起，进行综合干预的效果更好。

脊柱侧弯时也常伴随胸椎后凸增加，在姿态评估时，应注意脊柱的整体状况。佝偻病常发生在儿童青少年时期，影响骨质的硬度，也会使胸椎后凸增加，对于有饮食结构不合理、钙质和维生素 D 缺乏、户外活动较少的儿童青少年，应注意营养补充，及时排除佝偻病。对有明显的胸椎后凸的儿童青少年，需要确认有无晨僵、腰背部疼痛等症状，以尽早排除由强直性脊柱炎等问题，确认胸椎后凸是由不良的姿势和习惯原因引起的。

三、危害

胸椎后凸除影响体态和美观外，对身体健康也有不利影响。这样的危害不是一蹴而就的，而是缓慢的、日积月累而形成的。在功能性改变的阶段，是没有不适感的。但是到了结构性改变的阶段，治疗和恢复是有一定困难的。

（1）引起胸椎疼痛。胸椎后凸时，背部的肌肉被动拉长且用力，产生离心性疲劳，长时间保持这一状态，会引起胸椎僵硬、软组织的弹性下降，进而诱发背部疼痛，疼痛主要集中在颈胸结合部、肩胛间区，久坐之后会加重。

（2）引起颈部的力学结构异常。当胸椎后凸增加时，上方的颈椎会代偿性前伸，甚至出现颈椎反弓。由于颈椎的力学结构改变、颈椎间盘受力不均衡，轻则引起颈部的疼痛，重则引起颈椎间盘突出、颈椎骨质增生，除疼痛外，还会出现神经压迫（手麻、下肢无力）、椎动脉供血不足（头晕、头痛、记忆力下降等）等一系列问题。

（3）影响腰部和骨盆的力学结构。当胸椎后凸增加时，与腰椎前凸增加、骨盆前倾形成了一系列的恶性循环，导致整个脊柱在矢状面上处于一种曲度增加、弹性减小、僵硬的状态，影响整个脊柱的功能，并增加了脊柱各节段疼痛和腰椎间盘突出的风险。

四、肌肉长度的变化

胸椎后凸增加会影响整个脊柱在矢状面的力学平衡。就胸段而言，主要表现为胸椎前后方向的不平衡。具体来说，胸部前方的胸大肌、胸小肌、肋间肌会过度紧张，而背侧的竖脊肌、斜方肌中下束、大小菱形肌则会被动拉长并显得无力。胸椎后凸增加时肌肉长度的变化如表 4-5 所示。

表 4-5　胸椎后凸增加时肌肉长度的变化

项目	被拉长的肌肉	短缩的肌肉
胸椎后凸增加	竖脊肌 斜方肌中下束 大小菱形肌	胸大肌 胸小肌 前方肋间肌

六、胸椎后凸增加的纠正性训练

胸椎后凸增加时，需对僵硬、不灵活的胸椎进行松动，以恢复椎间软组织的弹性。同时，应对紧张的胸部肌肉进行拉伸放松，确保胸椎能够伸展到正常范围。在此基础之上，还需加强背部肌肉的力量训练，从而减少胸椎后凸的角度。

（一）抑制与放松

1. 按摩球松解胸部

【作用原理】使用按摩球放松胸部前方的胸大肌和胸小肌，减少对肩胛骨和胸廓向前牵拉，进而缓解胸椎后凸。

【技术要领】将按摩球放于胸部，将整个身体的重量压向地面的按摩球上。可以缓慢地在球上方做轻微的圆周运动。练习时每个区域至少按压 30~60 s。在整个过程中都要保持肌肉放松。另一侧重复动作。如图 4-44 所示。

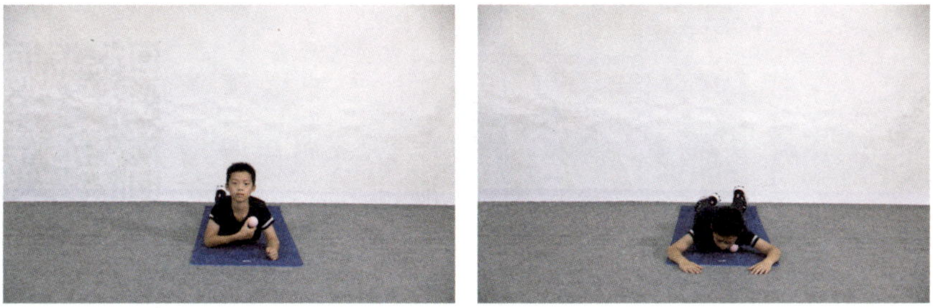

图 4-44　按摩球松解胸部

视频　按摩球松解胸部

【次数与组数】20~30 s/次，3~5 次。

【注意事项】以有压迫感、但不引起疼痛为度。

【温馨提示】头部与身体保持一条直线，自然放松。

2. 胸椎旋转

【作用原理】当胸椎关节过紧时，通常会在前屈的位置有僵硬，影响伸展。需要释放这些小关节的活动能力，使它们能够保持在正确的位置上。

【技术要领】坐在带靠背的椅子上，保持臀部不动，脊柱直立，然后尽量向一侧旋转脊柱。在旋转到极限时，可以通过双手用力拉紧椅背来施加额外的压力，在末端稍加保持。如图 4-45 所示。

【次数与组数】20~30 s/组，每侧重复 2~3 组。

【注意事项】脊柱不要屈伸，保持直立。尽量旋转到最大，感觉脊柱有牵拉感。

【温馨提示】胸椎旋转活动度的改善是缓慢产生进步的，需要每天坚持训练。

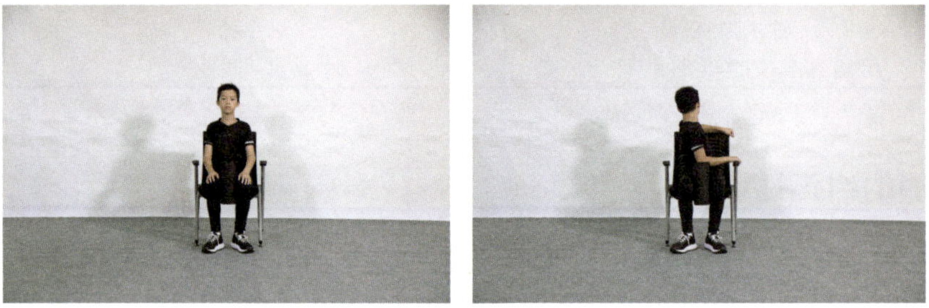

图 4-45　胸椎旋转

视频　胸椎旋转

3. 泡沫轴胸椎伸展

【作用原理】通过泡沫轴与胸椎后凸的部位挤压，帮助胸椎前移，进而改善胸椎后凸。

【技术要领】仰卧在泡沫轴上，泡沫轴放在胸椎上，向后伸展背部。沿脊柱上下滚动。如图 4-46 所示。

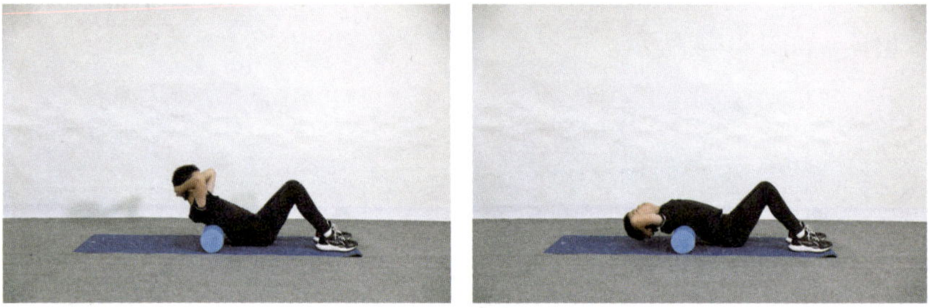

图 4-46　泡沫轴胸椎伸展

视频　泡沫轴胸椎伸展

【次数与组数】30 s/次，重复 2~3 次。

【注意事项】不要弓起腰部，只能单独使胸椎活动。如果使用泡沫轴不舒服、不能坚持，可以试着用更薄的工具（比如卷起的毛巾）。

【温馨提示】在做这项练习时，可能会感觉到脊柱挤压出现弹响，这是小关节在重新调整排列，不用担心。

（二）激活和整合

1. 超人式训练

【作用原理】强化背部肌肉力量和耐力，以维持脊柱直立，减少胸椎后凸。

【技术要领】俯卧于训练垫上，双上肢向前伸展。腹部与地面贴紧，不要离开地面。背部用力，将手臂向上抬离地面。感觉背部肌肉紧张、用力。保持 5-10 s，再缓慢放下。如图 4-47 所示。

图 4-47　超人式训练

视频　超人式训练

【次数与组数】20~30 次/组，3~4 组。

【注意事项】腰部保持放松，以背部用力为主，胸部抬高地面即可，不需要抬到最高。

【温馨提示】注意保持正确的发力方式。双手可拿小哑铃以增加训练强度。

2. W 动作

【作用原理】加强背部斜方肌下束、菱形肌的力量，以维持胸椎的力线，纠正胸椎后凸。

【技术要领】俯卧在健身椅或健身球上，保持腹部支撑，抬起胸部直至身体保持平直，双臂外展 90° 并外旋。手臂从“W”位置开始，向前移到至完全向上伸展开。动作速度不要太快，有控制地完成。如图 4-48 所示。

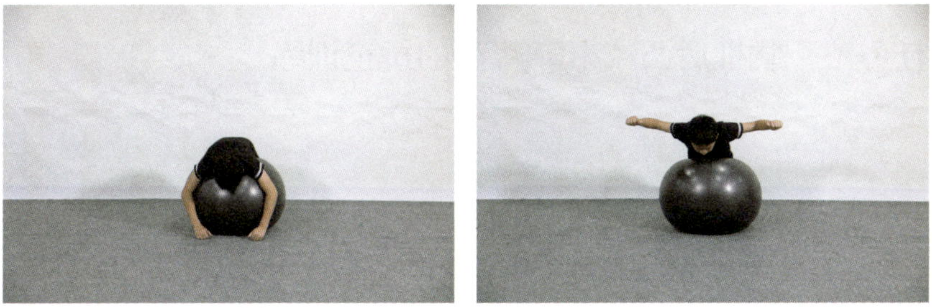

图 4-48　W 动作

视频　W 动作

【次数与组数】20~30 次/组，3~4 组。

【注意事项】在练习过程中要保持腰部肌肉的放松，只需要感受肩胛骨两侧肌肉的紧张即可。可以在手中握着轻重量的小哑铃或者其它物品来增加练习的难度。

【温馨提示】注意核心收紧，脊柱保持平直。

3. 瑞士球 T 形训练

【作用原理】加强菱形肌的力量，以维持胸椎的力线，纠正胸椎后凸。

【技术要领】俯卧在健身椅或健身球上，保持腹部支撑，抬起胸部直至身体保持平直，双臂外展 90° 并外旋。背部用力，使上臂向上抬起，做上臂水平后伸的动作，到最高点再缓慢放松。动作速度不要太快，有控制地完成。如图 4-49 所示。

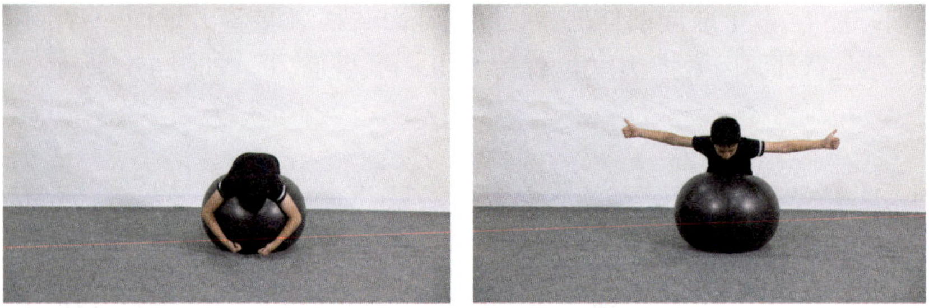

图 4-49　瑞士球 T 形训练

视频　瑞士球 T 形训练

【次数与组数】20~30 次/组，3~4 组。

【注意事项】在练习过程中要保持腰部肌肉的放松，只需要感受肩胛骨两侧肌肉的紧张即可。可以在手中握着轻重量的小哑铃或者其它物品来增加练习的难度。

【温馨提示】注意核心收紧，脊柱保持平直。

六、注意事项

（1）改善胸椎后凸首先要解决胸椎伸展受限的问题，因此经常需要进行关节放松和肌肉牵拉。在此基础上，进行力量训练的效果会更好。

（2）我们每天的姿势会决定自己的身体姿态。如果每天只做 1 小时的针对性训练，但连续 10 个小时无精打采、含胸驼背地坐在电脑前，还希望自己的身体姿势能神奇地自动修正是不太可能的。因此，我们需要时刻注意保持良好的体态，这是最重要的一点。

子任务三　胸椎后凸减小（平背）的矫正训练

一、概念

如果胸椎后凸的曲度过小，即背部过平、缺乏曲度，且胸椎后凸角小于 10°，则为胸椎后凸减小，又称“平背”。如图 4-50 所示。

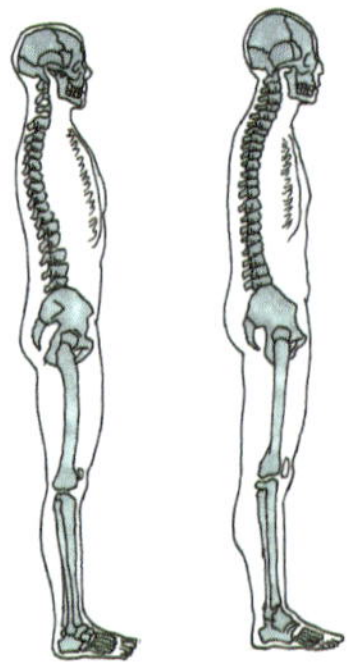

（a）　　（b）

图 4-50　胸椎后凸减少（平背）

（a）正常身体力线　（b）平背

胸椎后凸减小会影响整个脊柱在矢状面的力学平衡。就胸段而言，主要表现为胸椎前后方向的不平衡，具体为背侧的竖脊肌和大小菱形肌紧张，胸椎小关节屈曲受限。

平背体态的人通常会有轻微头前伸和整个人重心偏前的问题，主要分为以下 2 种类型。

（1）胸椎特别直，曲度变小或消失，而腰椎前凸的角度增加。

（2）胸椎和腰椎均非常直，棘突摸起来明显，背部整体呈一条直线。

二、原因

平背的原因有很多，主要包括姿势不良引起的平背、代偿腰椎出现的平背，以及疾病引起的平背。

（1）姿势不良。绝大多数人的平背都是由于长期的不良姿势引起的，例如久坐、葛优瘫、长期靠在较软沙发上看电视，导致背部肌肉长期紧张，最终引起平背。

（2）代偿腰椎。当腰椎曲度增加或减小时，上方的胸椎都会出现代偿性的调整。可以表现为后凸增加，也可以表现为后凸减小。

（3）疾病或手术因素。如脊柱侧弯、退行性椎间盘疾病、压缩性骨折、强直性脊柱炎、脊柱侧弯、腰椎融合手术、椎板切除术等，都可能引起脊柱曲度减少的平背体态。

三、危害

脊柱的任何活动均受到生物力学关系的制约和协调，脊柱正常的生理曲线在一定程度上反映出脊柱内部与周围组织之间错综复杂的整体的力学关系，而平背体态打破了人体正常的生理曲线，会造成不同程度的脊柱失稳，引发一系列脊椎损伤问题。

胸椎曲度减小后，胸廓的前后径减小，胸椎僵硬、活动度不足，除外观上的表现外，还容易引起背部不适、疼痛、活动受限等症状。

（1）外观表现。从后面进行观察，胸椎无生理后凸，两侧肩胛骨中间平坦或凹陷，有翼状肩胛。从侧观察，可能存在腰椎和颈椎曲度的代偿性表现，以颈前伸最为多见。

（2）酸胀疼痛。胸椎曲度变直后，周围肌肉韧带会缓慢发生劳损，肌肉僵硬引起血液循环障碍，进而引发疼痛。以背部和颈椎结合段的疼痛为主，久坐或长时间保持同一姿势时，疼痛加重。

（3）活动受限。胸椎曲度变直会使胸椎紧张度增加，引起胸椎活动受限的表现。在日常生活、工作以及运动过程中会受到影响，多以背部的僵硬感、紧束感为主，活动后缓解。

（4）呼吸困难。很少有临床症状，轻微活动时不明显，剧烈运动时可以表现为胸闷、心悸、气促。胸椎曲度变直会影响胸廓的容积，进而影响运动时心肺系统的供氧能力，产生呼吸困难等症状。

从脊柱的节段看，胸椎后凸减小，脊柱各节段均会出现代偿性改变，进而影响脊柱的整体功能。

（1）对腰椎的影响。骨盆后倾，腰椎曲度变小，身体重心更偏向前侧，为了保持直立，背部的肌肉会努力将重心向后拉，长此以往容易造成背部肌肉劳损，另一方面腰曲的变小还会造成腰椎稳定性的下降，引发腰椎退行性病变等腰部问题。运动时，胸椎僵硬需要腰椎进行旋转代偿，也会增加腰痛的风险。

（2）对胸椎的影响。胸椎曲度变小会使胸腔前后径缩短，有效容积减小，影响呼吸功能。并且胸椎曲度变小还会降低胸椎的活动度，引发颈椎、腰椎、肩胛骨的代偿活动，造成颈肩问题。除此之外，紧张的背部肌群，向后向内的肩胛骨还可能会造成臂丛神经卡压症状。

（3）对颈椎的影响。颈椎正常的生理曲度不仅可以支撑头部，缓冲震荡，还可以增强其对抗纵向压力的能力。而颈椎代偿性地曲度变小甚至反弓，不仅会弱化这些功能，而且还会造成颈椎失稳，颈椎周围肌肉、筋膜组织的改变，最终导致颈椎退变。

四、肌肉长度的变化

胸椎后凸减小会影响整个脊柱在矢状面的力学平衡。就胸段而言，它主要表现为胸椎前后方向的不平衡。具体来说，胸部前方的胸大肌、胸小肌、肋间肌以及腹肌被过度拉长，而背侧的竖脊肌、斜方肌中下束、大小菱形肌则过度紧张。此外，脊柱周围的肌肉和韧带也出现明显的不平衡，前纵韧带被拉长，后纵韧带短缩。胸椎后凸减小时肌肉长度的变化如表4-6所示。

表 4-6　胸椎后凸减小时肌肉长度的变化

项目	被拉长的肌肉	短缩的肌肉
胸椎后凸减小	胸大肌 胸小肌 前方肋间肌	竖脊肌 斜方肌中下束 大小菱形肌

五、胸椎后凸减小的纠正性训练

胸椎后凸减小时，其矢状面的曲度不易恢复。可以通过改善胸椎在旋转和屈伸方向的灵活性、减轻胸椎僵硬程度来增加后凸角度，并通过肌力强化来维持干预效果。

（一）抑制与放松

1. 胸椎旋转拉伸

【作用原理】通过主动最大用力旋转胸椎，增加胸椎的灵活性，改善平背。

【技术要领】四点跪姿，上肢和大腿与地面垂直，一手支撑身体，另一手放在枕后。肘部向上抬起，将上半身旋转到最大范围，保持几秒钟后，旋转回到起始位置。如图4-51所示。

图 4-51　胸椎旋转拉伸

视频　胸椎旋转拉伸

【次数与组数】每侧 10~20 次/组，2~3 组。

【注意事项】腹部收紧，腰椎尽量不动，减少代偿进行旋转。臀部保持不动。

【温馨提示】尽量旋转到最大。

2. 猫式脊柱屈伸练习

【作用原理】像猫咪一样弓腰、伸腰，增加腰椎屈曲和伸展的角度，进而改善胸椎的灵活性。

【技术要领】四点支撑位，肩胛骨前伸，双手推地，头颈延展带动胸椎逐节屈曲至胸椎下段，同时吸气到胸椎后侧，增加胸椎段屈曲幅度。然后头颈延展带动胸椎逐节伸展至胸椎下段，同时缓慢呼气，增加胸椎段伸展幅度。如图 4-52 所示。

【次数与组数】20~30 次/组，2 组。

【注意事项】放慢动作速度，感受胸椎伸展和屈曲的过程。

【温馨提示】伸展和屈曲的角度尽量达到最大。

图 4-52　猫式脊柱屈伸练习

视频　猫式脊柱屈伸练习

（二）激活和整合

1. 弹力带翻转训练

【作用原理】通过肩带的运动，带动胸椎产生屈伸运动，帮助改善胸椎僵硬，并增加背部肌肉的力量，以维持胸椎的正确位置。

【技术要领】站立位或坐位，双手握弹力带。起始动作，双臂伸直内旋（手心向下），低头含胸。背部和颈部用力，将脊柱伸直，同时双臂外旋（手心向上），直至肘部与腰部夹紧。如图 4-53 所示。

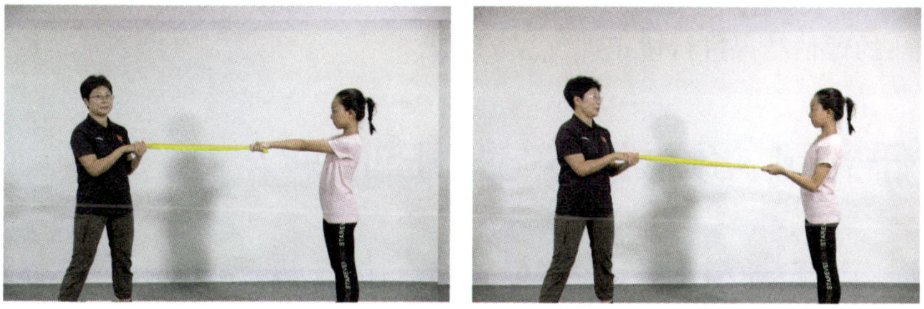

图 4-53　弹力带翻转训练

视频　弹力带翻转训练

【次数与组数】20~30 次/组，3~4 组。

【注意事项】肩带和脊柱的动作协调用力。

【温馨提示】弹力带越短，难度越大。

2. 跪姿旋转抗阻

【作用原理】在旋转和伸展过程中，胸椎的每个脊椎关节都以相似的方式相互运动。通过旋转运动来改善胸椎的活动性，并通过弹力带强化周围肌肉的力量。

【技术要领】四点跪位，双手分开与肩同宽，握紧弹力带，弹力带松紧过度。背部用力，左臂带动身体转向左侧，左臂后伸向后拉紧弹力带。双侧交替进行。如图 4-54 所示。

【次数与组数】每侧 20~30 次/组，2~3 组。

【注意事项】弹力带上应有足够的拉力，这样当我们再次进行旋转时，阻力有助于产生更多的向后旋转。身体保持直的状态，不要屈伸和侧屈。

【温馨提示】尽量旋转到最大角度。

图 4-54　跪姿旋转抗阻

视频　跪姿旋转抗阻

六、注意事项

与改善胸椎后凸增加一样，改善胸椎后凸减小也首先要解决胸椎伸展受限的问题。此外，在每天的生活、学习过程中，一定要保持正确的坐、站、走的姿势，养成良好的习惯。

思考与实践

（1）影响胸椎姿态的因素有哪些？

（2）胸椎后凸减少（平背）的危害有哪些？

（3）请根据胸椎后凸的评估结果进行矫正训练。

任务四　颈椎评估与矫正训练

颈椎是连接头部和躯干的枢纽，是神经和血管的通道，同时也是脊柱中最灵活、活动频率最高的部位之一。如果在日常生活中不注意保持正确的体态，很容易出现肌肉不均衡的现象，其中比较常见的是上交叉综合征和富贵包。严重的情况下，这些问题甚至会影响正常生活。因此,学会评估和确定颈椎的位置,并及时纠正颈椎存在的各种问题,保持正确的身体姿势,对颈椎健康至关重要。

学习任务

(1)能应用正确的评估方法对颈椎进行评估。
(2)能针对颈椎出现的不同问题进行针对性矫正训练。

学习目标

知识目标

(1)了解颈椎发生异常的原因。
(2)熟悉对颈椎评定方法及注意事项。
(3)掌握颈椎异常的矫正训练方法。

能力目标

(1)能通过胸椎后凸的角度、颈部和活动度和颈前伸角度的测量对颈椎进行评估。
(2)能根据评估结果进行分析解读,找出问题所在。
(3)能对颈椎出现的问题进行牵拉颈部伸肌、牵拉斜方肌上束等矫正训练。

素养目标

(1)培养学生严谨认真的学习态度。
(2)培养学生科学求实的精神。
(3)培养学生规范从教的职业操守。

子任务一　颈椎的相关知识认知与评估

一、颈椎的活动

颈椎位于整个脊柱的最上端,连接着胸椎和枕骨。颈椎不仅与胸椎、腰椎有共同的特点,还拥有其独特的力学特性和运动特点。然而,由于久坐、姿势不良、外伤等原因,颈椎可能会遭受急性和慢性损伤。

颈椎具有三个运动轴,即冠状轴、矢状轴和垂直轴,这使得颈椎可以进行屈伸运动、侧屈运动、旋转运动以及环转运动。

颈椎的运动是各个节段运动的综合体现。从运动范围和幅度来看,大部分运动发生在上位颈椎,即从枕骨到C2之间,这包括寰枕关节(C0-C1)和寰枢关节(C1-C2)。从C2到C7的每个椎体之间,都可以进行屈伸、侧屈和旋转运动。屈伸活动主要发生在C4-C5和C5-C6节段,其运动范围约为15°。这两个节段的颈椎静态曲度最大,同时也是应力集中的部位,因此颈椎屈曲性损伤和骨质增生常在这两个节段发生。如图4-55所示。

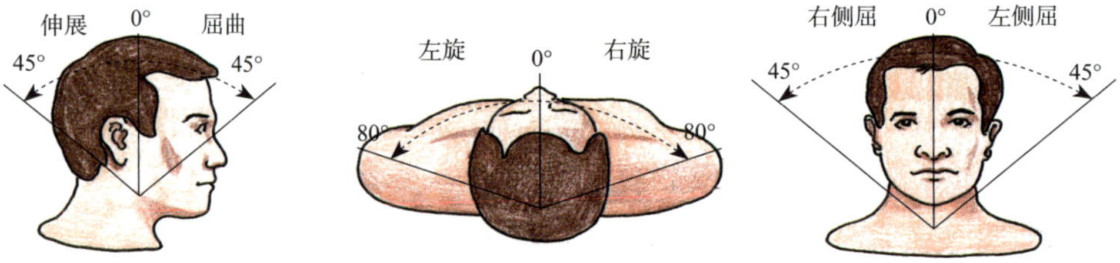

图 4-55 颈椎的活动方式及活动范围

二、椎间盘的运动及生理曲度

屈曲时，椎间盘的前部被压缩而变窄，髓核后移，后部增宽；伸展时则与之相反。颈椎处于中立位时，椎间盘前部高度大于后部高度，这与正常生理条件下所形成的颈椎生理前凸弧度相符合。颈椎伸展时，前部高度的增大幅度会变小；屈曲时则相反。这些变化在 C4-C5、C5-C6 和 C6-C7 节段最为显著。

颈椎的生理曲度改变与颈椎病的关系非常密切。临床发现，当颈椎病初次发作或出现症状时，往往伴随着颈椎曲度的变化。常见的改变是生理曲度变直或反张。同时，儿童和青少年可能会感到颈部酸胀不适或活动受限。这种征象通常在颈椎发生严重的退行性改变之前就已经出现。在长期不良姿势、椎间盘髓核脱水和退行性变的情况下，颈椎的生理前凸可能会逐渐消失，甚至变直或反张弯曲。因此，颈椎的生理曲度改变在颈椎病的早期诊断中具有重要价值。

通常，颈椎前凸生理曲度的消失或反张弯曲多见于颈椎椎间盘病变、颈型或神经根型颈椎病。尤其在急性期，由于受累的小关节出现急性炎症，关节骨膜及关节囊肿胀，邻近的神经根受到激惹。儿童青少年多表现为颈肩部紧张，活动明显受限，这可能导致颈椎生理曲度变直。

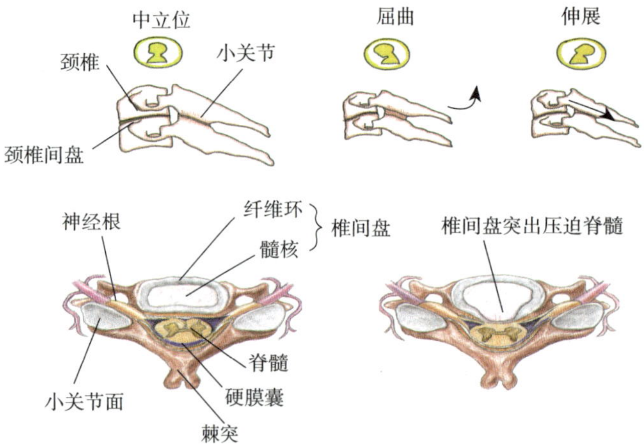

图 4-56 颈椎间盘的运动和颈椎间盘突出

不同类型的颈椎病，其生理曲度的改变情况也有所不同。神经根型颈椎病和混合型颈椎病的曲度变化较为明显，而以椎间盘突出为主的脊髓型颈椎病的颈椎曲度变化相对较小。颈椎病的症状与生理曲度之间也存在一定的关系：颈部症状明显者，颈椎曲度变化也明显；而颈部症状较少或无者，曲度变化则较小。从这个角度来说，保护颈椎正常的生理曲度就是在预防颈椎病的发生。如图 4-56 和图 4-57 所示。

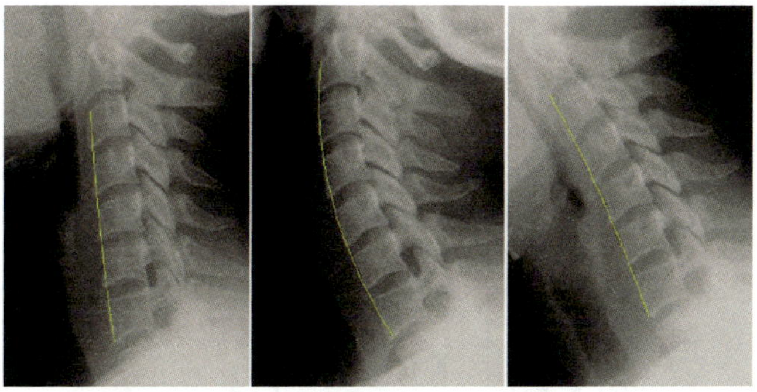

图 4-57　颈椎曲度的变化

（a）颈椎曲度变直　（b）颈椎曲度正常　（c）颈椎反弓（向后突）

三、椎间盘的受力

椎间盘间受力的大小随低头角度的增加而不断增加。当身体直立时，成年人的头部一般为 5 kg 左右。

看电脑或电视时，低头角度约为 15°，颈椎间盘压力增加到 12 kg；伏案工作时，低头角度约 30°，颈椎间盘承受 18 kg 压力；看手机时，低头角度约 60°，颈椎间盘承受压力达 27 kg，相当于扛着一袋大米的重量。因此，颈椎间盘突出和由此引发的疼痛，最容易出现在长期低头、伏案的人身上，减少低头的角度和时间，是预防颈椎病的关键。如图 4-58 所示。

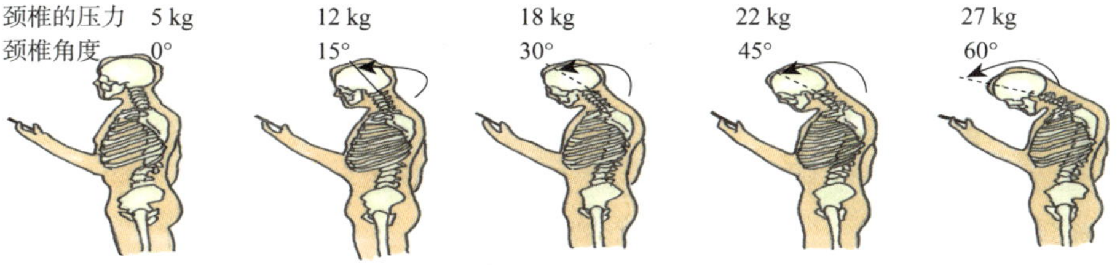

图 4-58　低头角度与颈椎受力的关系

四、颈椎的肌肉力量

正常颈椎的平衡维护涉及两个方面：一方面，内源性稳定起着静力平衡作用，它涵盖了椎体、附件结构、椎间盘以及相连的韧带系统；另一方面，外源性稳定则通过肌肉的调节和控制实现动力平衡，这是脊柱运动的基本驱动力。内源性稳定为脊柱稳定性构筑了基础框架，而外源性稳定则是维持脊柱动态稳定的必要条件。

近年来，大量研究证实颈椎病的发生与发展与颈椎周围肌肉系统的健康状况密切相关。当肌纤维遭受损伤或肌力减弱时，会直接破坏颈椎的动静态平衡，降低其力学性能，进而加速颈椎的退行性改变。

等长抗阻训练作为一种稳定性训练手段，在训练过程中椎体仅发生微小移动或保持不动。这种训练方式能够有效地强化颈部肌肉的功能，并有助于缓解或减轻相关症状。随着儿童青少年颈部肌肉耐力逐渐恢复至一定水平，可以逐步引入动态训练，以增强颈部核心肌群及其整体的稳定性。然而，应当注意的是，动态训练并不能替代稳定性训练。若儿童青少年颈部尚未实现有效的稳定性和控制能力，过早或不适当的动态训练反而可能加重儿童青少年的不适症状。如图 4-59 所示。

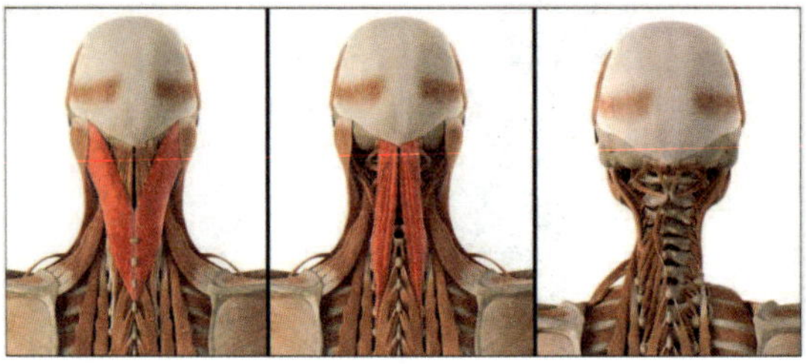

图 4-59　颈部肌肉与颈椎稳定性

子任务二　上交叉综合征的矫正训练

一、概述

上交叉综合征（Upper Crossed Syndrome）是由弗拉基米尔·扬达博士首次提出，也被称作近端或肩带综合症，是由背部和颈部肌肉的无力和被动伸长以及前部肌肉的紧张及缩短引起的，通常表现为圆肩、驼背和头部前伸的姿势，可导致颈部和肩部肌肉紧张和疼痛、头痛和头晕、手臂麻木、呼吸困难、恐慌、胸部紧迫或束带感。

上交叉综合征以颈肩部的肌力不平衡为主，需要系统评估整个脊柱的形态，特别是胸椎后凸的角度和颈部的活动度。在此基础上，还要评估颈前伸角度，方法如下。

将坐标纸贴于墙面或其他平整固定物，被测者以日常习惯站姿赤足站立，右侧朝向坐标纸站立。选取第 7 颈椎棘突和耳屏点为标志点。被测者低头时，其隆起于项背交界处。当被测者第 6 颈椎棘突比第 7 颈椎棘突长时，被测者反复屈伸颈部，曲颈（低头）时明显突起，伸颈（抬头）突起回收的为标志点（第 7 颈椎棘突）。测试者定位第 7 颈椎棘突和耳屏点，使用直尺将耳屏点和第 7 颈椎棘突对应位置标记在坐标纸上。将第 7 颈椎棘突与耳屏点连线，设为直线 a；过第 7 颈椎棘突做与地面平行的水平线，设为直线 b；测量直线 a 和 b 的夹角，记为 α，单位为度。如图 4-60 所示。这一角度也被称为颅椎角（CVA）。通常认为 CVA<53°，则存在颈前伸，角度越小，颈前伸程度越严重。

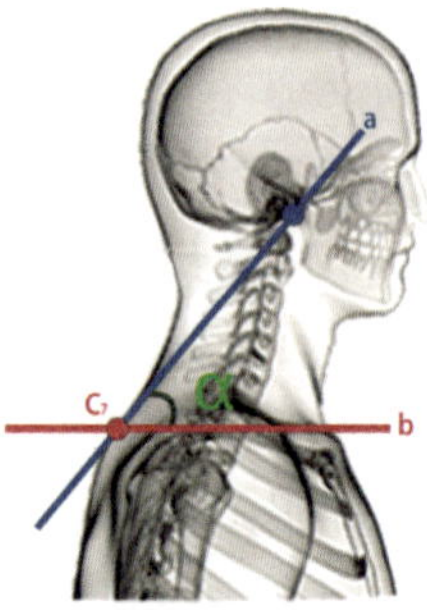

图 4-60　颈部前伸结果表示

二、原因

引起上交叉综合征的常见原因有以下 2 种。

（1）日常生活中各种不良姿势。易出现在长期以错误动作/姿势伏案工作以及玩手机的人群，如程序员、学生、电竞选手，特别是人们长期在一张完全不符合人力工程学的的电脑桌上面办公的时候，上交叉综合征的发生率很高，并常伴随颈肩部不适的症状。

（2）锻炼不当。在运动健身的过程中，如果过度锻炼胸部肌肉而忽视背部肌肉锻炼，且对胸部肌肉不进行拉伸的健身人群，会令前胸的肌肉（即胸大肌）及上背过紧，下背及近颈的肌肉（即菱形肌和斜方肌中下束）过弱，进而形成上交叉综合征的体态。如图 4-61 所示。

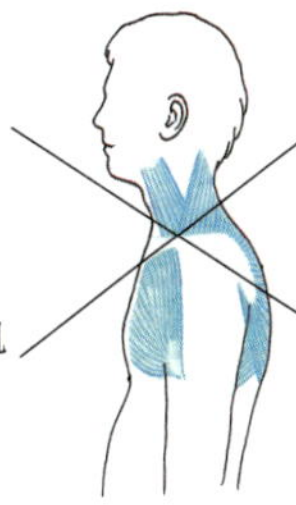

图 4-61 上交叉综合征

三、危害

上交叉综合征表现出的异常姿态，在一定程度上改变了颈肩部位的力学结构，对肌肉、关节、椎间盘都造成不同程度的影响，并诱发疼痛症状。

（1）影响体态和形象。上交叉综合征表现出含胸、驼背、圆肩、颈前伸的姿态，会影响个人气质和形象，给人一种垂头丧气、无精打采的感觉，穿衣的美感也大打折扣，视角上会比实际身高矮。

（2）引起肩颈部酸痛。颈肩部前后肌力不平衡，颈前伸使颈椎间盘受力不均，引起颈椎曲度变直甚至反弓，增加颈部疼痛和颈椎病的风险。这也是上交叉综合征最大的风险和危害。

（3）影响内脏器官的功能。含胸驼背会使得胸腔容积变小，呼吸不顺畅，影响心肺的供氧能力。腹腔容积减小，影响消化和营养吸收，容易造成便秘。

四、肌力不平衡

上交叉综合征中受影响的肌肉如下。

（1）紧张的肌肉主要位于胸部前方和颈部后方，主要有胸大肌、胸小肌、肩胛提肌、上斜方肌、胸锁乳突肌和斜角肌等。

（2）薄弱的肌肉主要位于颈部前方和背部后方，主要有菱形肌、下斜方肌、小圆肌、冈下肌、前锯肌和颈深屈肌等。

上交叉综合征时肌肉长度的变化如表 4-7 所示。

表 4-7　上交叉综合征时肌肉长度的变化

	被拉长的肌肉	短缩的肌肉
上交叉综合征	菱形肌、中斜方肌 下斜方肌、前锯肌 小圆肌、冈下肌 颈深屈肌	胸大肌、胸小肌 肩胛提肌、上斜方肌 胸锁乳突肌、斜角肌

五、纠正性体态干预方案

针对上交叉综合征所表现出的肌力不平衡问题，除了需要放松胸大肌和胸小肌之外，还应对颈部后侧紧张的肌肉进行牵拉放松，并对诸多薄弱肌肉进行强化训练。

（一）抑制与放松

伸展练习可以有效地拉长痉挛的肌肉，从而缓解肌肉紧张和疼痛。通常需要伸展的肌肉包括颈部的屈肌、伸肌、侧屈肌以及斜方肌上束等。

1. 牵拉颈部伸肌

【作用原理】采用静力性牵拉的方法，通过屈曲颈椎的动作，牵拉放松颈部伸肌。

【技术要领】坐位或站立位，保持颈、肩和躯干成一直线。缓慢地低头，使下颌向胸口靠近，感觉颈部后面有牵拉感。如图 4-62 所示。

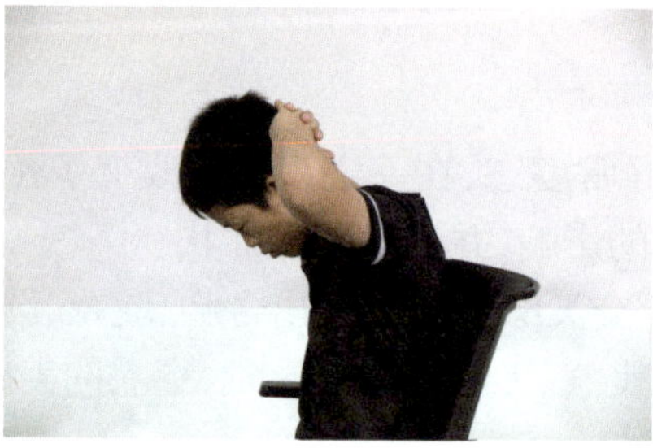

图 4-62　牵拉颈部伸肌

【次数与组数】30 s/次，2~3 次。

【注意事项】肩膀肌肉放松，手部适当用力，不宜过大。

【温馨提示】以颈部后侧有牵拉感、但不引起疼痛为度。

2. 牵拉斜方肌上束

【作用原理】采用静力性牵拉的方法，牵拉放松斜方肌上束，以减少肌肉的离心性疲劳，缓解颈前伸。

【技术要领】坐位或站立位，保持颈、肩和躯干成一直线。左手跨过头部抓位头部右侧，并向左倾，微微左旋并低头，感觉右侧斜方肌有牵拉感。用同样的方法牵拉左侧。如图 4-63 所示。

【次数与组数】30 s/次，2~3 次。

【注意事项】右手抓住椅子可以固定肩部，加强牵拉效果，手掌的牵拉力大小适当。

【温馨提示】以颈部后侧有牵拉感、但不引起疼痛为度。

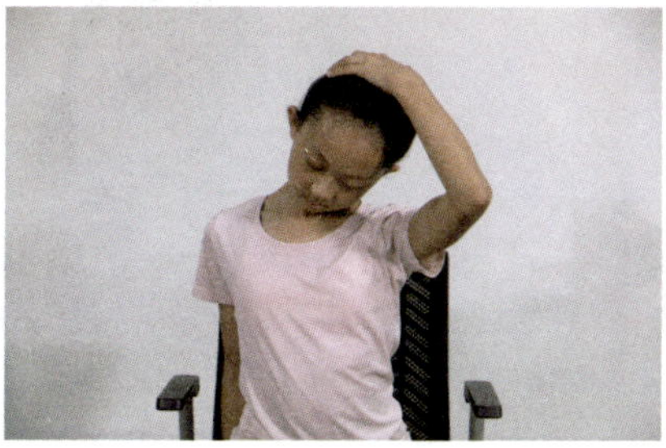

图 4-63 牵拉斜方肌上束(右侧)

3. 牵拉肩胛提肌

【作用原理】采用静力性牵拉的方法，牵拉放松紧张的肩胛提肌，以减少肌肉的离心性疲劳，缓解颈部的紧张和僵硬感。

【技术要领】坐位或站立位，保持颈、肩和躯干成一直线。坐位或站立位，左手跨过头部抓位头部右侧，头部向左倾，从肩胛骨边缘到右边颈部感觉紧绷，感觉肩胛提肌有牵拉感。用同样的方法牵拉左侧。如图 4-64 所示。

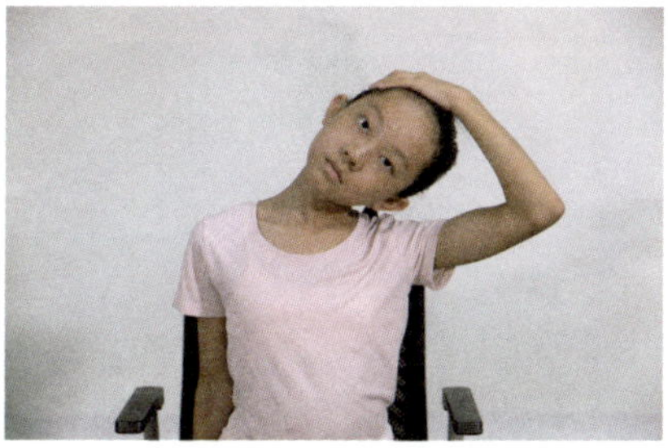

图 4-64 牵拉肩胛提肌(右侧)

【次数与组数】30 s/次，2~3 次。

【注意事项】肩部适当固定，手掌的牵拉力大小适当，避免躯干倾斜。

【温馨提示】以颈部后侧有牵拉感、但不引起疼痛为度。

(二)激活与整合

1. 头部后缩练习(双下巴练习)

【作用原理】激活颈深屈肌，纠正颈前伸，维持颈椎的动态稳定。

【技术要领】坐直或站立位，保持颈、肩和躯干成一直线。保持下颌高度，直视前方。像乌龟缩起脖子，把下巴向后缩直到颈部后面感觉拉直。维持 10 s。如图 4-65 所示。

【次数与组数】20~30 次/组，2~3 组。

【注意事项】躯干保持不动，以颈部后缩、肩部向后打开为主。

【温馨提示】注意下颌水平向后移动，不是向后抬头或仰头动作。

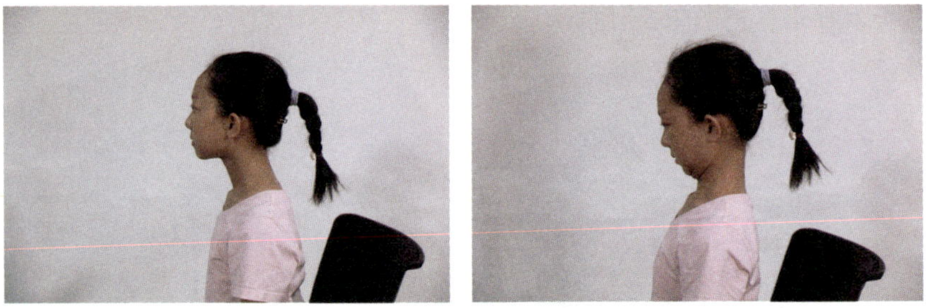

图 4-65　头部后缩练习（双下巴练习）

视频　头部后缩练习（双下巴练习）

2. 颈部伸肌等长练习

【作用原理】激活颈部伸肌，纠正颈前伸，维持颈椎的动态稳定。

【技术要领】坐直或站立位，保持颈、肩和躯干成一直线。两手交握置于脑后，头部向后用力，双手向前用力，双手和头用力做静力性对抗。维持 10 s。如图 4-66 所示。

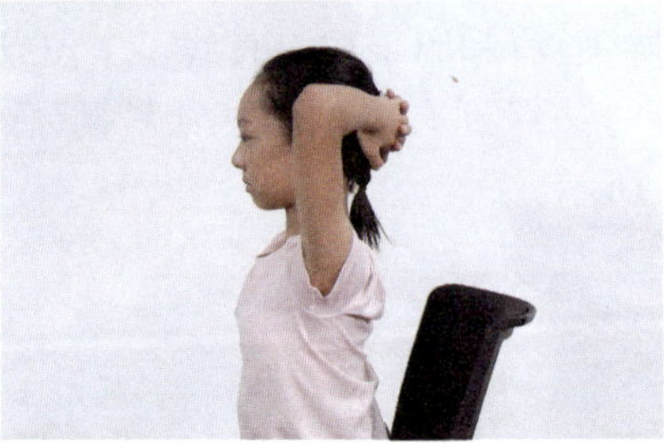

图 4-66　颈部伸肌等长练习

视频　颈部伸肌等长练习

【次数与组数】20~30 次/组，2~3 组。

【注意事项】躯干和颈部保持不动，静力对抗为主。

【温馨提示】注意下颌水平向后移动，不是向后抬头或仰头动作。

3. 颈部侧屈等长练习

【作用原理】激活颈部侧屈肌肌力，纠正颈前伸，维持颈椎的动态稳定。

【技术要领】坐直或站立位，保持颈、肩和躯干成一直线，微收下颌。手掌放在右侧头部侧方，掌心固定头部，头部向右侧用力，保持姿势不动，双手和头用力做静力性对抗。维持 10 s，双侧分别进行，如图 4-67 所示。

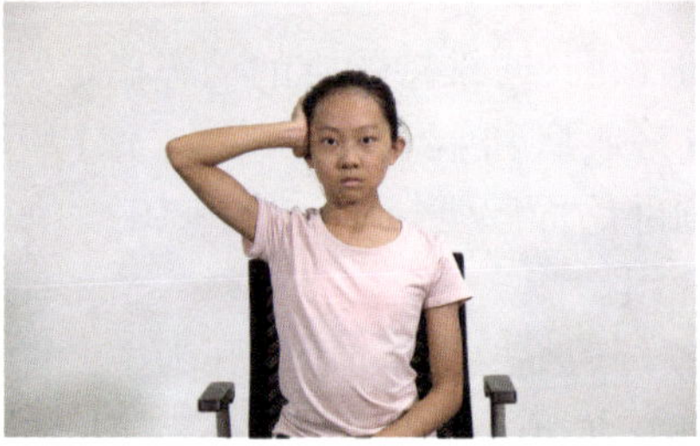

图 4-67　颈部侧屈等长练习

视频　颈部侧屈等长练习

【次数与组数】20~30 次/组，2~3 组。
【注意事项】躯干和颈部保持不动，静力对抗为主。
【温馨提示】头部保持在中立位，不要侧屈或旋转。

六、注意事项

指导儿童青少年维持正确的颈部力学位置，确保他们在站、坐、走、睡等各种体位下都能保持良好体态。例如，在使用电脑和手机时，应尽量保持躯干挺直，微收下颌。同时，要调整电脑屏幕至与视线平齐，建议使用笔记本升高架。此外，要避免长时间久坐，每小时应站起活动 5~10 分钟。在睡觉时，应确保枕头的高度和软硬适中。最后，建议经常进行颈部肌力练习，以增加颈椎的稳定性，这对预防颈痛具有积极的作用。

子任务三 富贵包的矫正训练

一、概述

富贵包并非一个正式的医学或运动学术语，而只是人们对这种特殊体态的一种俗称。从解剖学的角度来看，富贵包通常指的是第六颈椎到第三胸椎节段的突起，它是一个颈椎和胸椎交界处出现的形态问题。富贵包的形成源于颈椎软组织的纤维化损伤，这种损伤通常不易察觉。因此，富贵包出现后一般不会引起疼痛或瘙痒，也不会伴随其他明显的不适感。但实际上，富贵包内部积聚的是增生性的脂肪、软组织和椎体棘突。随着肌肉组织的弹性逐渐降低，颈椎的支撑能力也会日益减弱，久而久之，出现颈痛症状。如图 4-68 所示。

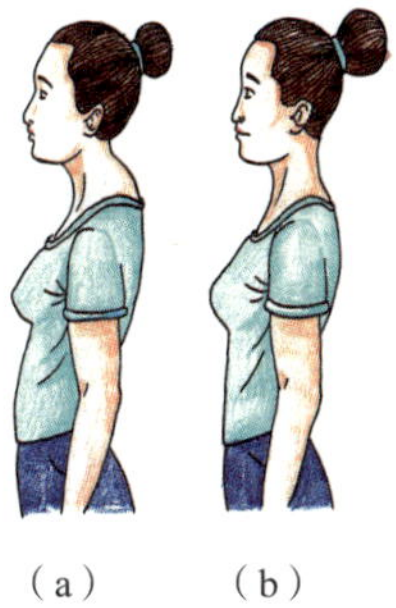

（a）　　（b）

图 4-68　富贵包

（a）富贵包体态　（b）正常体态

富贵包与上交叉综合征紧密相连，它不仅是上交叉综合征进一步恶化的表现，更会影响到颈胸结合段的软组织和脊柱曲度。同时，它还可能伴随局部活动受限、僵硬和疼痛等问题。因此，富贵包不仅仅影响美观，更是一个严重的颈部结构问题，并成为引发颈肩部疼痛和颈椎病的重要因素。

颈椎位置的僵硬和肿胀是由富贵包增厚和变硬所引发的。由于长期的无菌性炎症，颈椎的肌肉会发生纤维化，进而导致颈部活动受限。如果这种情况长期得不到有效治疗，富贵包会变得越来越硬，最终可能导致骨质的严重变形，引发骨质增生和颈椎退行性改变，对人体造成不可逆的损害。

二、原因

富贵包的出现与长期的低头动作紧密相连，它是不良姿态日积月累的结果。

（1）低头族。现代人由于工作方式和手机的普及，低头族越来越多。低头这个动作本就与颈椎的自然曲度相违背。如果长期低头，不仅会增加颈椎的压力，还会加速肌肉的应激性紧张。时间一长，就会导致严重的颈椎问题。富贵包的形成就是颈椎问题的一个缩影。由于走路、坐车、吃饭、上厕所时都会不停地低头看手机，导致颈部的压力持续增大，时间一长就会形成劳损，从而出现富贵包。

（2）坐姿不良的人。错误的坐姿也会导致富贵包。因为错误的姿势会给颈椎和腰椎带来巨大的压力，使得肌肉容易出现痉挛和劳损，从而导致富贵包的出现。

（3）肥胖人群。富贵包的形成与脂肪的堆积有关。体型肥胖的人大多脖子粗短，这是因为颈部也聚集了大量的脂肪。这就要求我们时刻注意自身的饮食习惯，加强运动，保持健康合理的身材。

三、危害

富贵包的危害是多方面的，除了影响美观，更重要的是影响上胸段和颈段的脊柱健康。

（1）影响外观。出现富贵包时，颈椎下段向后凸出，伴随颈椎上段过度前伸，使整个人看起来虎背熊腰，影响气质和外观。

（2）肩颈疾病。富贵包主要长在第 7 颈椎周围，随着富贵包逐渐增大，周围软组织变得越来越硬，它也会逐渐压迫颈椎，使颈椎弯曲的形状更加突出，头部都会有种前移的感觉。长此以往，颈椎压力会更大，颈椎曲度会减小甚至反弓，从而可能引发头痛、头晕、颈椎病等相关疾病。

（3）压迫神经。颈椎处其实有非常多的神经，所以随着富贵包的增大，它同样会压迫到交感神经，可能引发多种问题，比如高血压、心率过快、胸闷气短、手脚发麻、走路不稳、恶心呕吐、失眠健忘、耳鸣甚至听力下降等。

四、富贵包的纠正性训练

富贵包的干预和处理需在上交叉综合征的基础上，进行更有针对性的措施，以改善局部的代谢，促进损伤组织的恢复，恢复关节的活动度和力学平衡，从而减小富贵包的体积，改善外观，并缓解症状。

（一）抑制与放松

1. 按摩球放松颈后部

【作用原理】通过按摩球放松上颈段与枕骨下方的肌肉，缓解上颈段代偿性伸展引起的僵硬和活动受限。

【技术要领】仰卧位，将按摩球放在颈部后方肌肉丰厚处。头部轻轻后压，局部可有酸胀感。如图 4-69 所示。

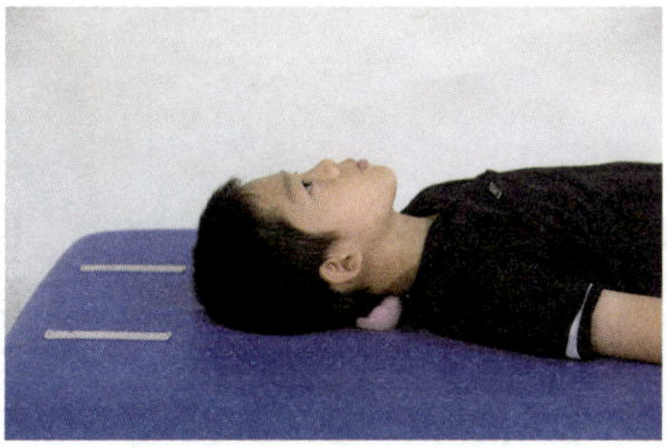
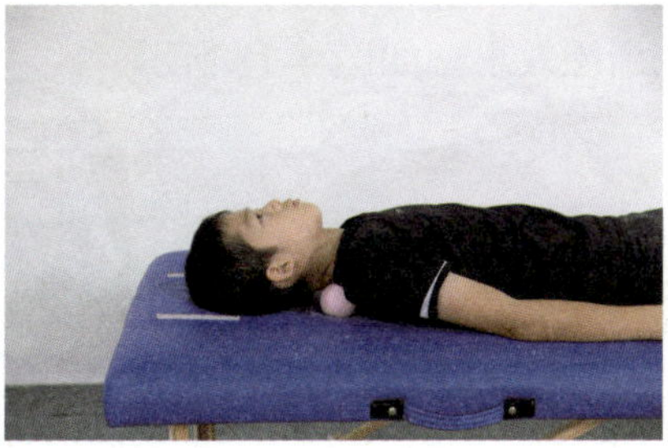

图 4-69　按摩球放松颈后部

【次数与组数】20~30 s/次，2~3 次。

【注意事项】头部下压的力以肌肉有酸胀感、但不疼痛为度，不是越痛越好。

【温馨提示】可做微微收下颌的动作。

2. 颈部滚压泡沫轴

【作用原理】通常泡沫轴与富贵包最突出的部位周围挤压，帮助改善局部僵硬和后凸。

【技术要领】仰卧在泡沫轴上，泡沫轴放在富贵包上，向后伸展背部。沿脊柱局部上下滚动。如图 4-70 所示。

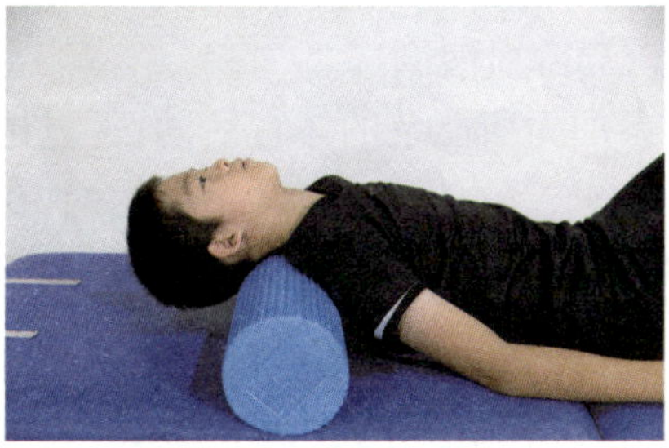

图 4-70　颈部滚压泡沫轴

【次数与组数】30 s/次，2~3 次。

【注意事项】如果使用泡沫轴不舒服的话，试着用更薄的工具（比如卷起的毛巾）。

【温馨提示】滚压的力度以不引起疼痛为度。

（二）激活和整合

1. 颈部肌肉的训练

颈部四周各方向的肌肉都需要训练，特别是伸肌要重点强化。常用的训练动作包括头部后缩练习（又称双下巴练习）、头部向前、向后及向左右侧面的等长肌力练习等。

需要注意的是，肌力训练时需要保持头部和颈部处于中立位，在正确的关节位置上进行训练，这样可以加强颈肩部位的本体感觉，有助于保持头颈部的正确位置。

2. 背部相应肌肉的训练

通过强化背肌，可以改善胸椎后凸，对预防和纠正颈椎问题有重要作用。主要针对竖脊肌、斜方肌中束和下束、大小菱形肌进行训练。常用的动作有小燕飞、YTW 动作等。

需要注意的是，在进行背部肌肉训练时，也应先调整头颈部的位置，将脊柱调节到中立位，双肩向后打开，再进行训练。如果在颈前伸的位置进行训练，不仅会影响动作的质量，还会大大降低训练效果。如图 4-71 所示。

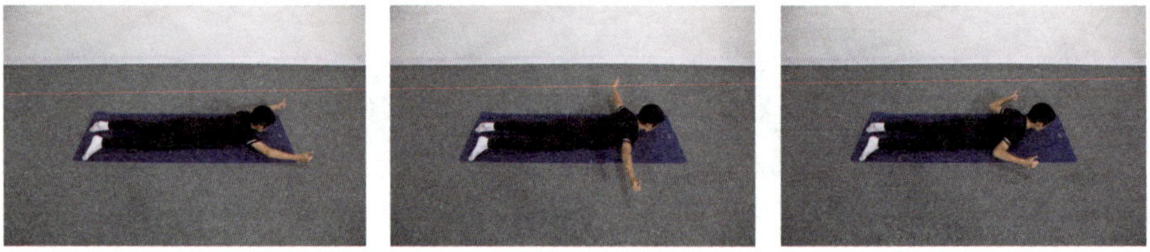

图 4-71　YTW 动作

视频 YTW 动作

五、注意事项

（1）不要保持一个姿势时间太长，建议每小时换换姿势，起来活动活动，做做肌肉拉伸，缓解一直紧张的肌肉。

（2）保持正确的姿势可以使颈肩部放松，有效地预防与缓解颈椎不适。

（3）建议选择高低适中的枕头，中间低两边高，材质透气、软硬适中。枕头一定要垫到颈后部，对颈部有支撑，不能垫到肩膀，更不能只垫到头后部的一半。

（4）注意颈部保暖，以改善局部血液循环。

（5）注意劳逸结合，适当参加力所能及的体育活动，可以选择游泳、羽毛球等运动，一周 2 次，每次 1 小时。尤其是蛙泳，头部不停地潜水、抬出水面，在水中肌肉也呈现漂浮放松状态，能够较好地缓解颈背肌肉紧张。

思考与实践

（1）引起上交叉综合征的原因有哪些？
（2）哪些训练可以纠正上交叉综合征？
（3）引起富贵包的原因有哪些？
（4）如何对富贵包进行干预处理？

任务五　脊柱侧弯的治疗建议

脊柱侧弯，又称为脊柱侧凸，是一种表现为脊柱在冠状面上发生异常横向弯曲的脊柱畸形。脊柱侧弯通常发生在胸段、胸腰段和腰段的脊柱区域，具体表现为脊柱弧形（或称为“S”形）变形，通常伴随有脊柱的旋转和矢状面后凸或前凸角度的变化。早期的脊柱侧弯症状可能较轻不易察觉，但随着生长发育，可能会出现身高增长落后于同龄人，以及胸廓不对称、双肩高度不一致等体态问题。

脊柱侧弯的最佳矫正期一般是儿童青少年 11~13 岁，通过 X 光检查可以确定病情，此时被视为治疗的关键时机，因为这个阶段恰逢青少年生长发育的重要时期，在此期间进行矫正可取得相对更快的效果。

一旦发现儿童青少年存在脊柱侧弯，应对其生长发育潜力、侧弯的位置和程度、腿部形态、日常生活和运动习惯等多方面进行系统评估，以确定治疗方案。但无论是否使用支具进行治疗，针对性的康复治疗和训练都是必不可少的，并贯穿整个脊柱侧弯康复期的全程，直至生长发育期结束、侧弯程度稳定不变。

学习任务

(1)能应用正确的评估方法对脊柱进行评估。
(2)能对脊柱侧弯问题提供针对性意见。

学习目标

知识目标

(1)了解脊柱侧弯的原因。
(2)熟悉对脊柱侧弯评定方法及注意事项。
(3)掌握脊柱侧弯的矫正训练方法。

能力目标

(1)能应用观察法、Adam 向前弯腰试验、脊柱旋转角测试和矢状面人体重心偏移等评估方法对脊柱进行评估。
(2)能根据评估的具体结果进行分析解读，找出问题所在。
(3)能对脊柱侧弯问题提供有效的治疗意见和预防方法。

素养目标

(1)培养学生严谨认真的学习态度。
(2)培养学生科学求实的精神。
(3)培养学生之间相互配合，相互纠正的团结互助的情感。

子任务一　脊柱侧弯的相关知识认知

一、脊柱侧弯概念与危害

脊柱侧弯是指脊柱的一个或数个节段在冠状面上偏离身体中线向侧方弯曲，形成一个带有弧度的脊柱畸形，通常还伴有脊柱的旋转和矢状面上后凸或前凸的增加或减少，同时还有肋骨左右高低不等、骨盆的旋转倾斜畸形以及椎旁韧带和肌肉的异常。如图 4-72 所示。

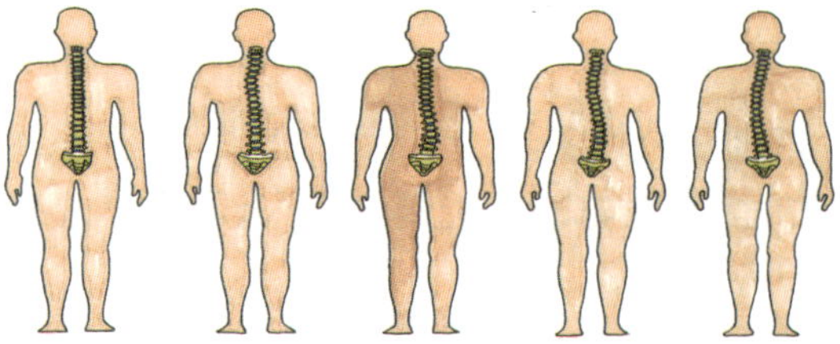

正常脊柱　胸段C弯　腰段C弯　胸腰S弯　胸腰段C弯

图 4-72　脊柱侧弯

脊柱侧凸通常发生于胸椎、腰椎或胸腰结合部的脊椎。侧弯可能出现在脊柱一侧，呈"C"型，或在双侧出现，呈"S"型。

需要注意的是，脊柱侧弯不仅仅发生在冠状面，即椎体不仅在左右方向上偏离身体正中线，还伴随着旋转和矢状面的改变，这是脊柱三维结构的异常。

轻微的脊柱弯曲异常会影响儿童青少年的姿势和体态，使脊柱着力的作用点不平衡，导致青少年易产生疲劳感和背部不适。如不加以干预，畸形和疼痛会加剧，严重时可能会损伤脊髓和神经根，进而引发头痛、失眠、记忆力减退、呼吸功能下降、腰背部疼痛，甚至可能造成瘫痪。同时，异常的弯曲也会妨碍内脏器官的功能和发育。如果脊柱不正引起了肋骨和胸廓的畸形，还将造成心肺功能障碍，甚至可能导致心脏功能衰竭。

二、脊柱侧弯患病现状及病因

脊柱侧弯虽然听上去陌生，但其实并不少见。我国脊柱侧弯的发病率为1%~2.7%。如按2%估算，在我国3亿儿童青少年中，患者数目达到6千万。在广东省，脊柱侧弯的发生率约为3%，在8~14岁的儿童青少年中尤为常见。在快速生长发育期间，脊柱侧弯的患病率有逐年增高的趋势，之后患病率则趋于稳定，且女性患者较多，男女比例大约为1:4。

在青少年患者中，80%的脊柱侧弯是特发性的，被称为青少年特发性脊柱侧弯，即原因不明的脊柱侧弯。目前，10岁以下的儿童青少年发生脊柱侧弯的比例越来越高，而且多数是先天性的。

除此之外，一些疾病也会导致脊柱侧弯的发生，如先天性半椎体、脊髓纵裂、腰椎骶化，以及后天的脊柱结核、脊柱肿瘤、脊髓灰质炎后遗症、神经纤维瘤病、肌营养不良、外伤等都可造成脊柱侧凸或前后凸。双下肢不等长亦可造成脊柱的代偿性侧凸，其脊柱异常程度主要与原发疾病的性质和严重程度有关。

另外，儿童青少年一些不良的学习生活习惯也可能会引起脊柱侧弯，比如长期用双肩的一侧背书包、书包过于沉重、不注意日常锻炼、营养不良缺乏钙质等。

子任务二　脊柱侧弯的筛查与评估

由于青少年特发性脊柱侧弯在生长发育期间有加重的风险，因此早发现、早治疗对青少年来说极为重要，可以最大限度减少脊柱侧弯加重的风险，使脊柱的外形和功能得到最大恢复，减少成年后脊柱慢性退化和相关疾病的发生。

一、脊柱侧弯的筛查

脊柱侧弯是脊柱的三维结构改变，其中冠状面的不对称是最核心的表现。因此，教练和家长应注意观察孩子的体姿体态，以及早发现脊柱侧弯的迹象。孩子应穿着紧身且轻薄的衣服，男孩子可以暴露上身，女孩子可以穿着紧身内衣，自然放松站立。教练应从前后左右各个方向进行仔细观察。中重度的脊柱侧弯通常很容易被发现，但轻度的脊柱侧弯需要更仔细地观察。常见的脊柱侧弯迹象有以下 2 个方面。如图 4-73 所示。

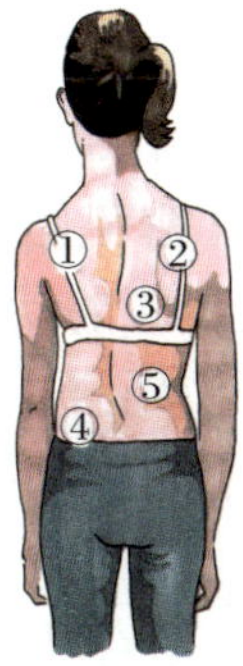

图 4-73　脊柱侧弯的表现

（1）前面观。

①身体朝一侧倾斜。身体中心线偏离了身体的重垂线。

②高低肩。双肩一边高一边低，提示可能有上胸段或胸段侧弯，高侧通常为凸侧，低侧为凹侧。

③手臂自然下垂时，手臂与身体的间隙不对称。提示可能有胸段侧弯，间隙小的一侧为凸侧，间隙大的一侧为凹侧。

④腰部的皱褶或曲线不对称。提示可能有腰段侧弯，凹陷较大的一侧为凹侧，凹陷较小的一侧为凸侧。

⑤胸廓不对称，女孩双乳发育不对称。胸廓凸出较大的一侧通常是凸侧，但这一点并不是绝对的。

（2）背面观。

①一侧肩胛骨比另一侧凸出。凸出较明显的一侧为凸侧。

②后背隆起，双侧不对称。隆起较高的一侧为凸侧。如出现在胸段，则可能提示胸段侧弯；如腰部后面的肌肉不对称，则可能提示腰段侧弯。

③可能存在髂后上棘不等高的情况，即有长短腿的现象。

通常脊柱侧弯的诸多迹象不是单一出现的，在一个青少年身上，如果同时出现多项不对称的表现，则高度怀疑存在脊柱侧弯。

对怀疑有脊柱侧弯的孩子，可以进行进一步的筛查。常用的方法有 Adam 向前弯腰试验、脊柱旋转角测试和矢状面人体重心偏移测试。如图 4-74 所示。

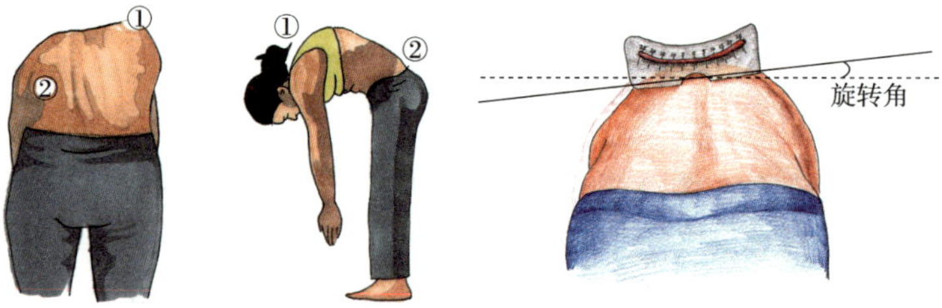

图 4-74　Adam 向前弯腰试验及脊柱旋转角测试

①胸段隆起　　②腰段隆起

（1）Adam 向前弯腰试验。被检查者裸露整个腰背部，自然站立，双足与双肩等宽，双目平视，手臂自然下垂，双膝伸直，然后使躯干由颈至腰逐渐向前弯曲至 90°。检查者坐在被检查者的正前方或正后方，双眼平视，从切线位观察其背部是否对称、等高。要注意的是，被检查者站立处的地面要平坦；被检查者应面对光源（避免侧光在脊背上形成的阴影造成假象）；被检查者脊背部要完全暴露，并全身放松；向前弯腰的动作应缓慢逐渐进行。

（2）脊柱旋转角测试。如发现左右不对称，则使用脊柱侧弯测量尺测量脊柱旋转角。检查者从后方将测量尺中心凹陷处放置于被检查者的骶骨中点，顺着躯干中线逐渐向上移动，在此过程中读取测量尺中水银珠所示的最大角度，即为体表旋转度。

虽然体表旋转度受肌肉、脂肪、肋骨等组织影响，但脊柱椎体旋转越大，体表旋转度就越大。通常当测量角度大于 5° 时，建议做 X-ray 检查；当测量角度大于 7° 时，则需要治疗介入。

（3）矢状面人体重心偏移测试。脊柱侧弯通常是三维方向的，在矢状面上常有颈前倾、胸椎后突增加或平背、骨盆前倾等表现。通过矢状面人体重心偏移的计算，可以评估矢状面的平衡程度，以全面了解脊柱侧弯的情况。如图 4-75 所示。

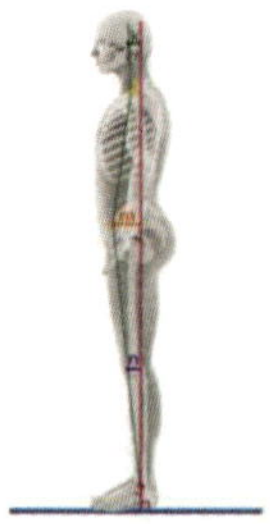

图 4-75　矢状面人体重心偏移测试

具体操作为：将坐标纸贴于墙面或其他平整固定物上，被测者以日常习惯站姿赤足且右侧朝向坐标纸站立。选取耳屏点、肩峰点、髂前上棘点、膝关节中心点（髌骨中心点和腘窝中心点连线的中点）和外踝点作为标志点，并将这些点的相应位置描绘在坐标纸上。然后以外踝点和地面垂线为参考线，分别测量耳屏点、肩峰点、髂前上棘、膝关节中心点四点到参考线的垂直距离，记为 k、l、m、n（单位：cm），人体重心偏移幅度为各距离绝对值之和，记为 z，即 $z=|k|+|l|+|m|+|n|$。

理想的 z 值为 0，z 值越大代表矢状面的不平衡越明显，需要及时进行纠正干预。

在学校筛查的基础上，还需要重点了解性别、年龄、家族史等相关信息，以便对筛查结果及进一步检查提出具体建议。2020年,《中华骨科杂志》发布了《中国青少年脊柱侧凸筛查临床实践指南及路径指引》,具体筛查流程和结果如图4-76所示。

二、医学检查

对初筛阳性和复筛阳性的儿童青少年,应进行进一步的医学检查,最常用的检查方法是拍摄站立位脊柱全长X线片。

(一)拍摄要求

脊柱全长,上包括全部颈椎,下包括骨盆,左右包括双侧髂骨和胸廓。要求站立位拍摄,以反映在负重时脊柱的真实情况。需拍摄正侧位片,正位片可以检查冠状面的侧弯情况和椎体旋转的情况,侧位片可以观察脊柱矢状面的代偿性变化。如有长短腿,建议加拍下肢正位全长片,以测量下肢长度,查找不等长的原因。如图4-77所示。

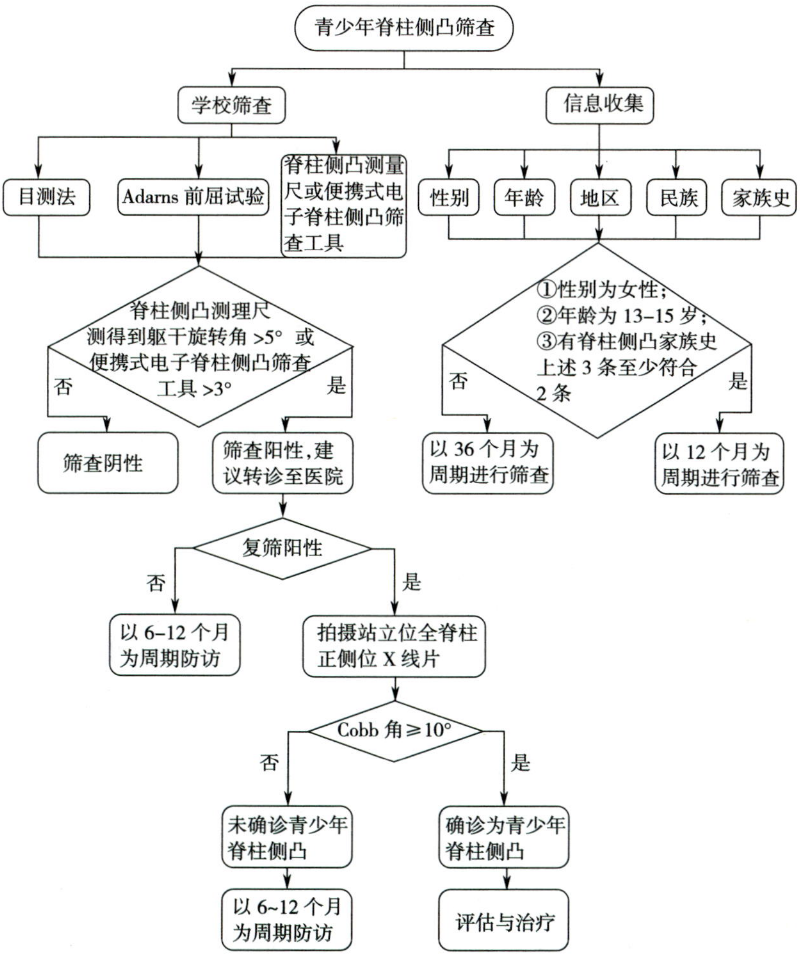

图 4-76　脊柱侧弯筛查流程图

引自《中华骨科杂志》2020年12月第40卷第23期

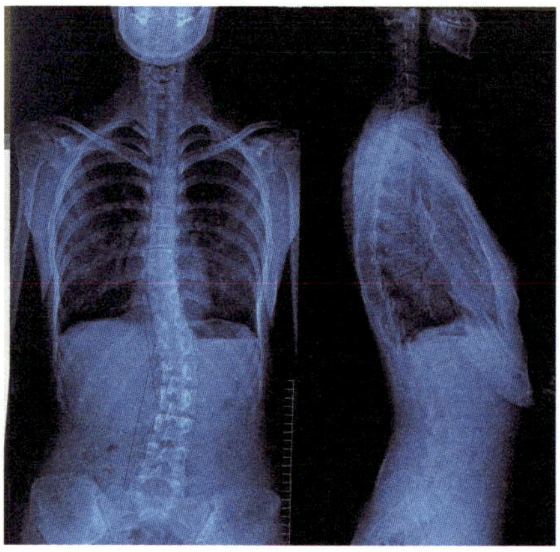

图 4-77　脊柱侧弯 X 线正位及侧位

（二）测量数据

通过观察脊柱 X 线片，可以确定脊柱侧弯的各项数据指标。

1. 整体观察

脊柱的整体形态是 C 弯还是 S 弯，侧弯节段的位置，是否存在脊柱失衡，是否存在椎体形态异常，主弯和代偿弯各自位于哪个节段。上图的主要问题有如下 2 个方面。

（1）正位片。身体中心线偏向左侧，胸廓左移，脊柱呈 S 弯，腰段以 L2 节段为顶点向左弯，胸腰段以 T11 为顶点向右弯，上胸段有代偿弯，角度较小。左腿略短于右腿，存在长短腿现象，骨盆和骶骨向左倾斜，腰椎顺势向左倾斜，长短腿在一定程度上加重了脊柱侧弯。教练可以尝试将左腿垫高后，再评估和对比骨盆的高度、腰段和胸廓的对称性，以确认是否需要矫形鞋垫进行治疗。

（2）侧位片。腰椎前凸角度增加，骶骨上翘，腰骶角增大。胸椎后凸角度适中，颈椎反弓明显，椎体骨质无明显增生。

2.X 线测量

在 X 线片上，可以使用脊柱角度尺、直尺和量角器，对脊柱的稳定性、侧弯和偏移度进行精确测量，以指导针对性的康复训练。常用的测量指标包括以下 7 个方面。

（1）端椎（EV）。指弧度头侧和尾侧倾斜最大的椎体，即上端椎和下端椎。

（2）中立椎（NV）。指主弧顶部以下最头端的椎体，其椎弓根在椎体 X 线影像中是对称的。

（3）稳定椎（SV）。指最先被 CSVL 平分的椎体，该椎体与距心相差不超过 5 mm。

（4）稳定区。指从双侧腰骶小关节间隙向上作两条垂直线，其向上的延长线之间的区域。

（5）顶椎。指弯曲中畸形最严重，偏离垂线最远的椎体。它可以是椎体，也可以是椎间盘，是偏离中心垂线最远的部分，旋转度最大。

（6）躯干偏移（Trunk shift，TS）。即通过 C7 椎体的垂直平分线（C7VL）与通过骶 1 椎体的垂直平分线（CSVL）之间的距离。这个距离代表躯干偏移、失衡的程度。如图 4-78 所示。

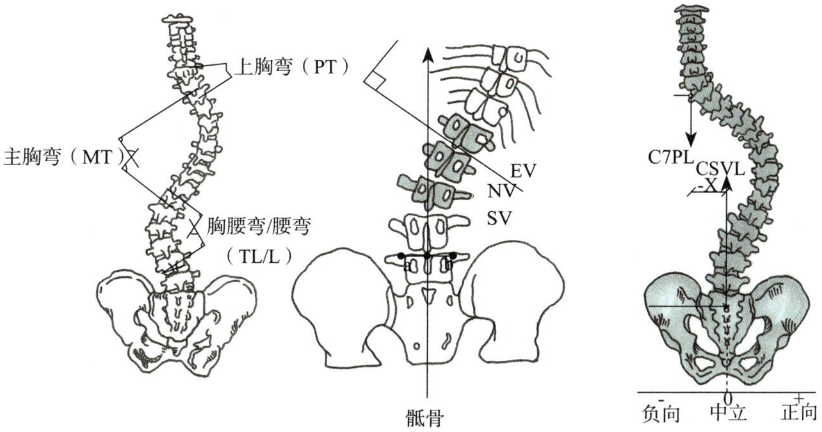

图 4-78　脊柱侧弯相关椎体的确认及测量

（a）脊柱整体观察　（b）稳定椎与中立椎　（c）躯干偏移

（7）椎体旋转度。采用 Nash-Moe 法，分成 0-Ⅳ度。0 度即椎弓根对称；Ⅰ度即凸侧椎弓根移向中线，但未超过第一格，凹侧椎弓根变小；Ⅱ度即凸侧椎弓根已移至第 2 格，凹侧椎弓根消失；Ⅲ度即凸侧椎弓根移至中央，凹侧椎弓根消失；Ⅳ度即凸侧椎弓根越过中线，靠近凹侧。旋转度越大，康复训练和治疗的难度越大。如图 4-79 所示。

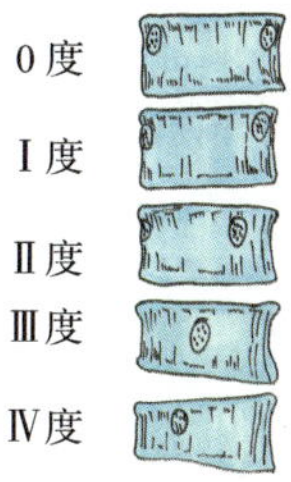

图 4-79　椎体旋转度

（8）Risser 征。通过双侧髂骨表面骨骺闭合的情况，评价患者的生长潜能。分为 0~5 级，级别越低，生长潜力越大，侧弯的角度越容易加重。0 级为髂骨未见明显次发骨骺形成；1 级为髂骨次发骨骺形成，覆盖髂骨翼少于 1/4；2 级为髂骨次发骨骺覆盖髂骨翼超过 1/3，少于 1/2；3 级为髂骨次发骨骺覆盖髂骨翼超过 1/2，少于 2/3；4 级为髂骨次发骨骺全部覆盖髂骨翼，但状发骨骺未与髂骨开始融台；5 级为髂骨次发骨骺与髂骨开始融合。如图 4-80 所示。

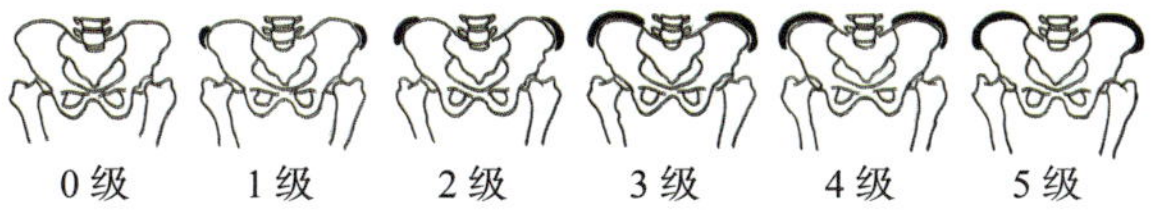

图 4-80　Risser 征

（9）侧弯的程度。通常测量 Cobb 角获得，Cobb 角越大，侧弯越严重。首先根据 X 光片确定侧弯范围，找到此弯的上下端椎。在上端椎的椎体上缘划一横线，同样在下端椎椎体的下缘划一横线。对此两横线各做一垂直线。两条垂直线的交角就是 Cobb 角。对于较大的侧弯，上述两横线的直接交角亦等同于 Cobb 角。侧弯的角度由此而测得。如图 4-81 所示。

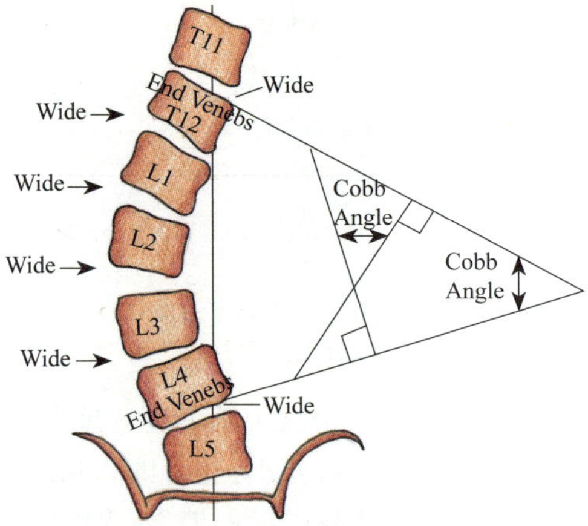

图 4-81　Cobb 角的测量

子任务三　脊柱侧弯的治疗建议与预防

一、脊柱侧弯发生及加重的危险因素

在特发性脊柱侧弯的群体中，存在一些共性特征，具有这些特征的儿童青少年成为脊柱侧弯的高风险人群。在进行体态评估和干预的过程中，要特别予以注意。脊柱侧弯发生及加重的危险因素有以下 5 个方面。

（1）性别。女孩侧凸进展的发生率及严重程度均高于男孩，青春期女孩的进展率是男孩的 10 倍。

（2）年龄。发病的年龄越小，进展的可能性越大。例如，一个 10~12 岁的孩子，侧凸角度在 20°~29° 之间，其进展的可能性为 60%；而同样角度侧凸的 13~15 岁孩子，进展的可能性为 40%；同样角度的 16 岁孩子进展可能性为 10%。这实际上与患儿的骨骼成熟程度有关。在青春期骨成熟前的快速生长中，脊柱侧凸（脊柱侧弯）发展迅速。女性通常为 10~14 岁，而男性为 13~16 岁。

（3）弯曲程度。发病时弯曲的程度越大，进展的危险性越大。例如，13~15 岁的孩子，角度如果为 20°，有 10%的可能进展；20°~29°，有 40%进展可能；30°~59°，可能性达到 60%；超过 60°，则达到 90%。不同年龄组和不同 Cobb 角的脊柱侧凸进展概率如表 4-8 所示。Risser 征、侧弯角度大小与进展概率如表 4-9 所示。

表 4-8 不同年龄组和不同 Cobb 角的脊柱侧凸进展概率

Cobb 角度	10~12 岁	13~15 岁	16 岁以上
<19°	25%	10%	0
20° ~29°	60%	40%	10%
30° ~59°	90%	70%	30%
>60°	100%	100%	70%

表 4-9 Risser 征、侧弯角度大小与进展概率

Risser 征	侧弯角度	
	5° ~19°	20° ~29°
0-I	22%	68%
II-Ⅳ	1.6%	23%

（4）弯曲的形状及部位。双弯曲比单弯曲进展的危险性更大，胸椎侧凸的进展危险性大于腰椎侧凸。

（5）其他因素。全身韧带松弛的青少年发生脊柱侧弯和加重的危险性更大，可能与其韧带松弛、关节不稳有关。有双下肢不等长的青少年在青春期前后也容易出现侧弯，教练和家长要特别注意。从小进行单边、不对称的运动训练和乐器学习的孩子，也应注意脊柱的对称性。

二、治疗建议

脊柱侧弯的分度标准，一般是根据站立正位脊柱全长 X 线片上的 Cobb 角度大小，按 10° ~20° 、20° ~40° 、大于 40° 三个等级将脊柱侧弯分为轻、中、重度，并以此为依据制定相应的治疗方案。

（一）Cobb 角度 10° ~20°

Cobb 角度为 10° ~20° ，属于轻度侧弯。建议经医生拍片诊断后，到医院康复科或康复机构进行康复训练，及时阻止脊柱侧弯的进展，尤其是处于青少年时期脊柱生长发育较快的患者。针对性的康复训练具有极强的个性化特点，包括脊柱牵引、牵拉放松凹侧、强化凸侧的肌力、姿态控制训练、核心稳定性训练、呼吸训练等，使用脊柱两侧的肌肉和其他软组织的平衡，帮助椎体回到中间平衡的位置，每 4~6 个月复诊 1 次，复诊时需要进行 X 线检查，对比康复结果，以便及时调整康复方案。脊柱侧弯的康复训练如图 4-82 所示。

基本的治疗思路和流程包括以下 5 点。

（1）如果存在双下肢的结构/功能不等长问题，应先对下肢问题进行纠正，包括训练及配备矫形鞋垫，以使骨盆等高。

（2）如果存在脊柱局部/整体活动度下降及僵硬，需要对僵硬的部位进行灵活性训练，包括颈、胸、腰椎的牵拉，或使用泡沫轴帮助关节松动。

图 4-82　脊柱侧弯的康复训练（针对腰左的 C 弯）

（3）如果存在矢状面的问题，如骨盆前倾、平背或驼背、颈椎曲度增加或减少等问题，应同时给予相应的纠正性训练。纠正矢状面结构异常的同时，也有助于冠状面侧凸的恢复。

（4）根据主弯的角度和顶椎的位置，对凹侧进行牵拉松解，缓解局部肌肉和软组织紧张，帮助椎体回位。

（5）根据主弯的角度和顶椎的位置，对凸侧进行肌肉力量训练，使双侧的肌肉力量平衡，帮助椎体回位。

（二）Cobb 角度 20°~45°

Cobb 角度为 20°~45°，属于中度侧弯。建议经医生拍片诊断后，采用康复训练配合支具治疗的方案。对于尚处于青春发育早期的患者，极易在快速生长期迅速加重（每年进展 5° 以上），应及时采取支具治疗，以稳定脊柱。对于骨骼已基本发育成熟的患者，支具治疗需要进行详细医学检查和评估。在配带支具的同时，康复训练也是必不可少的。康复训练可能减少支具引起的废用性肌肉萎缩，加强配带支具的效果。每天的训练时间为 1 小时，每 3~6 个月复查一次，以及时调整支具和康复方案。脊柱侧弯的支具治疗如图 4-83 所示。

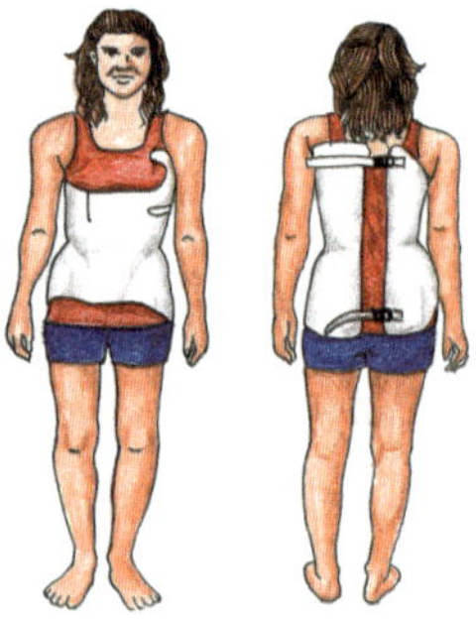

图 4-83　脊柱侧弯的支具治疗

（三）Cobb 角度大于 45°

Cobb 角度大于 45° 属于重度脊柱侧弯，一般建议采用手术矫正治疗。具体方案需根据脊柱侧弯的度数、柔韧性，以及患者的身体状况等综合制定。如暂时不手术，也应及早开始支具和康复训练，阻止侧弯角度的进一步加重。脊柱侧弯的手术治疗如图 4-84 所示。

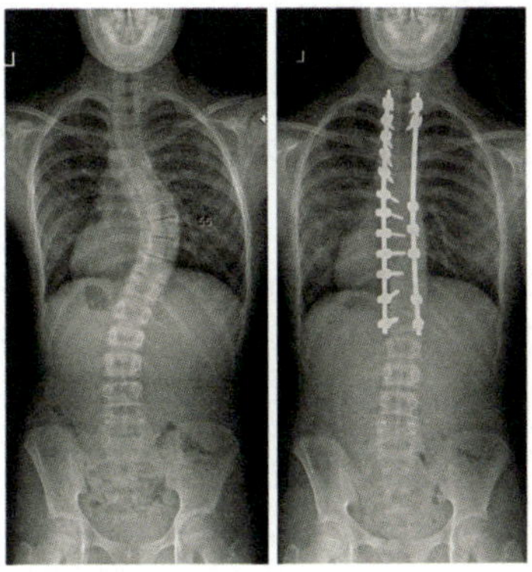

图 4-84　脊柱侧弯的手术治疗

三、脊柱侧弯的预防

由先天的发育问题、脊柱疾病引起的脊柱侧弯是很难完全预防的，只能加强脊柱侧弯相关的教育工作，尽早发现、尽早治疗，才阻止侧弯角度的进一步加重。对于特发性脊柱侧弯、下肢不等长引发的脊柱侧弯等，除了早发现、早治疗之外，在日常生活中保持正确的姿势和良好的习惯，可以减少侧弯的发生率，并阻止侧弯角度的增加。

（1）学习时保持正确姿势。

正确的姿势指身体距离桌子一拳的距离，眼睛距离书本一尺的距离，身体坐正，书本放在身体正方偏右（适合于右手写字的人）。这样的习惯需要养成，对骨骼和身体都很有好处的。

儿童青少年长期坐姿不正可能会诱发脊柱侧弯。学习时头部过低、歪头、颈部过分前伸和前弯，是导致脊柱侧弯、颈椎病等病症的重要原因。尽可能保持自然端坐，头部略微前倾，保持头、颈、胸的正常生理曲线；使用适合孩子身高的桌椅，避免头颈部过度后仰或过度前屈，书写时眼睛、身体和书桌都要保持一定距离。

（2）适当的书包重量和背包方式。

美国物理治疗协会通过对九年级学生的研究表明，背包过重和背包方式错误可能造成青少年背部损伤和肌肉疲劳。

孩子背包过重将引起脊椎后弯侧弯前倾或扭曲同时，肌肉可能因极度紧张而疲劳，脖子肩膀和背部容易受到伤害因此，建议把背包重量控制在背包者体重的 10%以下。合理放置书包内物品也很重要，最重物品应放在最贴近背部的位置，建议孩子尽量采取双肩背的背包方式，单肩背包或斜挎方式让人始终由身体一侧受力，久而久之难免造成体形歪斜。双肩背方式能分散背包重量，从而减少体形扭曲的可能性。背包者应该尽量拉紧背包带，应始终把背包位置保持在后背肌肉最强壮的中部，防止书包滑到腰部。这需要家长帮助孩子适当调整背包肩带长短，使孩子比较容易背起和放下书包。

（3）每天让孩子适度进行 1 小时以上户外运动，晒晒太阳，这有利于促进骨骼健康，加强肌肉力量，同时有助于保持脊柱健康。

（4）饮食方面应常吃蛋白质和钙含量丰富的食物，如牛奶、蛋类、禽肉、鱼类、大豆及豆制品等，以保证钙摄入量充足。

（5）让孩子坚持有规律的健身锻炼，尤其是颈项肌和腹背肌的锻炼，例如经常游泳（尤其是蛙泳）有益于脊椎健康，尽量多参加诸如单双杠、跳箱、平衡木等活动项目，对预防脊柱弯曲有良好的作用。

（6）减轻学习压力，不要让孩子长时间坐在书桌或电脑前，每小时要起身休息 10 分钟。

脊柱侧弯是人们日常生活中较隐匿的一种疾病，大众的认知度很低。但也正因为此，脊柱侧弯很难被重视预防，真正发现就医治疗时往往情况已经十分严重，给患者和家庭带来极大的痛苦。脊柱侧弯可能发生在任何年龄段最常见的出现在青少年生长发育期。对脊柱侧弯应首先从预防做起，早诊断早治疗，通过合理的站姿、坐姿，及日常生活中的饮食，再配合积极运动和放松休息，才能积极做好预防工作。

思考与实践

（1）导致脊柱侧弯的因素有哪些？

（2）两人互相评估脊柱是否侧弯。

（3）请根据评估结果进行矫正训练。

项目五　肩部常见体态问题评估与矫正训练

思政园地

近几年,“网课”“居家学习”成为孩子们的学习常态。据《青少年蓝皮书:中国未成年人互联网运用报告(2021)》显示，91.9%的未成年人有使用互联网的经历,这一比例大幅高于我国国民的总体触网率。值得警惕的是,长时间坐位会给儿童青少年的身体带来巨大的负荷。人类用了几百万年进化到直立行走,但如今,我们的骨骼肌肉系统正在被久坐的行为所“改造”。目前,与身体姿态高度相关的脊柱侧弯、圆肩、驼背、翼状肩、颈前倾等问题已成为威胁儿童健康的重大隐患。

2016 年 10 月,国务院印发了《“健康中国 2030”规划纲要》,其中提出要加强体医融合和非医疗健康干预。到了 2020 年 9 月,习近平总书记在主持召开教育文化卫生体育领域专家代表座谈会时也强调了“体育是提高人民健康水平的重要途径,我们需要推动健康关口前移,并建立体育和卫生健康等部门之间的协同机制,形成全社会共同参与的运动促进健康的新模式”。作为一种健康治理的新理念,“体医融合”已经成为我国推进和落实“健康中国”战略的关键技术,也是推动体育学科融入健康服务领域的重要举措。当前,青少年体质健康问题是世界各国共同关注的焦点。在这些问题中,身体姿态异常(简称“体态异常”)因其短期影响不明显且损害发生延迟而容易被忽视。因此,利用体育训练的方式来改善和解决青少年的体态异常问题是一种有效的手段和方法。

项目导入

良好的体态是人生的通行证。现在的体态,也在一定程度上决定了孩子未来的人生走向。良好的体态与一个人的气质紧密相连,然而许多家长可能并不知晓,良好的体态需要从小培养。长时间的伏案写作业、站立时的圆肩驼背、走路时的高低肩等体态问题,表面上看似只影响孩子的形象,但实际上,这些问题会对孩子的身体健康产生极大的危害。

任务一　肩部的相关知识认知与评估

肩关节是人体极其复杂的关节,具有极高的活动度,使人体能够完成各种令人惊奇的专项动作。儿童青少年如果平时不注意身体姿态,特别是久坐时姿态不良,很容易引起圆肩、驼背、颈前伸等一系列不良姿态,进而形成上交叉综合征。这不仅会影响颈椎和胸椎,增加关节僵硬、疼痛甚至是椎间盘突出的风险,另一方面还会影响肩关节正常的力学结构,增加在体育运动和活动过程中肩部疼痛和损伤的风险。

学习任务

（1）能应用正确的评估方法对肩部姿态进行评估；

（2）能针对肩部姿态出现的不同问题进行针对性矫正训练。

学习目标

知识目标

（1）了解肩部姿态发生异常的原因。

（2）熟悉对肩部姿态评定方法及注意事项。

（3）掌握肩部异常姿态的矫正训练方法。

能力目标

（1）能应用视诊、肩胛节律及活动范围、肌肉长度检查的方法对肩关节的功能进行评估。

（2）能根据评估结果进行分析解读，找出问题所在。

素养目标

（1）培养学生严谨认真的学习态度。

（2）培养学生科学求实的精神。

（3）培养学生关爱儿童青少年的意识。

一、肩胛带的组成与运动

肩胛带是将上肢连接到胸部或躯干的一组结构，由胸骨、锁骨、肋骨、肩胛骨和肱骨近端以及连接它们的关节所构成，也被称为肩关节复合体。肩胛带为人类上肢的运动提供了稳定支撑的基础。

肩关节是人体活动范围最大的关节，但同时也是一个相对不稳定的关节。它在人类的生活、生产劳动、体育运动中占有很重要的位置。

肩关节的运动是由多个肌群的团队协作共同完成的。肩胛带肌群的共同运动增强了肩关节的控制力和关节活动度。肩关节周围的任何肌肉无力或瘫痪都将影响整个关节的运动链，同时会造成肩部姿态异常。

（一）肩胛带相关的骨骼和关节

肩胛带的骨性结构包括胸骨、锁骨、肋骨、肩胛骨和肱骨近端，它们之间连接构成相应的关节。广义的肩关节是指肩胛带，它由胸锁关节、肩锁关节、肩胛胸壁关节、盂肱关节四个关节所组成。这些关节提供了上肢的活动范围。狭义的肩关节单指盂肱关节。

锁骨是重要的上肢带骨，它将上肢撑离躯干，增大上肢的活动范围，提高上肢的劳动效能。锁骨肩峰端与肩峰形成肩锁关节，胸骨端则与胸骨柄及第一肋骨的软骨端形成胸锁关节。当上肢进行各方向运动时，肩锁关节与胸锁关节会有小范围的活动，它们都属于微动关节。

盂肱关节，即狭义的肩关节，是由肱骨头和肩胛骨的关节盂组成，是人体活动范围最大的关节，同时也是一个相对不稳定的关节。它在人类的生活、生产劳动、体育运动中占有很重要的地位。下文中的肩关节主要是指盂肱关节。

肩胛胸壁关节实际上是肩胛骨与胸壁之间的一种结构，并非一个真正的有关节囊的关节。当肩胛骨在胸廓上活动时，它被视为一个功能性的关节。肩胛骨的运动是由多组互相协同又相互拮抗的肌肉共同完成的，任何单一肌肉的收缩都难以使肩胛骨产生单一方向的运动。需要注意的是，在解剖位上，肩胛骨与冠状面之间形成大约 35° 的夹角。这个方向的平面被称为肩胛骨平面（POS 平面）。抬手过头时，肩胛骨与肱骨的运动都与这个平面有关联。

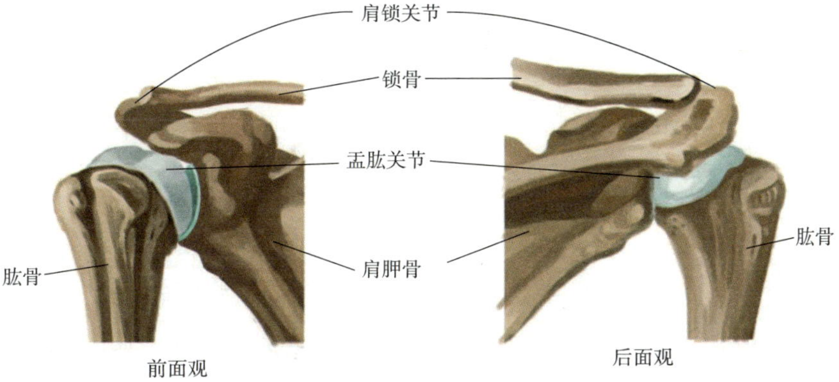

图 5-1 肩胛带的解剖结构

（二）盂肱关节的运动

盂肱关节即狭义的肩关节，其活动是以胸锁关节为支点，以锁骨为杠杆，因此其活动范围又可因“肩胛胸壁关节”的活动而增加。这些特点就决定了盂肱关节容易因不稳定而发生损伤。

盂肱关节属于球窝关节，能作多轴性灵活运动。同下肢髋关节比较，肱骨头大而关节盂浅，导致其运动幅度较大，但稳固性差。肩关节可以完成 6 个动作，包括前屈、后伸、内收、外展、内旋、外旋。如图 5-2 所示。

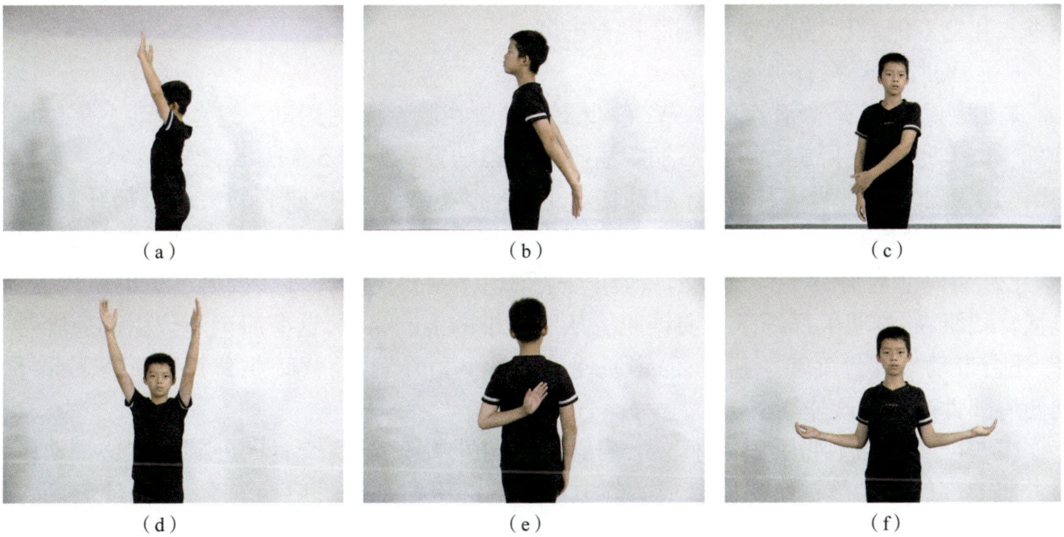

图 5-2 肩关节的活动范围

（a）前屈 （b）后伸 （c）内收

（d）外展 （e）内旋 （f）外旋

（1）前屈。从肩关节冠状轴前方跨过的肌肉具有屈肩关节的作用。重要的肌肉有喙肱肌、三角肌前部纤维、胸大肌锁骨部和肱二头肌短头。前屈的运动范围约为 150°~170°，当头部直立时，上臂可以接近耳朵。

（2）后伸。从肩关节冠状轴后方跨过的肌肉具有伸的作用。主要的肌肉有背阔肌、三角肌后部纤维和肱三头肌长头。后伸时，由于受到关节囊前部及肱骨头与喙突相接触的限制，故运动范围小于前屈的范围，约为 60°。

（3）内收。从贯肱骨头的矢状轴下方跨过的肌肉能使肩关节内收，主要的肌肉有胸大肌、背阔肌和肩胛下肌。内收时，由于肱骨头滑向关节窝的上方而受到躯干的阻碍，其运动范围较小，约为 20°~40°。

（4）外展。从矢状轴上方跨过的肌肉，可使肩关节外展，主要的外展肌有三角肌（中部纤维）和冈上肌。当肩关节旋外时，肱二头肌长头也参与外展。肩关节外展时肱骨头滑向关节窝的下方，所以运动范围较大，约 180°，肱骨可以贴近耳朵。

（5）内旋。沿贯穿于肱骨头中心与肱骨小头中心之间的垂直轴，上臂可作旋内和旋外运动。凡由内（起点）向外（止点）从垂直轴前方跨过的肌肉具有旋内作用。旋内的肌肉有背阔肌、胸大肌、肩胛下肌和三角肌前部纤维。旋内时，肱骨头在关节盂内向后滑动，肱骨大结节和肱骨体向前方转动。背手时，手指可触及肩胛下角。

（6）外旋。从垂直轴后方跨过的肌肉有旋外作用。旋外的肌肉有冈下肌和小圆肌。旋外时，肱骨头在关节盂内向前滑动，肱骨大结节和肱骨体向后方转动。当上肢垂直时，旋转运动的范围最大，可达 80°。

肩关节的活动范围在正常情况下为：前屈上举 150°~170°、后伸 40°~45°、外展上举 160°~180°、内收 20°~40°、中立位外旋 60°~80°、中立位内旋 70°~90°。常规的检查包括前屈、后伸、外展、内收、外旋、内旋、水平内收和外展，其中前屈、外展、内旋和外旋在日常生活中和运动中最常使用，应该重点评估。活动范围检查包括主动活动范围和被动活动范围检查。注意双侧对比，先检查健侧后检查患侧。

（三）肩胛胸壁关节的运动

肩胛胸壁关节是个潜在的关节，它涉及肩胛骨在胸壁上的运动。这些运动主要包括上升、下降、上回旋、下回旋、前伸、后缩。肩胛骨的运动方式如图 5-3 所示。

（1）上升。肩胛骨上移，即耸肩动作。主要肌肉包括肩胛提肌和斜方肌上部纤维，这些也是肩部出现障碍时容易紧张的肌肉。此外，大小菱形肌也少量参与肩胛骨上升的运动。

（2）下降。肩胛骨下移，即沉肩动作。这个动作主要由肩胛骨后侧偏下方的肌肉完成，包括背阔肌、斜方肌下部纤维和前锯肌。从肌纤维的走向来看，这些肌肉不仅引起肩胛骨下降，还会带动肩胛骨旋转。其中，前锯肌使肩胛骨下角外旋，而背阔肌和斜方肌的下部纤维则使肩胛骨产生内旋作用。

（3）上回旋。肩胛上角向内移动，肩胛下角向外移动，即肩胛骨向外旋转。这一动作由斜方肌上部纤维和前锯肌协同完成。斜方肌上部纤维拉动锁骨肩峰向上，从而使肩胛骨外旋。前锯肌下部纤维拉动肩胛骨下角向前向外，使肩胛骨下角外旋。这一动作协调肩关节的前屈和外展。

（4）下回旋。肩胛上角有向外移动的趋势，肩胛下角向内移动，即肩胛骨向内旋转。这一动作主要由菱形肌、肩胛提肌提升肩胛骨内侧缘来完成，而胸大肌、胸小肌、背阔肌以及上肢的重力作用则使肩胛骨外角下降。肩胛骨下回旋通常伴有肩胛骨下降动作，以协助上肢完成后伸和内收动作。

（5）前伸。肩胛骨向外侧移动，内缘远离脊柱。这一动作由前锯肌、胸大肌和胸小肌共同完成，协调手臂的前伸动作。

（6）后缩。肩胛骨向内侧移动，内缘靠近脊柱。这一动作由斜方肌中部纤维或全部纤维同时收缩来完成，而大小菱形肌和背阔肌也辅助肩胛骨进行后缩。

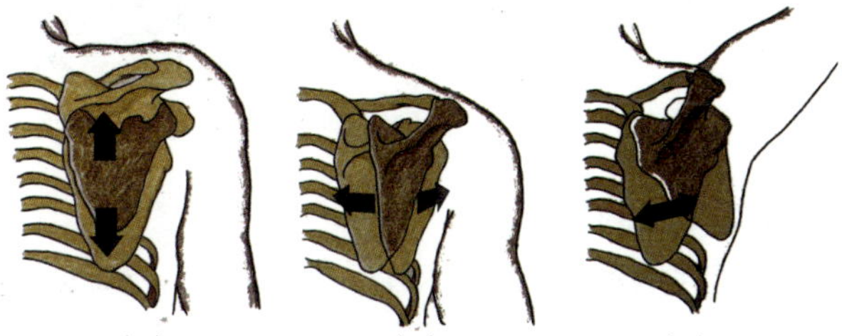

（a） （b） （c）

图 5-3 肩胛骨的运动方式

（a）上升和下降 （b）前伸和后缩 （c）上下旋转

参与肩关节运动的肌肉主要为肩部肌肉，并且肩关节运动需要上臂肌肉的协助才能进行。肩关节的运动必须具备两个条件：一是要有良好的肩胛部肌肉以保持肩部的相对稳定；二是肱骨头和关节盂之间必须保持密切相接（这主要由肩袖来完成）。因此，参与肩关节运动的骨骼肌不仅为关节提供动力，还在稳定肩关节方面发挥着重要作用。

（四）肩胛带相关的肌肉

1. 连接躯干与肩胛骨的肌肉

连接躯干与肩胛骨的肌肉的主要任务是稳定肩胛骨，为肱骨的活动提供稳定的基础。这些肌肉主要包括前锯肌、斜方肌、大小菱形肌、胸小肌，此外还有肩胛提肌及锁骨下肌。如图 5-4 所示。以下为前锯肌、斜方肌、大小菱形肌和胸小肌的介绍。

（1）前锯肌。起于第 1~9 肋，止于肩胛骨内缘。由胸长神经支配。其作用是使肩胛骨外旋及外展，使肩胛骨紧贴于胸壁上。因此，前锯肌麻痹会导致肩外展受限并出现翼状肩胛。

（2）斜方肌。起于枕骨、项韧带、C7-T12 棘突和棘间韧带，止于锁骨、肩峰和肩胛冈，该肌肉分为上、中、下三束。受副神经支配，其功能为使肩胛骨外旋及内收。上束容易紧张，会引起颈肩部姿势异常；下束容易无力，会引起肩胛骨不稳。

（3）大小菱形肌。这两块肌肉位于斜方肌深面，肩胛提肌的下方。小菱形肌在上，呈窄带状；大菱形肌薄而扁阔，呈菱形。小菱形肌起于 C7-T1 棘突，大菱形肌起于 T2-T5 棘突，二者均止于肩胛骨内侧缘。它们由 C5 发出的肩胛背神经支配，主要作用是内收肩胛骨。

（4）胸小肌。这块肌肉位于胸大肌深面，为三角形扁肌。它起自第 3~5 肋骨的前面及肋间肌表面的筋膜，止于肩胛骨的喙突。胸小肌拉肩胛骨向前、向下。当肩胛骨固定时，胸小肌可上提肋骨，但在用力吸气时才有活动。胸小肌由胸前内侧神经（颈 8、胸 1）支配。

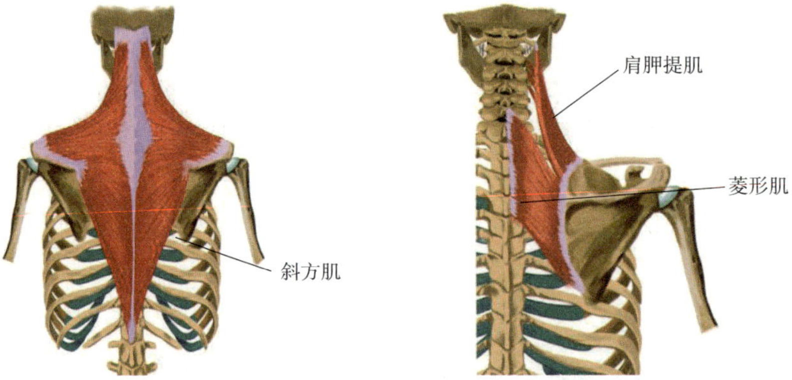

图 5-4　肩胛背侧的肌肉：斜方肌，肩胛提肌，菱形肌

2. 连接于肩胛骨和肱骨之间的肌肉

连接于肩胛骨和肱骨之间的肌肉主要包括三角肌、冈上肌、冈下肌、小圆肌、肩胛下肌、大圆肌、喙肱肌、肱二头肌和肱三头肌。其中，冈上肌、冈下肌、小圆肌和肩胛下肌组成了肩袖，如图 5-5 所示。

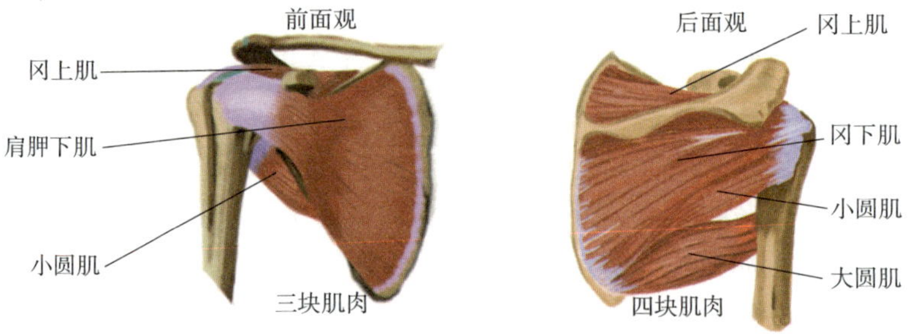

图 5-5　肩袖（旋转袖）

肩袖又叫旋转袖，是包绕在肱骨头周围的一组肌腱复合体。肱骨头的前方为肩胛下肌腱，上方为冈上肌腱，后方为冈下肌腱和小圆肌腱。这些肌腱的收缩可以使肩关节进行内旋、外旋和外展活动。但更重要的是，这些肌腱将肱骨头稳定于肩胛盂上，对维持肩关节的稳定和肩关节活动起着极其重要的作用。冈上肌附着于肱骨大结节最上部，经常受肩峰喙肩韧带的挤压而产生磨损。从解剖结构和承受的机械应力来看，该部位为肩袖的薄弱点。当肩关节在外展位做急骤的内收活动时，易发生破裂。因肢体的重力和肩袖牵拉，裂口会愈拉愈大，且不易愈合。

同髋关节相比，肩关节活动度更大，但内在稳定性较低。肩袖的存在，为肩关节提供了良好的内在稳定性和精确的空间位置控制能力。肩关节力偶平衡包括了两个方面的内容，如图 5-6 所示。

（1）在冠状面上的平衡。位于肩关节旋转中心下方的肩袖肌肉，包括肩胛下肌的下部、冈下肌的下部和小圆肌的全部，所产生的力矩能够与三角肌产生的力矩平衡。这样，合力的方向指向关节盂的中心，抵抗三角肌收缩产生的向上的牵引力，维持肩关节在外展过程中的稳定。

（2）在矢状面上的平衡。位于前方的肩胛下肌与位于后方的冈下肌和小圆肌的力矩达到平衡，即所产生的合力方向指向关节盂的中心，使肩关节能够在活动范围内的任意空间位置保持稳定。

肩袖的功能是提供以上两个平面上的力偶平衡，以满足肩关节的功能要求。

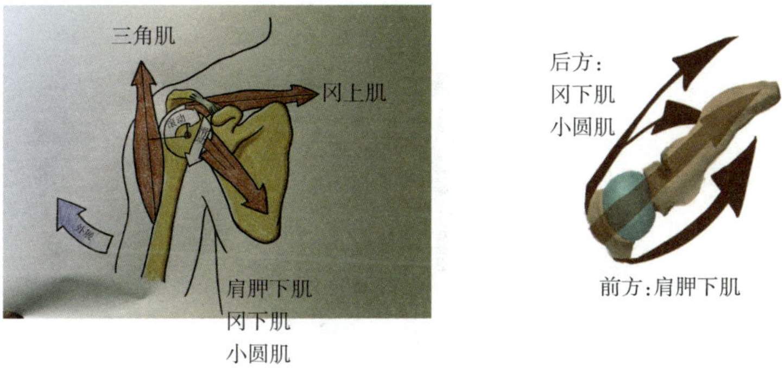

（a）　　　（b）

图 5-6　肩袖的力偶平衡

（a）冠状面的平衡　（b）矢状面的平衡

3. 连于躯干和肱骨的肌肉

这些肌肉起自躯干骨，止于肱骨，其中可能有少量肌纤维止于肩胛骨，或者与肩胛骨无直接关联。它们的主要作用对象是肱骨，但也会间接影响肩带的位置。这组肌肉仅包含两块，即胸大肌和背阔肌。这两块肌肉能够使肩部进行屈肩、伸肩、内旋和降肩等多种运动。如图 5-7 和图 5-8 所示。

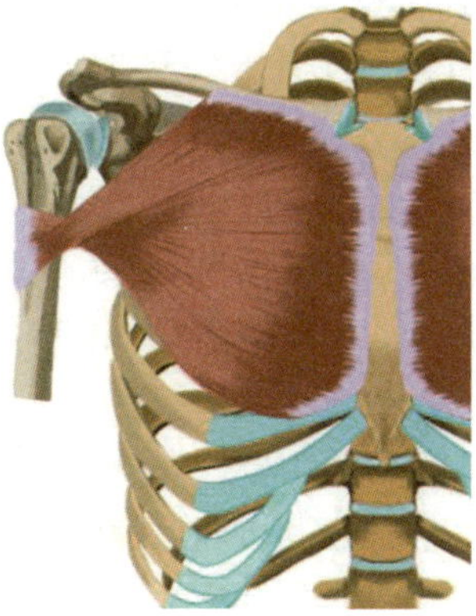

图 5-7　胸大肌

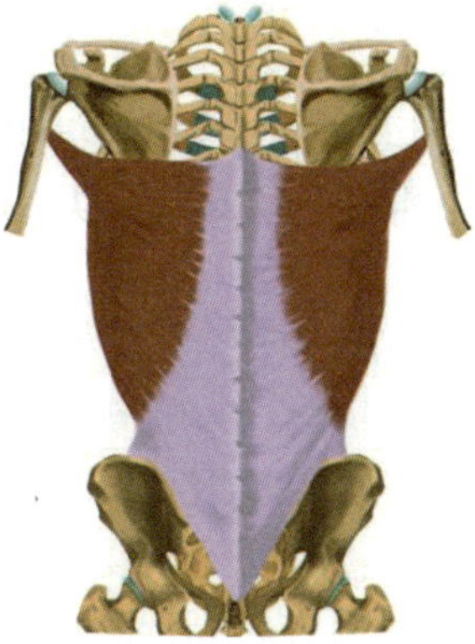

图 5-8　背阔肌

二、肩关节的功能评估

肩关节是全身最灵活的关节，也是上肢三大关节中最大的关节，连接上肢和躯干。肩关节的功能直接影响整个上肢的功能活动。当肩部出现疼痛或是损伤时，准确、高效的评估可以更迅速地找到功能障碍的原因，确定损伤的严重程度和治疗思路。

（一）视诊

被检查者暴露整个肩关节，教练分别从前、后、侧方观察整体的身体姿态和肩部的状态。

在整体观察中，注意儿童青少年头部、颈部、肩关节的关系，颈部的位置是否居中，有无双肩不等高、脊柱后凸和侧弯，有无骨盆前倾或后倾，下肢是否等长。重点观察肩关节局部的状态，有无关节畸形、皮肤瘢痕、软组织肿胀或肌肉萎缩，肩峰、锁骨、肩胛骨的位置是否对称，有无翼状肩胛，肱骨是否下垂、前屈、内旋等。如图 5-9 所示。

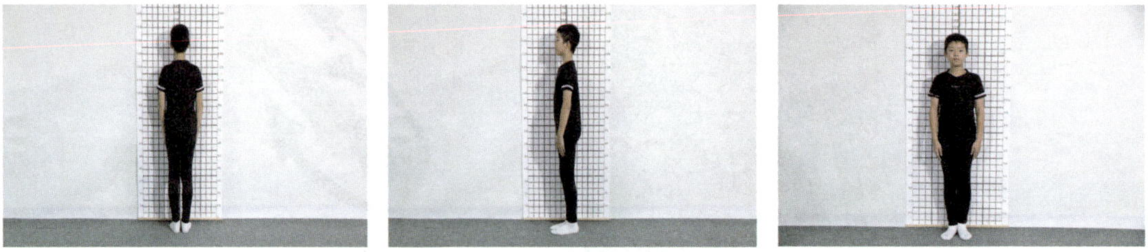

图 5-9　肩部形态观察

（二）肩肱节律及活动范围检查

在正常的肩关节中，盂肱关节的外展与肩胛胸壁关节的上旋之间存在着一种特定的运动节律或时间顺序。这种盂肱关节的外展或屈曲伴随着肩胛骨的上旋，被称为肩肱节律。

在肩关节的全范围外展过程中，存在着一个 2∶1 的比例关系。具体来说，肩关节每外展 3°，其中 2° 来自于盂肱关节的外展，而另外 1° 则是由肩胛胸壁关节的上旋贡献的。基于这一理论，当肩关节进行全范围 180° 的外展时，有 120° 来自于盂肱关节的外展，而剩下的 60° 则是由肩胛胸壁关节的上旋实现的。

前运动期是指肩关节从解剖位置外展到 90° 的过程。假设肩肱节律遵循 2∶1 的比例，那么当肩关节外展到 90° 时，盂肱关节会外展 60°，而肩胛胸壁关节会上旋 30°。这个 30° 的上旋会同步伴随着胸锁关节锁骨上抬 20°~25° 和在肩锁关节上旋 5°~10°。此外，肩锁关节还会发生其他精细的旋转动作。

后运动期则是指肩关节从 90° 外展到 180° 的过程。在这个 90° 的外展范围内，盂肱关节会外展 60°，而肩胛胸壁关节会上旋 30°。在这个过程中，胸锁关节仅仅上抬 5°。相反地，在肩锁关节上会发生 20°~25° 的上旋。当肩关节外展到 180° 的活动末端时，肩胛胸壁关节上旋 60°，这会导致胸锁关节上抬 30° 和肩锁关节上旋 30°。

在进行外展或前屈活动范围检查时，我们除了需要观察肩关节活动的最大角度外，还应注意肩胛骨的活动范围，即肩肱节律。具体来说，在肩关节外展 0°~30° 时，肩胛骨基本无活动，主要是锁骨在抬高；而在肩关节外展 30°~90° 时，肩胛骨会发生 20° 的外旋，同时肱骨外展 40°，这两者之间呈现出 1∶2 的关系；当肩关节外展 90°~180° 时，这种 1∶2 的关系仍然存在，并且此阶段锁骨会发生旋转。如图 5-10 所示。

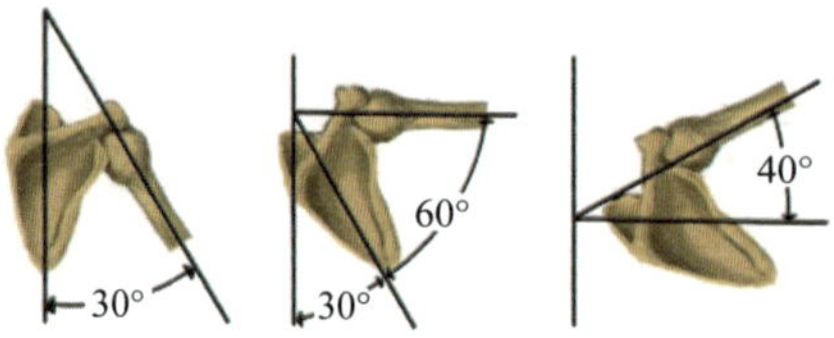

图 5-10　肩肱节律的检查

视频　肩肱节律的检查

在做肩肱节律检查时，应双手固定被检查者的双侧肩胛下角，并嘱咐被检查者双臂同时前屈或外展。观察双侧肩胛下角的启动位置、移动速度和终末位置，以此来确定肩胛骨与肱骨运动的协调程度。此外，我们还可以通过复合性动作来评估肩关节的运动功能，常用的动作有以下 3 个。

（1）手触颈部后侧。身体直立并保持不动，肩部进行前屈并同时外旋，屈肘，以便手能触及颈部后侧。在正常情况下，手指应能够触及肩胛骨的肩胛上角。

（2）手触肩部后侧。身体保持直立且不动，肩部进行后伸并同时内旋，屈肘，使手能触及肩部后侧。正常情况下，手指可以触及肩胛骨的肩胛下角。

（3）手触对侧肩部。身体直立且保持不动，肩部执行水平内收的动作，屈肘，以便手能触及对侧肩后部。在正常情况下，手指可以触及对侧肩胛骨的肩胛上角。

以上 3 个动作能够反映肩关节在屈曲、内旋及外旋、水平内收等各个方向上的活动范围。进行检查时，应注意双侧对比。在检查过程中，除了观察角度差异外，还应注意在动作过程中是否出现疼痛、疼痛的位置、性质以及程度等，以便确定活动受限的可能原因。这三个动作不仅可以用于评估活动范围，还能用于评估治疗效果。如图 5-11 所示。

图 5-11　肩关节功能性评估

（三）肌肉长度检查

肌肉长度和张力的变化也会影响肩胛骨和肱骨的位置，影响肩关节的功能。在肩关节周围，肩胛提肌、胸大肌、胸小肌、斜方肌上束、肩胛提肌、背阔肌、肱二头肌、后关节囊，都是比较容易紧张的，进而导致肩胛骨上移、前伸、上回旋，肱骨头前移、内旋。

胸小肌紧张时，儿童青少年仰卧位时，肩峰最后面与床面之间的距离增加。正常是 2.5 cm。检查者将手掌置于喙突上，同时向后推肩部，感觉僵硬程度或抵抗感。如图 5-12 所示。

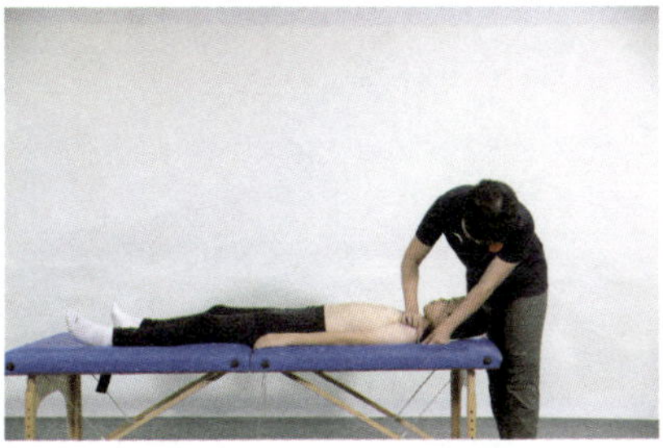

图 5-12　胸小肌长度检查

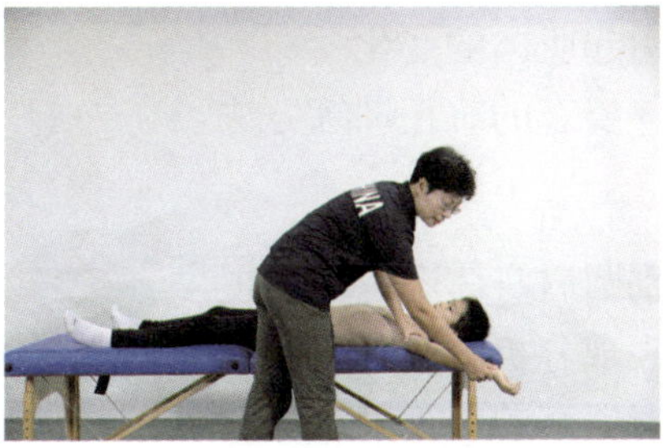

图 5-13　胸大肌长度检查

视频　胸大肌和胸小肌的长度检查

胸大肌长度检查时，儿童青少年采用仰卧位。检查胸骨束时肩关节被动外展 120° 并完全外旋,检查锁骨束时肩关节被动外展 90° 并完全外旋,使手臂垂向地面。正常情况下能够达到桌面的高度。注意双侧对比。如图 5-13 所示。

思考与实践

(1)肩关节由哪些组织构成?
(2)两人相互评估双肩是否有不等高的情况。
(3)如有不等高情况,请根据评估结果进行矫正练习。

任务二　圆肩的评估与矫正训练

圆肩是由于在日常生活中或者日常的体育锻炼中,肩关节周围前方肌群和后方肌群的力量和长度不均衡,而导致肩关节向前向内扣的现象。

圆肩是一种常见的不良体态,最常发生于两类人群。一类是包括学生在内的久坐人群,主要原因是坐姿不正。他们平时坐着时总是弯腰含胸,久而久之,前方的胸大肌、胸小肌会缩短,后方的斜方肌中束会被拉长,从而形成不良的圆肩体态。另一类是经常进行上肢肌肉训练的健身人群。如果肩背部的训练不平衡,例如只练胸不练背,那么双侧的前方肌群,如胸大肌、三角肌前束、胸小肌等会过于发达,而后方肌群,如背阔肌、肩胛提肌、菱形肌、三角肌后束等则发育比较薄弱。双方力量不均衡会导致肩关节内扣,进而引起圆肩。

学习任务

(1)能应用正确的评估方法对圆肩进行评估。
(2)能针对圆肩身体姿态进行矫正训练。

学习目标

知识目标

(1)了解圆肩身体姿态的表现及相应危害。
(2)熟悉对圆肩引起肌肉的变化。
(3)掌握圆肩身体姿态的矫正训练方法。

能力目标

(1)能正确的识别圆肩身体姿态的表现。
(2)能根据评估表现分析解读圆肩引起的肌肉变化。
(3)能够制定圆肩姿态的纠正性训练方案。

素养目标

(1)培养学生科学求实的学习态度。
(2)培养学生安全健康、加强保护的体育职业素养。

（3）培养学生关爱儿童、以身作则的职业理想。

子任务一 圆肩的相关知识认知与评估

一、圆肩的表现

圆肩在肩周局部的表现较为明显，容易被发现。其主要表现为：肩峰前移，处于身体中线的前方；肱骨内旋，肘部鹰嘴朝向身体的后外方，手掌向后；肩胛骨外移，肩胛骨内缘与脊柱的距离变长。圆肩的整体表现还包括胸椎后突、驼背、颈部前伸，甚至可能出现低足弓、骨盆前倾等下肢和骨盆问题。如图 5-14 所示。

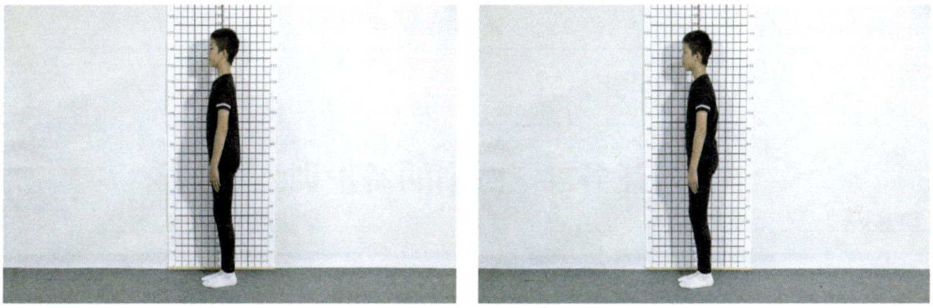

（a）　　（b）

图 5-14　圆肩

（a）正常肩部　（b）圆肩

二、圆肩的危害

圆肩除了影响美观和气质之外，更重要的危害是增加了脊柱和肩部疼痛的风险。圆肩会导致肱骨头内旋、前移，使得肱骨头与肩胛骨的关节盂对位不良。这样一来，关节前方的压力会增加，而后方的软组织则会被动拉长。特别是后方的冈下肌和小圆肌，它们是稳定肱骨头的重要肌肉。当这些肌肉拉长而无力时，会直接影响肩关节的稳定性，进而增加肩关节撞击以及盂唇损伤的风险。尤其是在进行上肢力量训练、过肩运动（如打网球、羽毛球、游泳等）时，若动作单一或训练强度安排不合理，常会引起肩部软组织的损伤和疼痛。

此外，圆肩还常常伴随着胸椎后凸和颈前伸的情况，表现为胸椎的僵硬和疼痛。同时，颈椎的曲度可能会消失甚至出现反弓，进而可能诱发颈部疼痛和颈椎病。如图 5-15 所示。

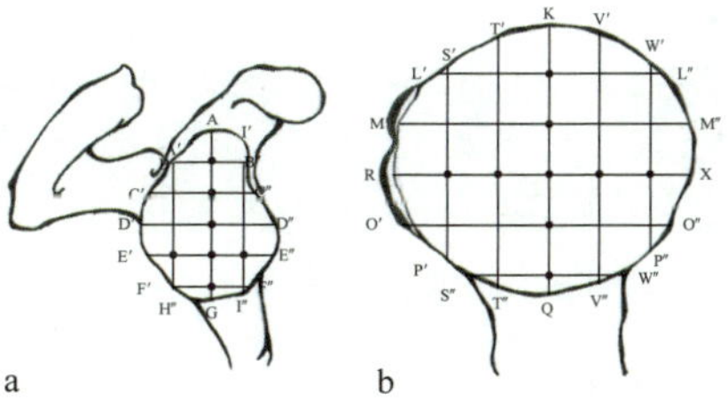

a　　b

图 5-15　肱骨头中心化不良

三、圆肩引起的肌肉变化

圆肩引起的肌肉不平衡,主要是由前方的肌肉过度紧张和后方肌肉较为薄弱导致的。圆肩导致相关肌肉的长度变化如表 5-1 所示。

表 5-1 圆肩旋导致相关肌肉的长度变化

部位	缩短的肌肉	拉长的肌肉
浅表肌	胸大肌 三角肌前束 背阔肌	冈下肌 三角肌后束 斜方肌中下束
深层肌	大圆肌 肩胛下肌 胸小肌	小圆肌 冈上肌

子任务二 圆肩的矫正训练

一、圆肩身体姿态纠正性训练方案

圆肩的纠正性训练既包括对肩胛骨的纠正,主要训练肩胛骨后侧的稳定肌以帮助肩胛骨复位,进而纠正关节盂的位置;还包括训练盂肱关节的稳定肌,即肩袖肌群,以稳定盂肱关节,从而预防肩关节的疼痛和损伤。

(一)抑制和拉长

1. 按摩球松解胸小肌

【作用原理】通过使用筋膜球的压力,放松前方深层的胸小肌,进而调整肩胛骨的位置,使胸廓打开,改善圆肩。

【技术要领】俯卧于垫上,将按摩球放置于一侧胸小肌位置,在胸小肌位置进行滚压。如图 5-16 所示。

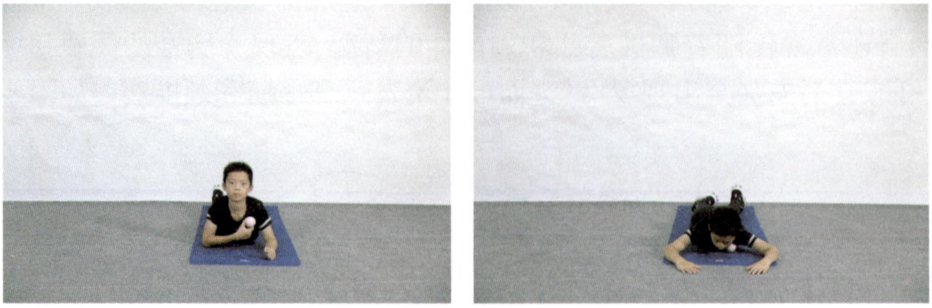

图 5-16 按摩球松解胸小肌

【次数与组数】15~20 次/组,3~5 组。

【注意事项】保持核心稳定。将按摩球置于锁骨下、肱骨头骨内侧的凹陷处。

【温馨提示】滚动过程中如遇到痛点，可在痛点周围进行滚压，待疼痛缓解后再集中进行滚压。

2. 牵伸胸大肌

【作用原理】通过牵拉放松胸部前方浅层的胸大肌，减少胸大肌致肱骨内旋的作用，进而改善肱骨内旋，减轻圆肩。

【技术要领】弓步站立，对侧脚在前，将一侧手臂屈肘压在墙面，大臂与地面平行，小臂与地面垂直，然后躯干向前移动伸展胸大肌，静态保持。如图 5-17 所示。

（a） （b） （c）

图 5-17 牵伸胸大肌

（a）锁骨束 （b）中束 （c）胸骨束

【次数与组数】30 s/组，3~5 组。

【注意事项】双脚保持稳定，挺胸收腹，将整个躯干前移，不要向前顶肚子。

【温馨提示】拉伸过程中保持呼吸顺畅。

3. 牵拉背阔肌

【作用原理牵拉放松背部浅层的背阔肌，减少肱骨内旋。

【技术要领】面向椅子站立，双脚分开与肩同宽。双手搭在椅背上，保持肘部伸直，屈髋俯身向下，到最大角度。如图 5-18 所示。

图 5-18 牵拉背阔肌

【次数与组数】30 s/组，3~5 组。

【注意事项】双脚保持稳定，腹部收紧，将躯干缓慢下压，不要向前顶肚子。

【温馨提示】拉伸过程中保持呼吸顺畅。

（二）激活和整合

1. 肩关节外旋训练

【作用原理】使用弹力带，加强肩关节外旋肌的力量，以对抗肱骨内旋和肩胛骨前移。

【技术要领】站立位或坐位，双肘屈曲 90°，双手握紧弹力带。肘部与身体夹紧不要分开，肩胛骨后侧的肌肉用力，使上臂外旋，将弹力带拉开。如图 5-19 所示。

【次数与组数】20 次/组，3~5 组。

图 5-19 肩关节外旋肌训练

视频 肩关节外旋肌训练

【注意事项】躯干保持稳定，挺胸收腹，肘部不要与身体分开。

【温馨提示】用力过程中保持正常呼吸；可以通过弹力带来增加难度，弹力带越短，难度越大。

2. 菱形肌强化训练（W 动作）

【作用原理】使用弹力带，加强背部菱形肌的训练，以对抗圆肩引起的肩胛骨外移。

【技术要领】站立位或坐位，微屈躯干，用脚部固定弹力带。双肩外展 90°，双肘屈曲 90°，双手牵拉弹力带向上向后，使双侧肩胛骨向脊柱靠近。如图 5-15 所示。

图 5-20 菱形肌强化训练

【次数与组数】20 次/组，3~5 组。

【注意事项】双脚保持稳定，挺胸收腹，双肩向后打开时不要耸肩。

【温馨提示】用力过程中保持正常呼吸；可以通过弹力带来增加难度，弹力带越短，难度越大。

3. 斜方肌中下束强化训练（Y 动作）

【作用原理】加强背部斜方肌中下束的训练，加强肩胛骨的稳定性，帮助肩胛后缩和下移，对抗圆肩。

【技术要领】站立位或坐位或俯卧于瑞士球上，背部保持平面。双肩外展 120 度，双肘伸直，双手向上向后，使双侧肩胛骨向内向下移动。如图 5-21 所示。

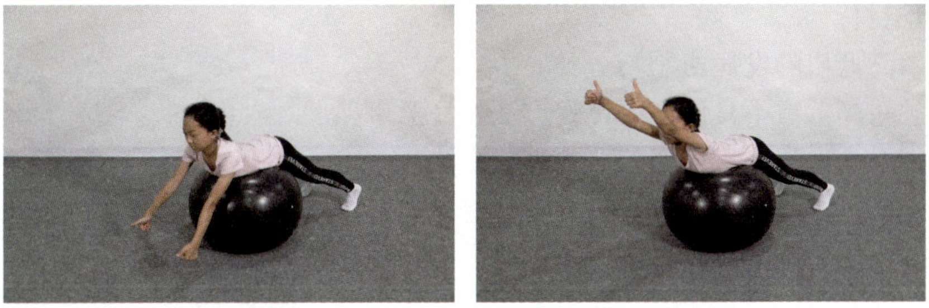

图 5-21　斜方肌中下束强化训练（Y 动作）

【次数与组数】20 次/组，3~5 组。

【注意事项】双脚保持稳定，挺胸收腹，双肩向后打开时不要耸肩。

【温馨提示】用力过程中保持正常呼吸；可以通过弹力带来增加难度，弹力带越短，难度越大。

二、注意事项

（1）圆肩的异常姿态十分常见，也是肩颈部位异常和疼痛的起始表现。随着时间的推移，异常的体态变得越来越明显，胸椎关节越来越僵硬，颈椎的曲度变直，功能性的体态问题将演变为有结构性损伤的实质问题。因此，在日常生活和训练过程中要特别注意。

（2）单纯的圆肩问题是比较容易被纠正的。如果还伴随颈肩部位的其他异常体态，应进行全面评估，确定干预重点，再进行纠正性训练。

思考与实践

（1）圆肩有哪些表现？

（2）圆肩的矫正训练方法有哪些？

任务三　高低肩的评估与矫正训练

高低肩的本质是一种因肌肉力量不平衡而产生的综合症。其产生的原因是由于各种人为或非人为因素导致两侧肩胛骨前后位置不对称，具体呈现的姿态为肩膀一高一低。长期处于高低肩的不良体态，不仅会影响美观，还会引发脊柱变形等严重问题。因此，本文介绍了高低肩的评估方法以及矫正训练，以期改善高低肩的不良体态。如图 5-22 所示。

学习任务

（1）能应用正确的评估方法对高低肩姿态进行评估。

（2）能针对高低肩的不良体态进行针对性矫正训练。

学习目标

知识目标

（1）了解高低肩的发病机制与分类。

（2）熟悉对高低肩不良体态的评定方法及注意事项。

（3）掌握对高低肩不良体态的矫正训练方法。

能力目标

（1）能够识别不同类型的高低肩。

（2）能根据评估结果进行分析解读，找出问题所在。

（3）能够制定高低肩异常姿态的纠正性训练方案。

素养目标

（1）培养学生严谨认真的学习态度。

（2）培养学生科学求实的精神。

（3）培养学生良好的语言表达和沟通协调能力。

子任务一　高低肩的相关知识认知与评估

一、高低肩概述

肩胛骨位于胸廓的后方，呈三角形扁平状。在正常状态下，其高度大致位于第二至第七肋之间。肩胛骨内缘的中点通常距离脊柱约 6~7 cm（相当于大多数人三到四指的宽度）。保持肩胛骨处于正确位置是建立肩胛骨周围肌肉适宜长度和张力平衡的基础。

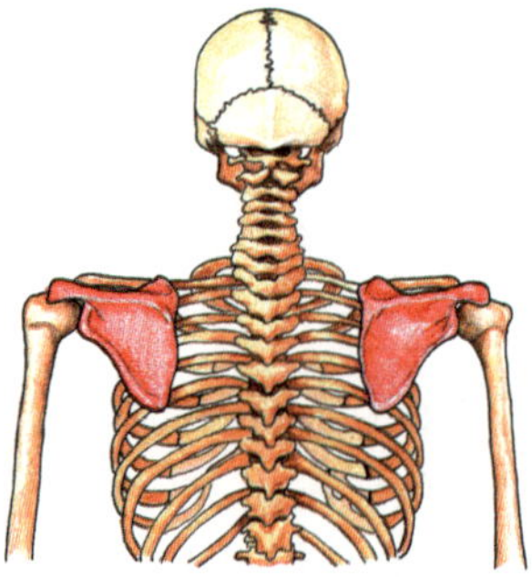

图 5-22　肩胛骨的位置

高低肩是由于多种原因造成人体两侧肩胛骨在前后位置以及水平面上下位置偏离正常对称状态，表现为一侧肩膀明显高于另一侧的现象。这实质上是一种肌肉力量失衡的综合症。当身体长期维持这种不对称姿势时，会导致受影响侧的斜方肌上束及肩胛提肌过度紧张和缩短，而相对应的拮抗肌则因被拉长而出现力量减弱。同时，支撑脊柱稳定性和胸廓的周边肌肉群也会受到影响。因此，高低肩往往伴随有脊柱侧弯和胸廓旋转等体态特征，这种情况也常被称为“旋转肩”现象。如图 5-23 所示。

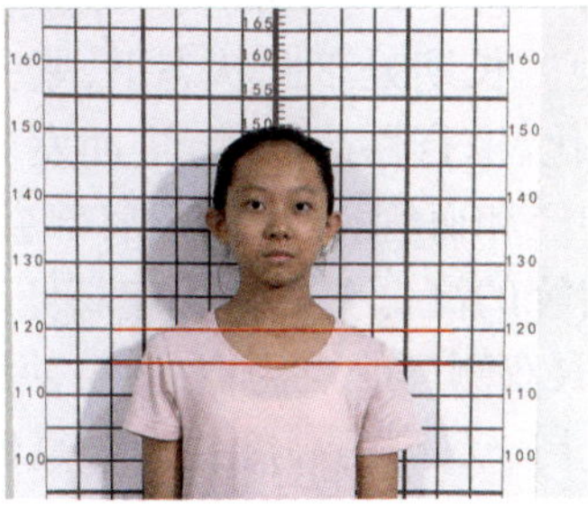

图 5-23　高低肩的表现

二、高低肩的发病机制与分类

高低肩现象在生活中十分普遍，其主要原因是后天养成的不良姿势和缺乏运动。因此，在日常生活和运动训练中，肌肉力量的相对平衡起着重要的作用。当然，长期以不正确的训练方式进行锻炼也会造成肩部一高一低的现象。

（一）功能性高低肩

由双侧肌肉不平衡引起的高低肩。人体的组织结构总在不间断地适应环境，顺应人体发力的角度。如果长期保持错误的动作或不正确的姿势，相关肌肉会形成肌肉记忆，进而发展成一种错误的运动模式。当这种错误模式长期得不到纠正时，维持正常姿态的组织会受到牵连，被动地发生功能性改变，严重时发展成结构性改变。日常背单肩包、睡觉姿势不正确、长期使用鼠标、电脑等都会引起经常使用的那一侧肩部肌肉紧张，造成这一侧的肩比较高。在评估时，只有肩部及肩胛骨局部的不对称，没有脊柱及下肢关节的问题。

（二）结构性高低肩

由肩部以下的部位左右不平衡引起的高低肩，高低肩是诸多身体冠状面不平衡的代偿性或适应性表现之一。骨关节位置出错时，会影响与之相关的肌肉和筋膜张力的方向，进而累及临近关节。故常见的脊柱侧弯、骨盆倾斜/旋转、长短腿、足弓问题等都可能相伴而生。如骨盆侧倾时，偏高的一侧肌肉和韧带等软组织因长时间处于缩短状态会出现挛缩、粘连，相对偏低的一侧软组织因长时间受到牵拉而松弛，肌肉萎缩，肌张力下降。最终结果是引起临近关节的肌群力量不均衡，力线偏离正常位置，往上迫使椎体出现旋转和侧倾，引起脊柱侧弯，形成高低肩。因此，在评估高低肩时，首先要评估下肢和整个脊柱的对称性，检查有无其他引起高低肩的结构性因素。在治疗时，也应先对肩部以下的原因进行纠正，再进行高低肩的纠正。

（三）特殊类型的高低肩

多数的高低肩是高的一侧肌肉过度紧张，但也有少数的高低肩是高侧肩周肌肉正常、低侧肩周肌肉无力引起的。表现为低侧的肩胛骨位置过低，上角低于第二肋间，肩胛提肌、斜方肌上束萎缩、无力。通常由肩胛背神经、副神经损伤引起。此类型不属于单纯的肌肉不平衡问题，应依据外周神经损伤的康复训练方法进行治疗和纠正。

三、高低肩的表现及评估

高低肩在外观上表现为肩膀一高一低。偏高的一侧斜方肌上束、肩胛提肌过于紧张，而斜方肌中下束与菱形肌过于松弛。长期处于此状态下，紧张的肌肉痉挛会使颈椎周围软组织出现无菌性炎症、韧带增生钙化、退行性改变等，进而发展成功能障碍。颈椎正常曲度减少甚至严重时压迫颈椎之间的神经和血管，使患侧颈肩部会产生酸、胀、麻等症状。

检查者可以通过测量双侧肩峰的高低差值来确定高低肩的程度。被测者以日常习惯站姿赤足背向站立于坐标纸前，选取双侧肩峰点为标志点，使用直尺分别测量两侧肩峰点对应的高度，并记录在背侧的坐标纸上。双侧的高度差即为高低肩的测量结果。左侧肩峰到地面的垂直距离为 c，右侧肩峰到地面的垂直距离为 d，左肩高度 c 减去右肩高度 d 的差值记为 e，公式为：e=c-d，单位为厘米（cm）。如图 5-24 所示。

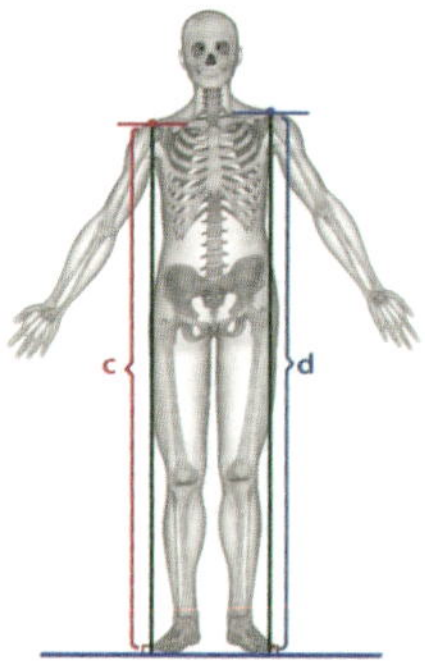

图 5-24　高低肩的测量

四、相关肌肉长度的变化

功能性和结构性的高低肩通常都是由于高侧的肩胛骨异常所引起的。具体表现为提拉肩胛骨向上的肌肉过度紧张，而下方的拮抗肌则松弛无力，导致无法维持肩胛骨的正常位置。高低肩导致相关肌肉的长度变化如表 5-2 所示。

表 5-2　高低肩导致相关肌肉的长度变化

部位	缩短的肌肉	拉长的肌肉
肩部	高侧的斜方肌上束 高侧的肩胛提肌	高侧的前锯肌 高侧的斜方肌下束

子任务二　高低肩的矫正训练

通过放松高侧肩胛提肌和上方使肩胛上抬的肌肉、强化肩胛下方使肩胛下降的肌肉，以纠正高低肩。如果是结构性的高低肩，则需要教练对下肢、脊柱进行整体评估，找到双肩不等高的根本原因，再进行治疗和训练。

一、高低肩身体姿态纠正性训练方案

先对紧张的上斜方肌、肩胛提肌进行牵拉放松，再进行中下斜方肌、菱形肌以及前锯肌的强化训练，以使左右侧肩部等高。下面将以右肩高、左肩低的功能性高低肩为例来讲述纠正高低肩的方法。如果左肩高、右肩低，则进行相反一侧的训练和调整。

（一）抑制和拉长

1. 按摩球松解肩胛提肌

【作用原理】通过筋膜球按压和放松右侧的肩胛提肌，使肩胛骨下降。

【技术要领】仰卧于垫上，将按摩球置于肩胛提肌位置，通过身体移动对肩胛提肌进行松解。如图 5-25 所示。

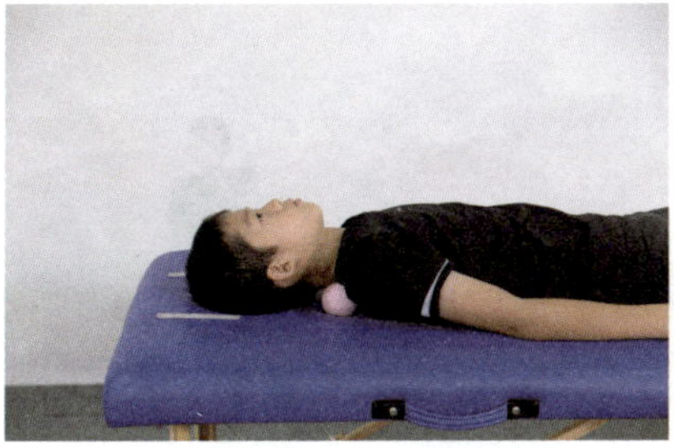

图 5-25　按摩球松解肩胛提肌

【次数与组数】15~20 次/组，3~5 组。

【注意事项】可以小范围上下滚动筋膜球，扩大放松的范围。

【温馨提示】滚动过程中如遇到痛点，可在痛点周围进行滚压，待疼痛缓解后再集中进行滚压。

2. 拉伸斜方肌上束

【作用原理】通过对右侧斜方肌上束的拉伸，使其充分放松，减弱提拉肩胛骨向上的力，纠正高低肩。

【技术要领】坐姿与训练凳上，腰背挺直，将左手经头顶拉住头的右侧，将头部拉向左侧至最大幅度，静态保持。如图 5-26 所示。

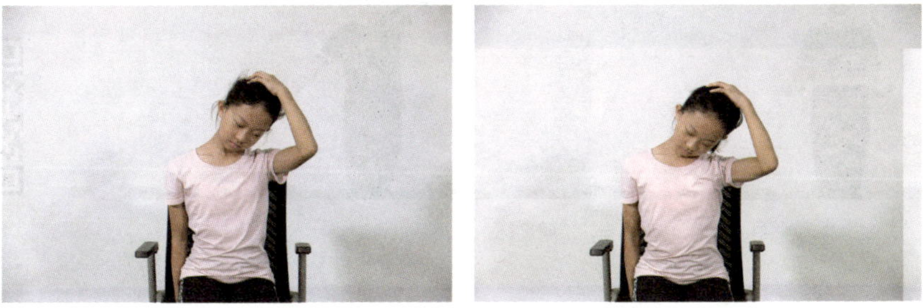

图 5-26　拉伸斜方肌上束

【次数与组数】30 s/组，3~5 组。

【注意事项】躯干保持稳定，不要侧屈身体。

【温馨提示】感觉右侧斜方肌上束的位置有拉伸感即可。

（二）激活和整合

1. 弹力带单侧斜上伸展（右侧）

【作用原理】强化右侧斜方肌中下束，使肩胛下降。

【技术要领】坐于垫子上，腰背挺直，屈膝 30° 左右，将弹力带一端固定于左脚下，右手持另一端，吸气的同时将弹力带向右斜后上方拉动至最大幅度，然后匀速还原。如图 5-27 所示。

【次数与组数】15~20 次/组，3~5 组。

【注意事项】腹部收紧，保持核心稳定，躯干不要后仰，以肩部的用力为主。

【温馨提示】训练中注意呼吸节奏。

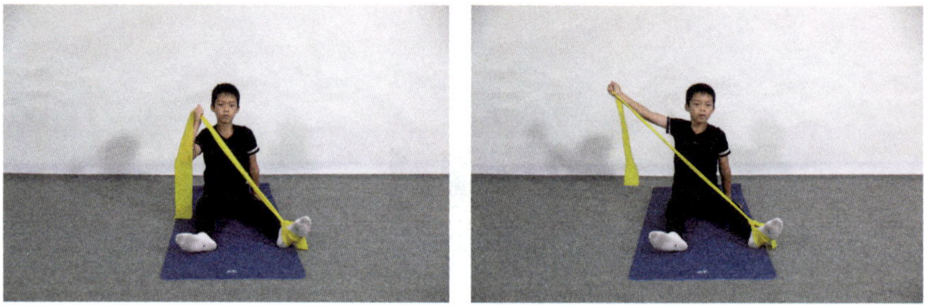

图 5-27　弹力带单侧斜上伸展（右侧）

视频　弹力带单侧斜上伸展

2. 弹力带直臂斜向伸展

【作用原理】通过弹力带的斜向伸展，强化上方（右侧）斜方肌中下束的肌力和下方（左侧）斜方肌上束和肩胛提肌的肌力，进而使双侧的肩胛骨等高。

【技术要领】双双脚分开与肩同宽，自然站立，双手分别持弹力带一端前平举。然后肩高的一侧（右侧）手臂向斜上 45°，肩低的一侧（左侧）手臂向斜下 45° 同时运动，将弹力带伸展，然后匀速返回。如图 5-28 所示。

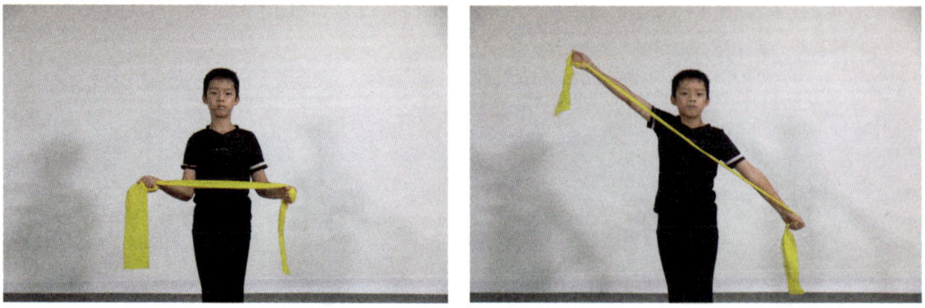

图 5-28　弹力带直臂斜向伸展

视频　弹力带直臂斜向伸展

【次数与组数】15~20 次/组,3~5 组。

【注意事项】保持核心稳定,以肩部的用力为主,不要后仰身体,不要过度耸肩。

【温馨提示】训练中注意呼吸节奏。

3. 坐姿肩胛下压保持(右侧高)

【作用原理】通过手臂支撑,使肩胛骨下移,进而使双肩高低平衡。

【技术要领】坐姿与凳上,屈膝屈髋分别 90°,腰部挺直。将右手臂伸直,手掌撑于凳上,然后肩胛骨下沉手掌向下压住凳子,保持躯干处于中立位。如图 5-29 所示。

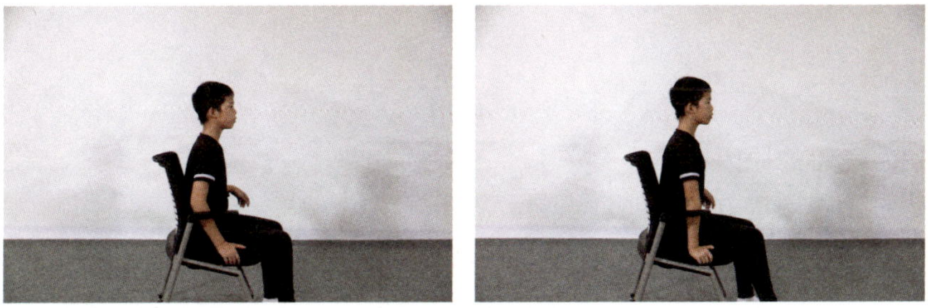

图 5-29　坐姿肩胛下压保持

视频　坐姿肩胛下压保持

【次数与组数】15~20 次/组,3~5 组。

【注意事项】保持核心稳定。

【温馨提示】训练中注意呼吸节奏。

三、注意事项

(1)高低肩是一种比较常见的异常姿态。在平时的生活和工作中,一定要注意保持脊柱直立,避免跷二郎腿、挎单肩包、单手拎重物、倾斜的坐姿等,尽量保持左右两侧对称用力。

(2)在评估高低肩时,检查者一定要注意整体姿态的评估,特别注意双下肢是否等长、骨盆是否等高、脊柱有无侧弯等影响冠状面平衡的问题。如果存在这些问题,也要注意同时进行纠正。

思考与实践

(1)高低肩的发病机制与分类有哪些?

(2)两人互相对肩部进行评估,检查是否有高低肩姿态。

(3)进行高低肩矫正训练的实操练习。

任务四　肩胛骨动力障碍的评估与矫正训练

生活中,肩胛骨作为人体不可缺少的部位,带动着肩部和背部的活动。无论是挥手还是弯腰,都需要肩胛骨参与其中并发挥作用。在运动中,肩胛骨在不同的运动方式下也扮演着不同的角色。不正确的活动方法往往会导致肩关节损伤，进而造成肩部姿态异常。而肩胛骨动力障碍（scapular dyskinesis，SD）是肩部姿态异常常见的原因之一。一旦发生肩胛骨动力障碍，将直接影响肩部的运动功能，并增加肩部运动损伤的风险。

学习任务

（1）能应用正确的评估方法对肩胛骨动力障碍进行评估。
（2）能针对肩胛骨出现的不同问题进行矫正训练。

学习目标

知识目标

（1）了解肩胛骨动力障碍的原因。
（2）熟悉肩胛骨动力障碍评定方法及注意事项。
（3）掌握肩胛骨动力障碍的矫正训练方法。

能力目标

（1）能够学会肩胛骨动力障碍的 Kibler 分型。
（2）能够对肩胛骨动力障碍进行评估。
（3）能够制定肩胛骨动力障碍矫正训练方案。

素养目标

（1）培养学生严谨认真、科学求是的学习态度。
（2）培养学生树立健康第一的教育理念。
（3）培养学生规范从教的职业操守。

子任务一　肩胛骨动力障碍的相关知识认知与评估

肩部活动始终伴随着肩胛骨的活动，肩胛骨动力障碍是肩部姿态异常常见的原因之一。如发生肩胛骨动力障碍，将直接影响肩部的运动。

一、概念

肩胛骨动力障碍是指肩胛骨活动偏离正常，出现异常活动，通常表现为肩胛骨在休息状态或运动过程中内侧缘异常隆起；当上肢上举时，肩胛下角异常隆起或上抬肌群过早耸起；当上肢向下运动时，发生快速下旋。

虽然许多肌肉有助于维持肩胛骨的稳定，但其中起主要稳定作用的肌肉包括前锯肌、大菱形肌和小菱形肌、肩胛提肌、斜方肌、胸小肌、大圆肌，以及构成肩袖的冈上肌、冈下肌、小圆肌、肩胛下肌。这些肌群的协调运动维持着肩胛骨的正常位置及运动。肩胛骨动力障碍与这些肌肉的激活时序及力量水平异常有密不可分的关系。

肩胛骨动力障碍会引起回缩、前伸控制和上回旋的缺乏，导致动力链功能的缺失，造成肩部负荷增大，增加了在重复动作中剪切损伤、拉伤、撞击的风险。肩胛骨动力障碍的患者中，68%伴有肩袖损伤，94%伴有盂唇撕裂，100%有盂肱关节不稳的问题。

二、分型及相关肌肉功能改变

临床医生和康复专家对肩胛骨动力障碍患者观察后发现，不同的患者表现不同。因此，肩胛骨动力障碍有多种分型方法。目前，比较公认的是 Kibler 分型。

SD Kibler Ⅰ型表现为：在静息位或动态运动过程中，肩胛下角向背侧异常突出。主要原因是前锯肌和中下斜方肌力量减弱或激活不足，而胸小肌表现为过度激活或力量增强。在康复训练中，需要通过牵伸训练放松胸小肌，加强前锯肌和下斜方肌的力量训练，使前锯肌、下斜方肌和胸小肌的力量达到平衡，以维持正常肩胛骨的位置。

SD Kibler Ⅱ型表现为：在静息位或动态运动过程中，整个肩胛骨内侧缘向背侧突起，远离胸壁。主要原因是中下斜方肌肌肉力量减弱或激活不足，而肩胛下肌和大圆肌过度激活或力量增强。在康复训练中，需要牵拉放松肩胛下肌和大圆肌，加强中下斜方肌的力量训练，这有助于缓解症状。

SD Kibler Ⅲ型表现为：在静息位时，肩胛骨上移或向前移位紧贴胸壁；在肩关节运动时，发生耸肩而没有明显的肩胛骨隆起。主要原因是上斜方肌和肩胛提肌协同上移肩胛骨的力量，大于胸小肌和前锯肌协同下移肩胛骨的力量。在康复训练时，需要牵拉放松上斜方肌和肩胛提肌，加强胸小肌和前锯肌的力量训练，以使两组力量达到平衡。如图 5-30 所示。

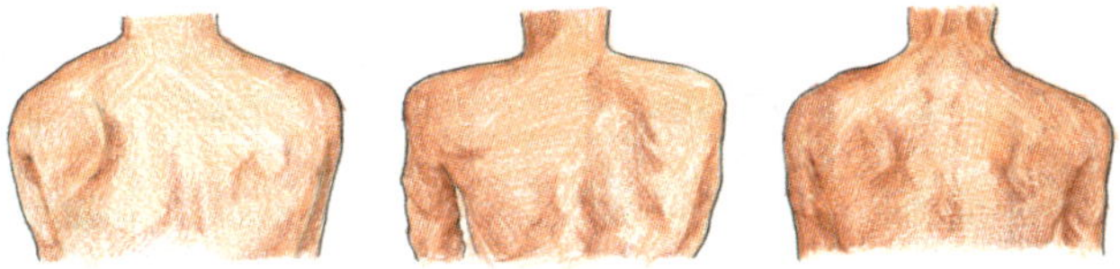

（a）　　（b）　　（c）

图 5-30　肩胛骨动力障碍的分型

（a）Ⅰ型　（b）Ⅱ型　（c）Ⅲ型

肌肉不平衡是造成肩胛骨动力障碍的主要原因。对于不同类型的肩胛骨动力障碍，不平衡的肌肉也会有所不同。因此，应根据肌肉长度和力量的变化情况，进行针对性的治疗和训练。肩胛骨动力障碍相关肌肉的长度变化如表 5-3 所示。

表 5-3　肩胛骨动力障碍相关肌肉的长度变化

类型	表现	缩短的肌肉	拉长的肌肉
SD Kibler Ⅰ型	肩胛下角向后翘起	胸小肌	前锯肌、中下斜方肌
SD Kibler Ⅱ型	内侧缘向背侧突起	肩胛下肌和大圆肌	中下斜方肌
SD Kibler Ⅲ型	发生上移或肩胛骨向前移位紧贴胸壁	上斜方肌，肩胛提肌协同下移肩胛骨的力量。	前锯肌、胸小肌、斜方肌中下束

三、肩胛骨动力障碍的评估

肩胛骨动力障碍的临床评估主要包括肩胛骨的视诊、触诊以及肩胛骨运动实验。

(一)视诊、触诊

观察肩胛骨与胸廓、脊柱的相对位置,观察肩胛骨的上角、下角及内缘有无翘起,以确认肩胛骨动力障碍的分型。同时可以触诊肩胛周围与肩胛骨的运动及稳定相关的肌肉,如斜方肌、肩胛提肌、胸小肌、冈下肌、小圆肌等,确诊其有无条索、硬结、压痛等,以评估肌肉的张力及对肩胛骨位置的影响。

(二)肩胛骨侧方移位试验(lateral scapular slide test,LSST)

肩胛骨侧方移位试验是评估肩胛骨动力障碍的经典方法。首先触诊确认肩胛下角和胸段脊柱棘突的位置,并用颜色标记,然后分别在以下 3 个体位测量双侧肩胛下角到对应棘突的最短距离。如图 5-31 所示。

(1)休息位,即双臂自然放松、站立的体位。

(2)双手叉腰位,即将双手放在髂骨翼上方,双手叉腰,拇指在后,四指在前。

(3)双肩外展位,即使双肩外展 90°,同时内旋(拇指向下)。

如果测量结果显示双侧的差值超过 1.5 cm,即为不对称,这通常提示存在肩胛骨动力障碍。

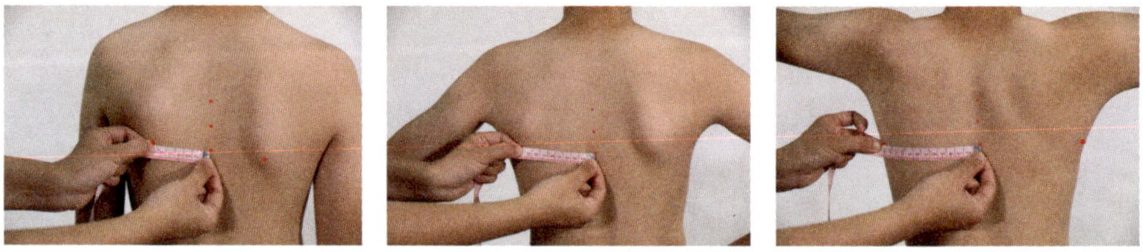

(a)　　(b)　　(c)

图 5-31　肩胛骨侧方移位试验

(a)休息位　(b)双手叉腰位　(c)双肩外展位

子任务二　肩胛骨动力障碍的矫正训练

肩胛骨动力障碍由不同的原因造成,康复治疗也应针对不同的病因进行。造成肩胛骨动力障碍的原因主要有两个:一是骨性结构异常,二是软组织原因。常见的骨性结构因素包括锁骨骨折和肩锁关节分离等;而常见的软组织原因包括肌肉的抑制、不平衡或肌肉的弹性降低。

骨性结构异常以及肩袖撕裂等问题应先由临床医生处理。当骨性结构问题以及关节内的紊乱被纠正后,就应开始进行肩胛带肌肉的康复了。康复训练可以缓解大多数由肩胛骨运动或位置异常所造成的僵硬,以及与触发点相关的症状,并重建肌肉力量和激活模式。肩胛骨动力障碍的治疗应建立在良好的肩胛骨控制基础上,只有肩胛骨保持在正确的位置,那么在此基础上进行的各种肌肉激活或力量训练才能起到应有的作用。

一、软组织弹性减弱的康复治疗

软组织弹性减弱主要包括软组织缺乏弹性及僵硬，例如肩胛提肌紧张和盂肱关节僵硬等。软组织弹性减弱可导致肩胛骨位置异常，特别是在向前下倾斜和向下旋转的活动中。在康复训练中，可以通过牵伸训练和动员相关软组织来达到治疗目的。具体可以采用静力性牵伸、PNF牵伸等多种牵伸技术来拉长胸小肌、肩胛提肌、菱形肌、上斜方肌以及后关节囊等部位，以缓解症状。具体的牵拉方法在前面章节中已有介绍。

二、肌肉功能减弱的康复治疗

肌肉功能问题可以分为神经肌肉控制力减弱（缺乏同步收缩及力偶异常）和肌肉力量改变，主要以下斜方肌、中斜方肌及前锯肌的改变为主。患有肩胛骨动力障碍的儿童青少年常表现为下斜方肌、中斜方肌和前锯肌的激活不足，而上斜方肌则常表现为过度活化。因此，教练可以根据肌肉功能问题的临床表现，针对性地进行分阶段的神经肌肉协调和力量训练。

（一）第一阶段：有意识的肌肉控制

在肩胛骨训练的早期阶段，提高肩胛肌的本体感觉及维持正常的肩胛骨休息位是有意识控制肩胛肌的首要任务。在教练的帮助下，儿童青少年应能主动控制肩胛骨的运动方向。在康复训练的早期实施这一训练，并在所有坐或站立位的练习中运用，这样可以增加儿童青少年的本体感觉，维持躯干姿态，并增加肩部的运动范围。

1. 墙上天使训练

【作用原理】通过对肩胛骨的控制和活动方向的感知，增加肩周软组织的本体感觉和对肩胛骨的控制能力。

【技术要领】双脚分开与肩同宽，自然站立，头部、背部、骶骨、足跟与墙壁贴紧。双肩外旋，前臂也紧贴地地墙壁。保持身体不动，向头顶方向抬起手臂，停顿片刻，再缓慢放下至初始位置。如图5-32所示。

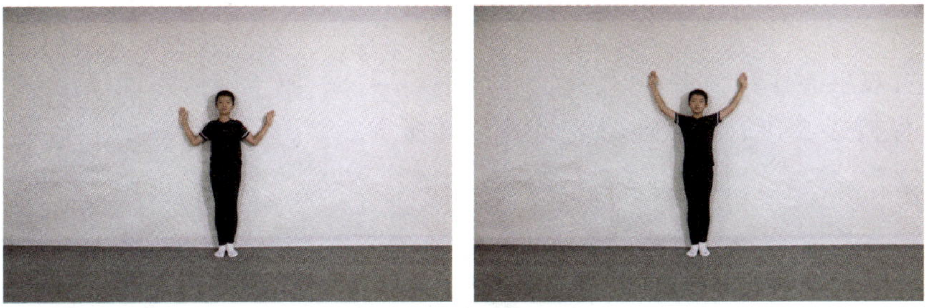

图5-32　墙上天使训练

视频　墙上天使训练

【次数与组数】15~20次/组，3~5组。

【注意事项】保持核心稳定，以肩部的用力为主，不要后仰身体。

【温馨提示】训练中注意呼吸节奏。

2. 瑞士球前臂支撑

【作用原理】通过在不稳定平面(瑞士球)上的支撑,保持肩胛骨在正常位置下,增加肩胛骨的控制能力,促进肩周肌肉的激活。

【技术要领】双脚分开与肩同宽,双肘屈曲 90°,前臂支撑于瑞士球上。保持腹部收紧,躯干挺直,抬头。双侧肩胛适当收紧,并保持对称。以正确位置下保持。如图 5-33 所示。

图 5-33　瑞士球前臂支撑

【次数与组数】20~30 s/组,3~5 组。

【注意事项】保持核心稳定,注意感知肩胛周围肌肉的用力。

【温馨提示】训练中注意呼吸节奏。

(二)第二阶段:日常活动的肌肉控制力和肌力训练

在第二阶段,肩胛肌的训练重点应根据检查结果确定为肌肉控制力、肌肉收缩力及协调性。肩关节的功能活动可分为开链运动和闭链运动,肌肉在这两种活动中会有不同的反应。在肩部康复的早期阶段,开链运动训练是控制肩胛骨位置的特殊训练方式,而闭链运动训练则是通过刺激关节内和关节周围的本体感受器,以及提高肩袖肌群的同步收缩来增加盂肱关节的稳定性。这种方法不仅对肩部不稳有益,而且对难以将肩胛骨固定在胸壁上的儿童青少年也很有帮助。肩胛骨的闭链控制训练最好在镜子前进行,这样儿童青少年可以观察自己是否执行了正确的操作。

1. 前锯肌训练

【作用原理】通过抗阻前伸肩胛骨,增加前锯肌的肌力,帮助肩胛下角紧贴胸壁,进而促进肩胛的控制和稳定。

【技术要领】站立位,双手握住弹力带,并使弹力带绕过肩后部。躯干保持不动,肩胛骨前伸,使手向前方伸展,保持 3~5 s 后,缓慢还原。如图 5-34 所示。

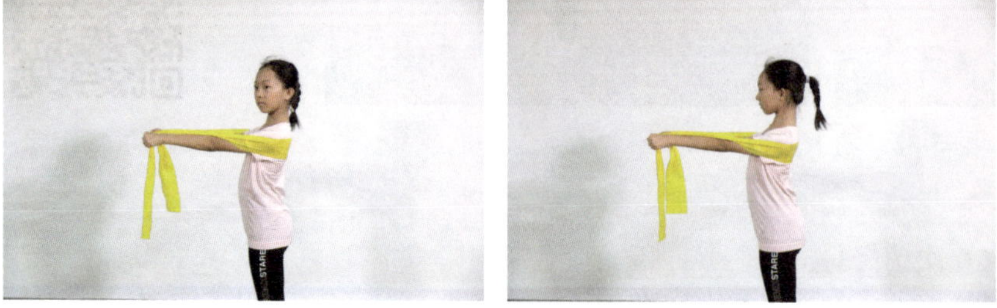

图 5-34　前锯肌训练

视频　前锯肌训练

【次数与组数】15~20 次/组，3~5 组。

【注意事项】保持躯干稳定，腹部收紧。

【温馨提示】发力过程中保持呼吸顺畅。

2. 瑞士球双手支撑

【作用原理】通过在不稳定平面（瑞士球）上的支撑，保持肩胛骨在正常位置下，增加肩胛骨的控制能力，促进肩周肌肉的激活。

【技术要领】双脚分开与肩同宽，双臂伸直，双手支撑于瑞士球上。保持腹部收紧，躯干挺直，抬头。双侧肩胛适当收紧，并保持对称。以正确位置下保持。如果能力较强，可以做俯卧撑动作，强化训练。如图 5-35 所示。

图 5-35　瑞士球双手支撑

【次数与组数】20~30 s/组，3~5 组。

【注意事项】保持核心稳定，注意感知肩胛周围肌肉的用力。

【温馨提示】训练中注意呼吸节奏。

（三）第三阶段：在运动中优先控制

在肩胛骨康复的最后阶段，恢复肌肉平衡之后，应继续加强肩胛周围肌群的力量。训练的目的是确保在日常体育运动和活动中，主要肩胛肌能展现出良好的控制力和肌力。特别是在进行球类运动和过肩类运动过程中，需要注意将动力链整合到运动技术动作中，以确保运动中的肩胛骨具备足够的稳定性，从而支撑上肢的发力动作。此阶段的训练重点在于肩胛骨的稳定肌和肩袖肌群。

1. 仰卧直臂上抬

【作用原理】通过抗阻训练，增加肩胛骨周围薄弱肌肉的肌力，进而促进肩胛的控制和稳定。

【技术要领】仰卧于垫上屈膝 90°，腹部收紧，一侧手抓出弹力带固定于同侧大腿部，另一侧手持弹力带另一端垂直于地面。吸气准备，然后呼吸向头顶方向上抬手臂至头的侧面，接着返回至起始姿势。如图 5-36 所示。

【次数与组数】15~20 次/组，3~5 组。

【注意事项】保持核心稳定，腹部收紧。

【温馨提示】拉伸过程中保持呼吸顺畅。

图 5-36　仰卧直臂上抬

2. 跪位对角线上抬

【作用原理】通过抗阻训练，增加肩胛骨周围薄弱肌肉的肌力，进而促进肩胛的控制和稳定。

【技术要领】跪于训练垫上，双手与双膝支撑，双臂与大腿与地面垂直。弹力带一侧固定于一只脚上，另一侧固定于对侧的手上。核心收紧保持稳定，处于对角线支撑的手臂和腿部也保持稳定。固定弹力带的手脚同时抬起并向远端伸展，达到与地面平行后再缓解还原。如图 5-37 所示。

图 5-37　跪位对角线上抬

【次数与组数】15~20 次/组，3~5 组

【注意事项】保持核心稳定，腹部收紧。

【温馨提示】动作过程中保持呼吸顺畅。

思考与实践

（1）肩胛骨动力障碍的原因有哪些？

（2）两人相互评估是否有肩胛骨动力障碍。

（3）如有肩胛骨动力障碍，请依据评估结果进行矫正练习。

参考文献

[1] 菲尔·佩治，克莱尔·C. 弗兰克，罗伯特·拉德纳. 肌肉失衡的评估与治疗（扬达治疗法）[M]. 北京：人民体育出版社，2016.

[2] 卢玮，陈亮. 职业教练——健康与健身教练[M]. 北京：清华大学出版社，2021.

[3] 王予彬，王惠芳. 运动损伤康复治疗学[M]. 北京：科学出版社，2019.

[4] 简·约翰逊. 体态矫正指南[M]. 赵鹏，李令岭，译. 北京：人民邮电出版社，2019.

[5] 贾斯汀·普莱斯. 基于生物力学的纠正性训练[M]. 王雄，译. 北京：人民邮电出版社，2022.

[6] 曼斯菲尔德. 基础肌动学[M]. 祁奇，陆佳妮，主译. 北京：北京科学技术出版社，2022.

[7] 莫琳·拉芬斯珀格. 运动损伤的评估与康复训练全书[M]. 汪皓男，陈铮威，杨璐铭，译. 北京：人民体育出版社，2023.

[8] 中华医学会骨科学分会脊柱外科学组. 中国青少年脊柱侧凸筛查临床实践指南及路径指引[J]. 中华骨科杂志，2020，40（23）：1574-1582.

[9] TY/T 501-2022. 儿童青少年身体姿态测试指标与方法[S]. 北京：国家体育总局，2022.

[10] 蒋倩如，刘克敏. 肩胛动力障碍及康复治疗的进展[J]. 中国康复理论与实践，2021，27（11）：1307-1311.